BLOEMEN OP TEGELS IN DE GOUDEN EEUW   DUTCH FLORAL TILES IN THE GOLDEN AGE

Ella B. Schaap

Bloemen op tegels in de Gouden Eeuw

Van prent tot tegel

Dutch Floral Tiles in the Golden Age

and their Botanical Prints

Becht – Haarlem

© 1994 by Ella B. Schaap

© 1994 Uitgeverij J.H. Gottmer / H.J.W. Becht BV,
Postbus 160, 2060 AD Bloemendaal
Vertaling/Translation: Marie-Anne van der Marck
Omslagontwerp en vormgeving/Coverdesign and layout:
Ton Ellemers bNO
Zetwerk, druk en afwerking/Typeset, printed and bound by:
Boom-Planeta, Haarlem, The Netherlands

ISBN 90 230 0858 8 / NUGI 921

CIP-GEGEVENS KONINKLIJKE BIBLIOTHEEK, DEN HAAG

Schaap, Ella B.

Bloemen op tegels in de Gouden Eeuw = Dutch floral tiles in the Golden
Age / Ella B. Schaap; [Nederlandse vert. Marie-Anne van der Marck]. –
Haarlem : Becht. – Ill.
Tekst in het Nederlands en Engels.
ISBN 90-230-0858-8 geb.
NUGI 921
Trefw.: tegels ; Nederland ; geschiedenis ; Gouden Eeuw /
bloemschilderkunst ; Nederland ; geschiedenis ; Gouden Eeuw.

Inhoud

Table of contents

Inleiding

Nederlandse tegels zijn onbegrijpelijk lang veronachtzaamd. Het wordt tijd voor een grondig historisch onderzoek zoals op andere terreinen van kunstnijverheid, bij zilver, tin en textiel, al eerder heeft plaatsgehad. Slechts bij hoge uitzondering hebben wetenschappers zich in het verleden met de geschiedenis van pottenbakkers, glasblazers en andere historische ambachtslieden beziggehouden. Maar nu de belangstelling voor en het aanzien van de toegepaste kunsten toenemen, lijkt een herwaardering op zijn plaats.

Het is verwonderlijk hoe weinig er bekend is over Nederlandse tegels uit de periode tussen de zestiende en de negentiende eeuw. De tegels zijn alom aanwezig, maar leverbare wetenschappelijke publicaties erover zijn schaars. Dit boek wil in een lacune voorzien bij het onderzoek naar Nederlandse tegels en hun grafische voorbeelden.

Pas toen ik niet meer vrijblijvend naar Nederlandse wandtegels keek maar ze echt begon te zíen, werd ik nieuwsgierig naar de herkomst van de voorstellingen. Dit boek is de vrucht van die belangstelling en gaat eerst en vooral over de ontwikkeling van de afbeelding van bloemen op Nederlandse tegels van de zestiende tot het einde van de zeventiende eeuw. Na deze bloeiperiode is de tegel in kwaliteit achteruitgegaan.

Aan met bloemen beschilderde tegels is door kenners en verzamelaars betrekkelijk weinig aandacht besteed. Er is onderzoek verricht naar de kleur van de kleimassa en het technisch procédé (door Pieter Jan Tichelaar), naar hoekmotieven (door Dingeman Korf), naar veranderingen in stijl of mode (door Jan Daniel van Dam), naar bijbel- en kinderspeltegels (door Jan Pluis), of naar dieren op tegels (door Jan Pluis et al. en door Ann Tillie). Hele boekwerken zijn gewijd aan het determineren van afzonderlijke bloemen op zeventiende-eeuwse bloemstillevens (de werken van Sam Segal en zijn vakgenoten bijvoorbeeld). Buiten de schilderkunst is naar bloemen in de kunst, en dan met name op tegels, echter maar weinig onderzoek verricht – en bij mijn weten door botanici al helemaal niet.

Dit boek concentreert zich op tegelvelden, niet te verwarren met tegeltableaus. Tegelvelden bestaan uit tegels met gelijksoortige patronen; zij dienen een utilitair doel. In een tegeltableau vormt elke afzonderlijke tegel slechts een deel van de totale compositie. Tegeltableaus werden dikwijls in paren getoond, elk gewoonlijk zes bij drie of acht bij vier tegels

Introduction

Dutch tiles have been taken for granted far too long. The time has come for the same kind of serious historical scrutiny accorded to other decorative arts, such as silver, pewter, and textiles. Scholars, with a few exceptions, have neglected to study in depth the history of potters, glassblowers, and other premodern craftspeople. Fortunately, our era has witnessed a renewed interest in and a growing respect for crafts that calls for a reevaluation.

It is surprising that so little is known about Dutch tiles between the sixteenth and eighteenth centuries. The tiles are ubiquitous, but very few scholarly publications on the subject remain in print. The intention of this book is to fill a vacuum by providing what may, in time be one of many contributions to the study of Dutch tiles and the prints from which they were derived.

It was when I began not only to *look* at Dutch wall tiles but really to *see* them that I started to wonder about the sources of their images. This book, the result of that investigation, is chiefly and specifically concerned with the development of the image of flowers on tiles in the Netherlands from the sixteenth to the late seventeenth centuries. Following this period of accomplishment, a decline in both the quality and number of tiles set in.

Connoisseurs and collectors have rarely focused on tiles that depict flowers. Attention has been concentrated on the color of the clay body and technique (by Pieter Jan Tichelaar), on corner motifs (by Dingeman Korf), on changes in style or fashion (by Jan Daniel van Dam), on biblical tiles (by Jan Pluis), or animals on tiles (by Jan Pluis et al., and Ann Tillie). Volumes have been devoted to the determination of the specific flowers on seventeenth-century floral still lifes (for example, the works of Sam Segal and his colleagues). Very little research, however (and none conducted, to my knowledge, by botanists), has been directed to flowers in arts other than paintings, and, least of all, on those reproduced on tiles.

This study concentrates on tile panels rather than tile pictures. Panels, a repeat of tiles with similar patterns, serve a utilitarian purpose. In a tile picture, each tile displays only a part of the overall composition. Tile pictures often were made in pairs, each three or four tiles wide and six to eight or twelve tiles high. These floral pictures were used as a substitute for paintings. They were framed by plain white tiles and set into white plastered walls, producing an effect similar to that created by still

omvattend. Deze voorstellingen dienden ter vervanging van schilderstukken. Ze waren omlijst door eenvoudige witte tegels en in de witgepleisterde muren gezet, wat een zelfde effect gaf als de stillevens die de muren van de wat meer mondaine huizen in de steden tooiden.

Een chronologische rubricering van tegels is overwogen, maar bleek onpraktisch. De bloemtegels zijn gedurende een korte periode, van 1610 tot 1680, in massa geproduceerd; daarna, op een enkele uitzondering na, alleen nog in Friesland. Het merendeel ontstond tussen 1630 en 1670, maar dateringen zijn zeldzaam. Een rubricering naar plantenfamilies leek overdreven technisch en bruikbaarder voor de botanicus dan voor de geïnteresseerde leek. Dit werk is dan ook niet als een botanische verhandeling bedoeld, ook al beschrijft het een hoeveelheid planten.

Twee doelgroepen, de historisch georiënteerde botanici en de tegeldeskundigen, stonden mij bij het schrijven van dit boek voor ogen. De materie kan de botanicus soms bekend en de tegeldeskundige nieuw voorkomen, en omgekeerd.

Maar ook voor de geïnteresseerde leek is dit werk bedoeld, voor verzamelaars van tegels of liefhebbers van bloemen die op zoek zijn naar meer informatie over vruchten en bloemen op Nederlandse tegels uit de zestiende en zeventiende eeuw.

De tegelcollectie van het Philadelphia Museum of Art is gebruikt als basis voor het onderzoek naar de grafische voorbeelden van de bloemen in dit werk. Deze collectie is volledig gerestaureerd, gecatalogiseerd en in kleur gefotografeerd. Wellicht bevinden soortgelijke tegels zich ook in de verschillende omvangrijke verzamelingen in Nederland en in het Victoria and Albert Museum in Londen. Alle in kleur afgebeelde tegels zijn, tenzij anders vermeld, eigendom van het Museum of Art in Philadelphia en geschonken door Mrs. Francis P. Garvan (1979), haar zoon Anthony N.B. Garvan (1981 en 1983) of Edward W. Bok (1928 en 1930).

Dit boek telt vijf hoofdstukken. Het eerste vertelt in het kort over de opkomst en de bloei van de tegelindustrie in de Nederlanden. Het tweede gaat over de invloed van kruidenboeken en florilegia op de decoratie van de tegel. Hoofdstuk III legt verband tussen de voorstelling op de tegel en de tekening in het florilegium die de tegeldecorateur heeft

lifes decorating the walls of the more sophisticated city houses. A chronological listing of tiles was considered but proved impractical. The tiles were mass-produced within a short period – 1610 to 1680, and most between 1630 and 1670 – and were seldom dated. An arrangement by plant families also seemed overly technical, and more useful for the botanist than the general reader. This book is not intended to be a botanical treatise, even though it describes certain plants.

I wrote with two principal audiences in mind, the historically oriented botanists and the tile experts. Some sections may seem obvious to one group and new to the other, and vice versa. The book will appeal as well to the casual tile collectors or flower fanciers, who are interested in more information about flowers depicted on Dutch tiles in the sixteenth and seventeenth centuries.

The Philadelphia Museum of Art tile collection is used as the basis for the examination of print sources for the flowers in this study. The museum's collection is an obvious choice for the research: it has been completely restored, catalogued, and photographed in color. The same tiles may be found in various extensive collections in the Netherlands as well as in the Victoria and Albert Museum, in London. Unless otherwise indicated, the tiles illustrated were a gift from Mrs. Francis P. Garvan (1979), her son Anthony N.B. Garvan (1981 and 1983), or Edward W. Bok (1928 and 1930).

This book is divided into five main sections. The first gives a brief historical survey of tiles and how they came into such prominence in the Netherlands. This is followed by an essay on the influence of herbals and florilegia on the images shown on the tiles. The third section links the image on the tile with the drawing of the florilegium that served as the inspiration for the tile decorator. The earliest tiles to be investigated are ornamental polychrome wall tiles on which flowers and fruit form an integral part of the overall design. Individual flower tiles are discussed in the fourth chapter. To facilitate the search for a specific flower, this section is arranged alphabetically by the Latin name of the flower.

The text closes with short biographies of the major illustrations in botany, horticulture, medicine, and publishing who produced the herbals and florilegia that inspired Dutch floral tiles. Brief

geïnspireerd. De vroegste tegels die voor onderzoek in aanmerking komen, zijn ornamentale, samen één onbegrensd patroon vormende gekleurde wandtegels met bloemen en vruchten. Afzonderlijke tegels met bloemen komen in hoofdstuk IV aan de orde. Om het zoeken naar een bloem te vergemakkelijken is dit deel op basis van de Latijnse namen alfabetisch gerangschikt. Het laatste hoofdstuk geeft, in korte biografieën, een beeld van de belangrijkste figuren uit de plantkunde, de tuinbouw, de geneeskunde en de uitgeverij, wier namen verbonden zijn aan de – eveneens in het kort beschreven – kruidenboeken en florilegia die op de Nederlandse bloemtegels hun sporen hebben achtergelaten. In titels van zestiende- en zeventiende-eeuwse werken zitten vaak kleine verschillen per druk of editie. Voor het gemak is echter van elke titel maar één versie gebruikt; door plaatsgebrek was het niet mogelijk alle varianten te vermelden. De spelling van eigennamen loopt sterk uiteen; in deze tekst is voor de meest gangbare gekozen.

De aanduiding **ill.** verwijst naar een illustratie in zwart-wit, **pl.** naar een afbeelding in kleur.
Bij alle afmetingen die in dit boek staan vermeld, gaat de hoogte vooraf aan de breedte.

descriptions of their seminal publications are also included. In the presentation of sixteenth and seventeenth century titles of works, many variations exist. To avoid confusion for the reader, we have tried to use the most common ones. Nevertheless, for each title there may be a variation, and space does not permit us to list them all. The spelling of individual names varies widely and common usage dictates the ones that are used in the text.

In the text **ill.** refers to black and white illustrations, **pl.** to reproductions in color.
In all dimensions in this book, height precedes width.

Ill. 1 **Albarello (cilindervormige apothekerspot)**
Faenza, Italië, 1520–1530
Aardewerk, gekleurd, op een lichtblauwe *berettino*-ondergrond; hoogte 37 cm
J. Paul Getty Museum, Malibu (Californië)

Ill. 1 **Cylindrical Drug Jar (Albarello)**
Faenza, Italian, 1520–30
Earthenware, polychrome on a light-blue berettino *ground, h. 37 cm (14 9/16 in.)*
J. Paul Getty Museum, Malibu, Calif.

1 Kort overzicht van de tegels in de Nederlanden

1 A Survey of Dutch Tiles

Politieke en religieuze tegenstellingen dreven tijdens de Reformatie duizenden vluchtelingen vanuit Vlaanderen naar het noorden, waar handel en cultuur profiteerden van deze toevoer van nieuw bloed en ondernemerschap. De steden werden steeds groter. Halverwege de Gouden Eeuw was de rijkdom per hoofd van de bevolking in de Nederlanden het grootst van heel Europa en genoot een snel groeiende middenklasse een ongekende welvaart.

De immigranten, onder wie ook tegel- en aardewerkbakkers, vestigden zich aan de rivieren in steden als Haarlem, Amsterdam, Delft en Rotterdam, waar klei voorhanden was, hout voor de ovens kon worden aangevoerd en het kant en klare produkt kon worden afgevoerd. Deze steden stonden eind vijftiende, begin zestiende eeuw bekend om hun produktie van eenvoudig aardewerk zoals vloertegels en dakpannen, bakstenen en loodgeglazuurde gebruiksvoorwerpen. Deze werden achtereenvolgens gevormd, gedroogd, bij lage temperaturen gebakken en eventueel uiterst eenvoudig gedecoreerd.[1]

De oudste toepassing van tegels in de Lage Landen was utilitair; zij dienden als plinten onderlangs de muren die vuil werden door het vegen van de lemen vloer. Standaardplinten waren nog tot voor kort dertien centimeter hoog, de hoogte van één tegel. Omdat de huisjes van de kleine burgerij aan de grachten en kanalen vlak bij het water stonden en het grondwaterpeil hoog was, waren de witgekalkte muren vochtig en schilferig. Van lieverlee werden ook andere delen van de muur betegeld, eerst rondom de haard en vervolgens in de gang. De betegelde muren waren vochtwerend, gemakkelijk schoon te houden en decoratief.[2]

Het waren de vaardige Italiaanse majolicabakkers die in de tegelindustrie, op het gebied van smaak en van techniek, enorme veranderingen teweegbrachten en zo het karakter van de Nederlandse tegelproduktie tot in lengte van jaren hebben bepaald. Vormen, motieven en kleuren herinnerden aan het majolica uit de werkplaatsen in Venetië, Faenza en Urbino; daar immers hadden de immigranten uit Italië zich de technieken van het bereiden van de klei, het aanbrengen van een laagje tinglazuur en het beschilderen met behulp van metaaloxyden eigen gemaakt (ill. 1).

Na het rauwbakken werden de tegels bedekt met een tinemail,

Thousands of political refugees fled north to avoid the ongoing religious persecutions in the southern Netherlands – now Belgium – during the second half of the sixteenth century. Fed by the new blood of these energetic and enterprising refugees, trade and culture thrived and the cities grew and grew. The Netherlands in the Golden Age was per capita the richest country in Europe, where the wealth was distributed among a rapidly expanding middle class.

The émigrés, among whom tilemakers and potters settled along the rivers in the towns of Haarlem, Amsterdam, Delft, and Rotterdam, where clay and, moreover, transportation were available to bring in wood for the kilns and to carry out the finished products. These cities were known in the late fifteenth and early sixteenth centuries for the production of simple ceramics, such as floor and roof tiles, bricks, and lead-glazed utilitarian objects, which were shaped, dried, then fired at low temperatures, and decorated very simply.[1]

The earliest use of tiles in the low countries was utilitarian – for baseboards particularly, the section of the wall that grew dirty when the floor, which consisted of packed earth, was swept. Until very recently, baseboards were always thirteen centimeters (five inches) high, the height of one tile. Because the small houses of the modest burghers were built close to the waterways and the water table was high, the whitewashed walls suffered from dampness and flaking. Gradually, other wall areas were paneled with tiles – first, along the hearth, and then the corridors. The wall tiles kept out the dampness, proved easy to clean, and were decorative.[2]

The accomplished Italian potters revolutionized not only the aesthetics of tilemaking but the methods as well, and thereby determined the essence of Dutch tile production for years to come. The forms, motifs, and colors were derived from the majolica produced in the workshops of Venice, Faenza, and Urbino, where the craftsmen had learned the techniques of preparing the clay, applying a tin glaze, and adding painted decoration with metallic oxides (ill. 1).

After the first drying, tiles were covered with a tin enamel, sometimes called tin glaze, that consisted of a powdered mixture suspended in water. When fired in the wood-stoked kiln, it produced an opaque white layer that formed the background

Ill. 2 **Spons**
Tekening van een roos, voor een spons, tegelformaat
Het Hannemahuis, Harlingen

Ill. 2 **Spons**
Drawing of a rose, prepared for a spons, the size of a tile
Het Hannemahuis, Harlingen, Friesland

Ill. 3 **Spons met de afbeelding van een roos**
Doorgeprikt papier, tegelformaat
Het Hannemahuis, Harlingen

Ill. 3 **Spons Depicting a Rose**
Pricked paper, the size of a tile
Het Hannemahuis, Harlingen, Friesland

ook wel tinglazuur genoemd, dat bestond uit een met water vermengd poedermengsel. Verhit in de op hout gestookte oven vormde dat een dekkende witte laag, waartegen heldere kleuren afsteken. Voor verdere verfraaiing gingen de tegels naar een schilder die met behulp van een doorgeprikte tekening, een 'spons', de versiering onuitwisbaar in de nog vochtige, ongebakken glazuurlaag aanbracht. Een spons is een stuk papier ter grootte van een tegel, waarop het decor was getekend en doorgeprikt. Dit decor was vaak aan populaire prenten ontleend.[3] Deze kostten haast niets; ze waren alom aanwezig en op markten verkrijgbaar, en dienden ook als 'schoolprijs'.[4] De spons werd op een tegel gelegd die reeds was voorzien van een laagje tinglazuur. Met een met fijn koolpoeder gevuld linnen zakje werd op de spons geklopt, zodat het decor in puntjes poeder op de tegel kwam te staan (ill. 2 en 3). Zo ontstond een afdruk, die eerst met een uiterst fijn penseel (een trekker) werd nagetrokken en vervolgens nog eens met een ander penseel (een dieper) in de voorgeschreven kleur[5] werd bijgewerkt. De verfstoffen varieerden van blauw, geel of groen tot paars en waren uit metaaloxyden en andere poedervormige metaalverbindingen vervaardigd.[6] Vóór verhitting leken ze echter allemaal grijs. Sponsen gingen lang mee. Bleek een bepaalde decoratie erg in trek, dan kwamen andere fabrieken met een zelfde ontwerp, op een enkel detail in vorm en kleur na. Klanten konden dus gericht en naar keuze bestellen. Tegels waren een massaprodukt, dat tegen concurrerende prijzen bij tal van pottenbakkers door het hele land verkrijgbaar was. Omdat veel bedrijven identieke ontwerpen leverden en de tegels niet gesigneerd of gedateerd zijn, is het nu dikwijls moeilijk de herkomst te achterhalen of een nauwkeurige datering te geven. Sommige tegels vertonen aan de achterzijde een soort signatuur, waarvan we de betekenis niet kennen. Het zouden fabricage-nummers kunnen zijn. Om verder onderzoek te vergemakkelijken zijn foto's van tegels met dergelijke merken afgebeeld in de catalogus *Dutch Tiles in the Philadelphia Museum of Art*.[7] 'Van een volleerd tegelschilder, die zich als leerling gewoonlijk een jaar of drie in het vak had bekwaamd, werd eerder vakmanschap dan creativiteit gevergd.'[8] Leerlingen hielpen bij het aanmaken van de klei en het bereiden van de glazuren. Ook schilderden zij in het kader van hun opleiding soms de hoekmotieven, hetgeen de wat slordige uitvoering op sommige exemplaren verklaart.

against which bright colors stood out. Tiles to be embellished were then taken to one of the tileworks' decorators, who applied the design by using a pounded pattern, a *spons*. The decoration could not be erased again for the covering colored glaze, which had not yet been fired, was not drawn freehand but from tile-size drawings on parchment prepared by a draftsman who had extrapolated the desired object from popular prints.[3] These prints were ubiquitous; they were sold for pennies in markets and shops and given out as school prizes.[4] A section of a favorite print was drawn on a *spons*, with an outline pricked with pinholes through which the ceramist forced finely powdered charcoal onto the tile's surface (ill. 2, 3). The outline obtained was redrawn with a very fine brush (*trekker*) and then deepened with another brush (*dieper*) dipped in the indicated color of the glaze,[5] which was available in blue, yellow, green, or manganese purple and was obtained from metal oxides and other powdered metal compounds.[6] Before firing in the kiln, however, each of these finely powdered glazes appear gray. Each *spons* was used hundreds of times. These pounced patterns were applied in different combinations in order to make small variations. If certain tile patterns sold very well, other factories produced similar designs with minute changes in line and color. Customers, therefore, were able to place orders for specific patterns. Tiles were mass-produced and could be ordered from any number of potteries in the country, depending upon which workshop offered the best prices. Because the same designs were produced by many different tileworks and the tiles were neither signed nor dated by the makers, it is difficult to pinpoint the origin, or to assign a specific date to any given tiles. Some bear an initial of sorts on the reverse, the importance of which is not yet clear. These marks may relate to factory orders. Where the back of the tile is other than blank, a photograph has been included to facilitate further research in the catalogue *Dutch Tiles in the Philadelphia Museum of Art*.[7] "Craftsmanship rather than creativity was required of an accomplished tile painter, who usually spent about three years as an apprentice acquiring the necessary skills."[8] In addition to preparing the clays and glazes, apprentices often applied the corner motifs on the tiles as part of their learning process, which explains the somewhat careless execution on certain examples. Dutch craftsmen and artists had to belong to the Guild of St.

Pl. 1 **Sinaasappels of granaatappels en goudsbloemen in vierpassen**
1580–1620; gekleurd
Hoeken: blauw ornament in vultechniek

Pl. 1 **Oranges or Pomegranates with Marigold in Quatrefoils**
1580–1620; Polychrome
Corners: Blue-and-white arabesques, painted in reserve

14

Kunstenaars en kunstambachtslieden moesten lid zijn van het Sint-Lucasgilde, wilden zij hun vak kunnen uitoefenen. Dit gilde telde onder zijn leden naast glazenmakers, pottenbakkers, tegelmakers en leerbewerkers ook kunstschilders, die evenzeer als ambachtslieden werden beschouwd.[9] Het gilde hanteerde strenge voorschriften ten aanzien van het toelatingsbeleid, de hoogte van het entreegeld en de verkoopprijzen van de verschillende produkten.[10] Het entreegeld was lager voor zonen van leden en werd in de regel kwijtgescholden aan immigranten die na de val van Antwerpen in 1585 naar de Noordelijke Nederlanden waren gevlucht.[11]

VERANDERINGEN IN STIJL

De ornamentale wandtegels uit het eind van de zestiende, begin zeventiende eeuw vormen de belangrijkste schakel tussen vloertegels met patronen van verstrengelde bladmotieven en de wat meer bekende wandtegels (pl. 1). De gewoonte om tegels in mediterrane kleuren als groen, oranje, geel en blauw te beschilderen was uit Italië overgenomen. De invloed van immigranten uit die streken verklaart het verschil tussen de in hoofdstuk III beschreven gekleurde tegels en de tegels die in hoofdstuk IV worden besproken. In de zestiende eeuw beperkte de produktie van ornamenttegels zich tot zo'n dertig tegelbakkerijen in steden die in een betrekkelijk kleine regio bijeenlagen. Elke werkplaats leverde het standaardprodukt met enige varianten. De populariteit van deze in groten getale geproduceerde, zeer kleurige ornamenttegels (ill. 4) begon tegen het einde van de zestiende eeuw te tanen, hoewel de produktie nog tot 1620 is doorgegaan. Hiervoor in de plaats kwamen andere gekleurde tegels met een mens- of dierfiguur en dergelijke in ruitvormige of ronde omlijstingen (pl. 10, 11). De import, na 1625, van scheepsladingen vol blauw met wit Chinees porselein uit de Ming-dynastie door de Verenigde Oostindische Compagnie (VOC), heeft stilistisch een versobering teweeggebracht (ill. 5); opeens raakten blauw met witte tegels in de mode. De Chinese invloed verlegde ook het accent van het decoratieve naar het figuratieve element. Voortaan bestond de decoratie uit een centrale voorstelling op afzonderlijke tegels, onderling verbonden via hoekmotieven als bladeren, varianten op de Franse lelie en afleidingen daarvan, Chinese meandermotieven of 'ossekopjes'.[12]

Lucas in order to ply their trade. The membership included glaziers, potters, tilemakers, and leatherworkers as well as painters, who at that time were also considered craftsmen.[9] The rules of the guild were very strict; they dictated who could be admitted, the size of the admission fee, and the price at which a product was to be sold.[10] The entrance fee was lower for sons of members, and it was usually waived for the immigrants fleeing to the north after the fall of Antwerp, in 1585.[11]

CHANGES IN STYLE

The ornamental wall tiles of the late sixteenth and early seventeenth centuries constitute the chief link between floor tiles decorated with patterns of interwoven vegetation and the more familiar wall tiles (pl. 1). The custom of painting the tiles with Mediterranean colors, such as green, orange, yellow, and blue, passed into the low countries from Italy. The influence exerted by immigrant potters explains the difference between the polychrome tiles described in chapter three and those described in chapter four.

In the sixteenth century, ornamental tiles were produced in some thirty tileworks situated in towns throughout a relatively small area. Each workshop made the standard product with minor changes. The colorful, ornamental polychrome tiles, produced in such large numbers (ill. 4), began to diminish in popularity toward the end of the sixteenth century, although they remained in production until 1620. Their place was taken by other polychrome tiles, with diamond-shaped or circular frames encompassing a human or animal illustration (pl. 10, 11). The large quantities of blue-and-white Chinese porcelain of the Ming dynasty imported into the Netherlands after 1625 by the Verenigde Oost Indische Compagnie (VOC, or Dutch East India Company) brought about a less colorful style of decoration (ill. 5); thus, blue-and-white tiles became fashionable. The Chinese influence also meant that greater emphasis was placed upon the figurative element than ornamentation. Consequently, decoration consisted of a central image on individual tiles, which were conjoined by corner motifs filled with leaf forms, fleur-de-lis derivatives, Chinese mock-fret designs, or ox-head (ossekop) decorations.[12]

This stylistic change in Dutch tiles corresponded to the rapid expansion of cities in Holland, a result of unparalleled economic

Ill. 4 **Haard met betegelde panelen**
Delft of Rotterdam, ca. 1600
120 gekleurde tegels aan elke zijde
Collectie Jan Daniel van Dam, Amsterdam

Ill. 4 **Hearth Flanked with Tile Paneling**
Made in Delft or Rotterdam, c. 1600
Each side consisting of 120 polychrome quatrefoil tiles
Collection Jan Daniel van Dam, Amsterdam

Ill. 5 **Blauw met wit bord**
Japan, eind 17de eeuw
Porselein, initialen van de Verenigde Oostindische Compagnie
Philadelphia Museum of Art; geschenk van het Women's Committee van het Philadelphia Museum of Art

Ill. 5 **Blue-and-White Dish**
Japanese, late 17th century
Porcelain, initials of Verenigde Oost Indische Compagnie (VOC, or Dutch East India Company)
Philadelphia Museum of Art, Gift of the Women's Committee of the Philadelphia Museum of Art

Deze verandering van smaak op het gebied van tegels liep parallel met de explosieve, door de economische welvaart gestimuleerde groei van de Hollandse steden; aan de vraag naar betere huisvesting leek amper te voldoen. Het aantal inwoners van Amsterdam bijvoorbeeld groeide in de periode tussen 1510 en 1670 van tienduizend tot tweehonderdduizend. Tegen het eind van de zestiende eeuw zorgde een aangescherpte brandpreventie voor een opleving in de tegelindustrie; voorschriften vereisten dat nieuwbouw niet langer in hout, maar in steen werd uitgevoerd.

Halverwege de zeventiende eeuw, toen de middenklasse steeds rijker werd, werden de huizen steeds fraaier. Tegen de muren van de woonvertrekken kwamen behangsels van fluweel of bewerkt leer, terwijl het onderste gedeelte van de gang en de keukenmuren werden betegeld, niet met uitvoerig beschilderde, maar met eenvoudige tegels waarvan de produktie goedkoper was. Door deze verandering van mode, van veelkleurige naar eenkleurig gedecoreerde tegels, werden de prijzen beduidend lager.[13] Een tweede besparing was de verbetering van het kleimengsel, die het mogelijk maakte om dunnere tegels te bakken.[14] Dit verlaagde de prijs, doordat per tegel minder klei nodig was en dit bij het verzenden in gewicht scheelde.

Nu ze niet meer zo duur waren, kwamen tegels binnen het bereik van een breed publiek, dat hoofdzakelijk uit stadsbewoners en rijkere boeren bestond. In de kuststeden bestond een voorkeur voor blauw-witte tegels met schepen of zeewezens, terwijl bijbelse voorstellingen in het binnenland en buiten de landsgrenzen aftrek vonden en tot ver in de negentiende eeuw populair bleven. Deze tegels, in de kleuren blauw en wit of in paars, werden in Hollandse en Friese steden gefabriceerd.[15] De kapitaalkrachtige boeren die tot de aanschaf van tegels overgingen, gaven de voorkeur aan afbeeldingen van vogels of bloemen, die vaak om en om in de muur werden gezet. Deze tegels werden in grote hoeveelheden vervaardigd in centra als Rotterdam, al waren ze eigenlijk – hoe kan het ook anders – een specialiteit van steden als Gouda en Harlingen, die in de meest welvarende agrarische streken lagen.[16] De populariteit van dit soort tegels nam toe naarmate de belangstelling voor botanische prenten groter werd. De historische achtergrond van de toepassing van deze botanische voorstellingen op Nederlandse tegels zal in de volgende hoofdstukken aan de orde komen.

prosperity; the subsequent demand for less primitive housing seemed insatiable. The population of Amsterdam, for example, grew considerably between 1510 and 1670, from ten thousand to two hundred thousand residents. In the wake of large fires, the tile industry was stimulated in the late sixteenth century by new regulations requiring the use of brick instead of wood for construction.

In the midseventeenth century, as the middle classes grew more and more prosperous, their houses became grander. The walls of living quarters were covered with cut velvet or tooled leather, while plain tiles, which could be produced more cheaply than elaborately painted ones, were used to panel the lower section of the corridor and kitchen walls. The trend that moved away from polychrome products toward those with a simpler decoration brought about a significant decrease in prices.[13] Contributing to the decline in cost was the improved clay mixture that enabled tiles to become thinner.[14] This reduced the cost significantly; less clay was used for each tile, and the lighter weight of the thinner tiles reduced the cost of shipping and handling.

The lower price meant that tiles could be distributed among a very wide public that included a majority of urban dwellers and many of the more prosperous farmers. In the coastal towns, the seagoing consumer preferred blue-and-white tiles decorated with ships or sea creatures, while in many rural areas biblical subjects became popular and remained strong until well into the nineteenth century; these tiles, executed in either blue and white or manganese purple, were produced in towns in Holland as well as in Friesland.[15] The wealthy farmers who began to buy tiles favored those with birds or flowers, which were often applied in a checkerboard pattern on the wall. These tiles were made in large quantities in centers such as Rotterdam, although it is not surprising that they were the specialty of Gouda and Harlingen, cities in the wealthiest rural areas of the Netherlands.[16] The rise in popularity of these tiles coincided with the increased production and circulation of botanical prints. It is the history and evolution of these botanical images on Dutch tiles that will be explored in the following chapters.

Ill. 6 **Kaart van de Nederlandse provinciën**
Henricus Phrisia, 1568
Museum Plantin-Moretus, Antwerpen

Ill. 6 **Map of the Dutch Provinces**
Henricus Phrisia, 1568
Plantin-Moretus Museum, Antwerp

II De botanische renaissance

II The Botanical Renaissance

KRUIDENBOEKEN EN FLORILEGIA

Bij de Europese expedities naar Azië en Amerika in de vijftiende en zestiende eeuw speelden kunstenaars en wetenschappers een belangrijke rol: zij brachten de flora en fauna van de pas ontdekte gebieden in kaart. Kruiden en planten werden door ervaren natuurgeleerden geselecteerd en door kunstenaars nauwkeurig nagetekend. Dit wederzijdse belang, gebaseerd op een gemeenschappelijke passie voor de natuur, smeedde tussen ontdekkingsreizigers, kunstenaars en wetenschappers een hechte band. In het verleden werden wetenswaardigheden over verre landen vaak onvoorwaardelijk geaccepteerd; informatie werd mondeling doorgegeven of – wanneer het klassieke teksten betrof – klakkeloos gekopieerd. Nu echter stortte de wetenschap zich met empirische nieuwsgierigheid op het onbekende. De eigen waarneming werd criterium bij het beschrijven van eetbare of geneeskrachtige planten. Bovendien ontstond er, in de loop van de zestiende eeuw, een grote waardering voor het decoratieve aspect van uitheemse planten, minstens zozeer als voor hun bruikbaarheid.

Deze ontwikkeling weerspiegelt zich in de opkomst van het Nederlandse florilegium als een uitvloeisel van de rijk geïllustreerde kruidenboeken die al sinds het laatste kwart van de vijftiende eeuw in de handel waren maar in Duitsland, in de eerste helft van de zestiende eeuw, een hausse beleefden.[1] Een kruidenboek is een boek waarin planten worden benoemd, beschreven en vaak ook afgebeeld en waarin voornamelijk geneeskrachtige eigenschappen aan de orde komen. Kruidenboeken waren de voorlopers van de florilegia. Florilegia daarentegen waren losbladige folianten met botanisch verantwoorde, in zwart-wit uitgevoerde gravures van bloemen. De eerste Nederlandse florilegia dateren uit de jaren negentig van de zestiende eeuw. Zij hadden een tweeledig doel: ze dienden als modelboek voor ambachtslieden, onder wie ook keramisten, die er voor hun werk uit kopieerden, en als platenboek voor tuinliefhebbers.[2] Evenals de Nederlandse bloemstillevens uit deze periode[3] benadrukken de florilegia en de bloemtegels eerder de schoonheid dan de praktische, veelal geneeskrachtige aspecten van de planten. En dat was indertijd een novum.

HERBALS AND FLORILEGIA

Artists and scientists were important members of the fifteenth- and sixteenth-century European expeditions to Asia and the Americas, as they worked to satisfy the demand to produce accurate, reproducible images that would document the flora and fauna of the newly discovered territories. Although the artists were skilled in rendering the observed reality, the services of experienced botanists were essential for pointing out the herbs and plants to be drawn. This reciprocal relationship, coupled with a shared concern for observing and understanding nature, made explorers, artists, and scientists appropriate partners. Previously, much of the European lore surrounding faraway lands had been accepted unconditionally and passed along orally or by copying classical information without scientific scrutiny, but now scientists studied the discoveries with empirical curiosity. Plants that had a perceived benefit as food or medicine were recorded from direct observation. In the sixteenth century, the new plants the explorers brought back also came to be valued as much for their ornamental properties as for their utilitarian services.

At first, this led to profusely illustrated herbals, produced mostly in Germany in the early to midsixteenth century, although they had appeared first in the final quarter of the fifteenth century.[1] Herbals were books in which plants were named, described, and, often, illustrated with emphasis usually placed on their officinal properties. The herbals were the forerunners of the florilegia published in the Netherlands.

Florilegia were folios with unbound leaves that held black-and-white reproductions of flowers that often were copied by craftsmen onto different mediums, including tiles. The florilegium (plural: florilegia) began to be produced in the Netherlands during the last decade of the sixteenth century. A collection of unbound leaves with botanically accurate floral engravings in black and white, the florilegium served a dual purpose – as a pattern book for craftsmen and as a picture book for garden enthusiasts.[2] These floral prints were readily available for ceramists seeking drawings of flowers that they could adapt for depiction on tiles. The florilegia as well as the tiles, like the contemporary Dutch paintings of floral still lifes,[3] thus document the beauty of the plants instead of their practical, usually medicinal, use, a new point of view at the time.

Kruidenboeken

Kruidenboeken waren botanisch van opzet, handelden soms ook over dieren en dienden in hoofdzaak als medisch handboek. In het Verre en Nabije Oosten werden ze al in het derde millennium v.Chr. bestudeerd. In de eerste eeuw n.Chr. schreef Pedanius Dioscorides op grond van een aantal oudere manuscripten zijn *De materia medica*, een boek met beschrijvingen van planten en tekeningen van geneeskrachtige kruiden dat zo'n vijftienhonderd jaar het standaardwerk op het gebied van de plantkunde is gebleven, en ook hét voorbeeld van plantbeschrijvingen: in kleine hoofdstukken worden groei, plaats, eigenschappen behandeld. Door de eeuwen heen is *De materia medica* veelvuldig gekopieerd en becommentarieerd. Een der belangrijkste commentaren, met houtsneden geïllustreerd en daterend uit het midden van de zestiende eeuw, is dat van de Italiaan Pierandrea Mattioli, lijfarts van Maximiliaan II in Wenen. Plinius de Oudere, een tijdgenoot van Dioscorides, schreef *Historia naturalis*, een compilatie van teksten van vroegere klassieke schrijvers; van dit werk is de eerste druk omstreeks 1470 in Venetië verschenen.[4] Ook de kruidenboeken die tussen 1480 en 1530 in de handel kwamen, zijn eigenlijk medische handboeken, met houtsneden verlucht (de houtsnede was in boeken het eerste reproduktiemiddel).[5] Omwille van de herkenbaarheid waren van elke plant alleen de contouren getekend, zonder arceringen, waardoor ze volkomen vlak lijken. Naderhand werden de prenten gewoonlijk met de hand ingekleurd, in sommige gevallen door de uitgever.[6]

Van begin zestiende tot begin zeventiende eeuw verschenen er kruidenboeken die door botanici waren samengesteld, zogenaamd als wetenschappelijke compilaties, maar toch nog altijd goeddeels overgeschreven. Voorbeelden zijn het werk van Otto Brunfels uit 1530, dat zijn vermaardheid ontleent aan de houtsneden van Hans Weiditz, de eerste botanische illustrator die strikt naar de natuur te werk ging, van Leonhart Fuchs uit 1542, van Rembertus Dodonaeus uit 1552 en van Carolus Clusius (Charles de l'Escluse) uit 1576. De zwart-witillustraties, waarvan de tekenaar soms bekend is, bestonden uit houtsneden of houtgravures van de hele plant, van de wortel tot en met de vrucht, compleet met lange, gedetailleerde beschrijvingen van alle fysische eigenschappen. Vaak verzorgde de uitgever het illustratiemateriaal en bleven de kunstenaars, met name de houtsnijders, onvermeld. Zo behield de uitgever de controle

Herbals

Herbals are, first and foremost, books of medicine. Botanical in origin, they were used mainly for officinal purposes, although, in some cases, animals were included. In the Far and Near East, herbal manuscripts were studied as early as the third millennium B.C.

In the first century A.D., Pedanius Dioscorides wrote *De materia medica*, a compilation derived from earlier originals, describing healing herbs and elucidated with drawings of plants. For fifteen hundred years, it remained the authority as well as the model for plant descriptions, in small chapters such as habitat and characteristics. *De materia medica* was frequently copied and discussed over the centuries; one of the most important of the commentaries was issued, with woodcuts of the plants, in the midsixteenth century by the Italian Pierandrea Mattioli, the personal physician of Maximilian II in Vienna.

Pliny the Elder, a contemporary of Dioscorides, compiled *Historia naturalis*, a collection of the writings of earlier classical authors; it was not available in printed form until around 1470, in Venice.[4] The herbals published between 1480 and 1530 are likewise basically medical books illustrated with woodcuts, the earliest reproducible medium used in books.[5] For purposes of identification, each herb was depicted only in outline, without shading, and, consequently, looks flat. It was customary for the illustrations to be colored later by hand, in some instances by the publisher.[6]

From the early sixteenth to the early seventeenth century, herbals were produced by such botanists as Otto Brunfels in 1530 (whose fame rests on the first naturalistic drawings by Hans Weiditz), Leonhart Fuchs in 1542, Rembertus Dodonaeus in 1552, and Carolus Clusius in 1576. These men wrote what they considered to be scientific compilations, albeit often copied from previous authors. The illustrations consisted of black-and-white woodcuts or wood engravings of the entire plant, from roots to fruit, accompanied by lengthy, elaborate descriptions of the physical properties of each. In many cases, the drawings were made by artists, not always identified, who were employed by the publisher; even when the artist is known, those who made the woodcuts after the drawings remain anonymous. The publisher, therefore, had control over the product and the freedom to insert the same illustrations in herbals by different authors.[7]

over het eindprodukt en kon hij kruidenboeken van
verschillende schrijvers van dezelfde illustraties voorzien.[7]
Het centrum van de botanische uitgeverij verschoof in de
tweede helft van de zestiende eeuw van Duitsland naar
Vlaanderen, niet in de laatste plaats omdat de Antwerpse
drukker en uitgever Christoffel Plantijn zijn fonds met de drie
belangrijkste humanisten van zijn tijd – Dodonaeus (Rembert
Dodoens), Clusius en Matthias Lobelius (Matthias de l'Obel) –
had weten uit te breiden.[8] Tevens had Plantijn, onder andere
door aankopen bij de drukker Jan van der Loë, een grote
collectie houtblokken opgebouwd. Van lieverlee werd hij
toonaangevend op het gebied van botanische en andere
wetenschappelijke uitgaven, alsmede van de cartografie.
De botanici die kruidenboeken schreven, bevorderden tevens –
door onderlinge uitwisseling van pas ontdekt plantenmateriaal –
de praktische kennis van de bloementeelt. Twee van hen zijn
Dodonaeus en Clusius, die veel heen en weer reisden tussen
Vlaanderen, Wenen, Spanje, Portugal, Engeland en Holland, en
hun collega Lobelius, lijfarts van Willem van Oranje in Delft,
die naderhand, als arts van Jacobus I, veel in Engeland verbleef.
Veelvuldig maakten zij elkaar deelgenoot van hun
waarnemingen en stuurden zij elkaar pas ontdekt materiaal,
waarvan zij in hun briefwisseling beschrijvingen gaven.[9] Ook de
oprichting van botanische tuinen, eerst in Italië en vervolgens in
Duitsland, Oostenrijk, Frankrijk en de Nederlanden, heeft de
belangstelling voor bloemen gestimuleerd. De Hortus Botanicus
in Leiden is een schepping van Clusius en dateert uit 1590.

Florilegia

Over florilegia is veel minder literatuur beschikbaar dan over
kruidenboeken. Het florilegium, een laat-zestiende- en
zeventiende-eeuws verschijnsel, bestaat uit een aantal in koper
gegraveerde of geëtste illustraties van gecultiveerde planten.[10]
Anders dan kruidenboeken waren florilegia voor leken bedoeld,
tuinliefhebbers bijvoorbeeld, die meer oog hadden voor de
schoonheid dan voor de medicinale eigenschappen van een
bloem. Tekst komt er haast niet in voor, alleen de namen van
bloemen zijn vermeld.
Florilegia werden losbladig op de markt gebracht; kopers
hoefden niet alle prenten af te nemen en ook de volgorde was
willekeurig.[11] De zwart-witgravures konden later, als de koper
dat wenste, met de hand worden ingekleurd. De bloemen

The center of the publication of botanical literature in northern
Europe shifted from Germany to Flanders during the second
half of the sixteenth century, in no small measure because the
prominent Antwerp printer and publisher Christophe Plantin
succeeded in bringing the three most important botanists of the
time – Dodonaeus, Clusius, and Matthias Lobelius – into his
shop.[8] Because Plantin was able to gather a large collection of
woodblocks, partly through purchases from the printer Jan van
der Loë, he became recognized as the leading publisher of
botanical books as well as other scientific works and maps.
The botanists who wrote the herbals fostered deeper
understanding of the cultivation of flowers by sharing the
recently discovered plant material. Dodonaeus and Clusius
traveled constantly between Flanders, Vienna, Spain, Portugal,
England, and Holland. Their colleague Lobelius, the personal
physician of William of Orange, in Delft, later spent most of his
time in England as physician to the king. They freely shared
their observations and sent each other newly found plant
material, which they described in their frequent exchange of
letters.[9] Interest in flowers was further promoted by the founding
of botanical gardens; beginning in Italy, they spread to Germany,
Austria, France, and the Netherlands. The renowned Hortus
Botanicus in Leiden was created by Clusius in 1590, more than
four hundred years ago.

Florilegia

Far less has been published about florilegia than herbals.
Florilegia, a late sixteenth and seventeenth-century
phenomenon, which had illustrations engraved or etched on
copper,[10] depicted cultivated plants. Unlike herbals, they were
designed for the amateur, such as the garden lover, who was able
to appreciate flowers for their beauty rather than their
pharmaceutical use. Florilegia contain little or no text beyond
the names of the flowers engraved on the plates.
The florilegia were issued unbound, and the purchaser was
under no obligation to buy all the plates, or to have them bound
in any prescribed order.[11] The black-and-white engravings could
be colored later by hand if the buyer desired. Each flower was
rendered in minute detail, but little attention was paid to the
foliage; roots and fruit often were left out altogether.[12] Curiously,
the stem of each blossom was frequently shown being held
upright by a ring on a wooden stake (ill. 7).

werden uiterst zorgvuldig weergegeven, maar aan het blad werd nauwelijks aandacht besteed en vaak kwamen de wortels en vruchten niet eens aan bod.[12] De bloemstelen werden niet zelden gesteund door een ring op een houten stok (ill. 7). Eind zestiende, begin zeventiende eeuw, toen de welvaart onder de gegoede burgerij met sprongen toenam, kwamen er ook meer en meer florilegia op de markt. Plotseling was er geld voor luxeartikelen; met een fraai interieur werd onder vrienden en familie graag gepronkt en op de aanplant van de zorgvuldig

The increase in florilegia published in the lowlands in the late sixteenth and early seventeenth centuries coincided with greater prosperity among the wealthy burghers, who now had money to spend on luxuries. They liked to show the lavish interiors of their homes to a closed circle of friends and family, and enjoyed opening their purse for the cultivation of flowers in their elaborately designed walled gardens. These were modeled, on a reduced scale, after the more grandiose gardens of the royalty and aristocracy in the countries that wealthy, young Dutch

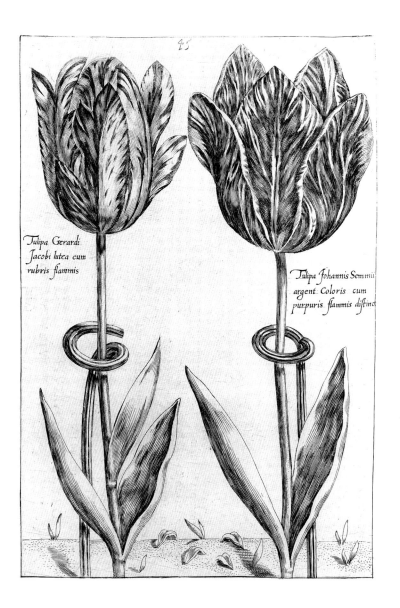

Tulipa Gerardi Jacobi lutea cum rubris flammis

Tulipa Johannis Semmii argent. Coloris cum purpuris flammis distinct

Ill. 7 **Tulpen, overeind gehouden door een ring**
Gravure uit: Crispijn vanden Passe, *Hortus floridus*, 'Voorjaar', folio 45
Rijksmuseum-Stichting, Amsterdam

Ill. 7 **Tulips Held Upright by a Ring on a Stake**
Crispijn vanden Passe, engraving, Hortus floridus, "Spring," folio 45 Rijksmuseum-Stichting, Amsterdam

ontworpen, ommuurde tuinen werd niet beknibbeld. Deze tuinen waren varianten in het klein van de grote aangelegde parken van de koningshuizen en de adel in het buitenland, die bewonderd werden door de jonge Hollandse patriciërs op hun 'grand tour'. Na bestudering van een florilegium kon de enthousiaste tuinier een gerichte bestelling plaatsen of met andere verzamelaars een ruil aangaan. In zekere zin zijn deze publikaties dus vergelijkbaar met de catalogi van onze twintigste-eeuwse kwekerijen. Maar ook de tegelschilder, op zoek naar plaatjes waarmee hij – in aangepaste of vereenvoudigde vorm – zijn tegels kon verfraaien, deed er zijn voordeel mee. Decoraties werden niet uit de vrije hand getekend, omdat tegels en masse werden vervaardigd en vanwege de samenvoeging in tegelvelden toch min of meer gelijk moesten zijn. De tegelschilders hadden daarom een voorbeeld voor zich dat met enkele penseelstreken werd nagebootst, nadat de omtrekken al met behulp van een spons op de tegel waren gezet.[13]

De decoratie van de tegels geeft de belangstelling en de smaak van de opdrachtgever weer en is als zodanig een weerspiegeling van een tijdperk. Er spreekt uit de bloemtegels van de Gouden Eeuw een nieuw soort belangstelling voor bloemen, ditmaal vanwege de schoonheid. In keramische vorm kon deze schoonheid het hele jaar door en zelfs in de lange, donkere wintermaanden worden bewonderd.

In florilegia vindt men afbeeldingen van betrekkelijk populaire bloemen als anemonen, rozen, anjers en anjelieren, goudsbloemen en ranonkels in allerlei soorten, maar ook van veel juist ontdekte, zeldzame en dus kostbare bloemen als narcissen, irissen en tulpen in verschillende kleuren. Vooral gestreepte tulpen waren erg in trek; dat ze gestreept waren als gevolg van een virusinfectie, was nog niet bekend. Tot de belangrijkste florilegia behoren *Hortus floridus* (1614–1617) van Crispijn vanden Passe, *Florilegium novum* (1612–1614) van Johann Theodor de Bry en *Florilegium* (ca. 1590) van Adriaen Collaert. Veel gebruikte voorbeelden voor tegels waren de minutieus getekende bloemen uit de verkoopcatalogus van Emanuel Sweerts. Bij het samenstellen van zijn tweedelig *Florilegium* (1612–1614) heeft deze kweker veel nut gehad van het *Florilegium novum* van De Bry, die op zijn beurt weer etsen van Pierre Vallet uit diens *Le jardin du roy très chrestien Henry IV* (1608) had gekopieerd.[14]

patricians had visited on their grand tour through France and Italy.

After studying the florilegia, the avid gardener was able to order flowers by name or easily trade with other flower collectors. In short, the florilegia functioned more or less as modern-day seed catalogues. Similarly, the tile painter searched the florilegia to select illustrations of the more popular flowers he might adapt or simplify for decorating his tiles. He did not draw the pictures in a free style: tiles were mass-produced in large quantities and had to be very similar in order to be conjoined in panels. Each decorator, therefore, kept a sample in view which enabled him to reproduce the flower on the tile with a few brushstrokes after he had first drawn the outline by means of the pinholes in his pounced square of parchment.[13]

Because the decoration on the tiles reflected the particular interest and taste of the patron, it was a reflection of the time. The floral tiles of Holland's innovative Golden Age testify to the new interest in the cultivation of flowers for their beauty; when preserved in ceramic, they could be enjoyed year-round, even through the long and dark northern winters.

The flowers depicted in the florilegia usually included the more popular, such as the many varieties of anemones, roses, carnations, and pinks, calendula, and ranunculus, as well as a great number of newly discovered, rare, and very expensive ones – among them, narcissus, iris, and differently colored tulips. Striped tulips, an aberration caused by a then-unknown viral infection, were especially valued.

Among the most important florilegia are Crispijn vanden Passe's *Hortus floridus* (1614–17), Johann Theodor de Bry's *Florilegium novum* (1612–14), and Adriaen Collaert's *Florilegium* (c. 1590). Many tiles depict flowers adapted from the clearly drawn pictures in the sales catalogue of Emanuel Sweerts, a nurseryman. In his two-volume *Florilegium* (1612–14), Sweerts made much use of the *Florilegium novum* of De Bry, who, in turn, had copied plates from Pierre Vallet's etchings in *Le jardin du roy très chrestien Henry IV* (1608).[14]

Pl. 2 **Stertulpen**
1600–1625; gekleurd
Herhaald patroon

Pl. 2 **Star Tulips**
1600–25; Polychrome
Continuous pattern

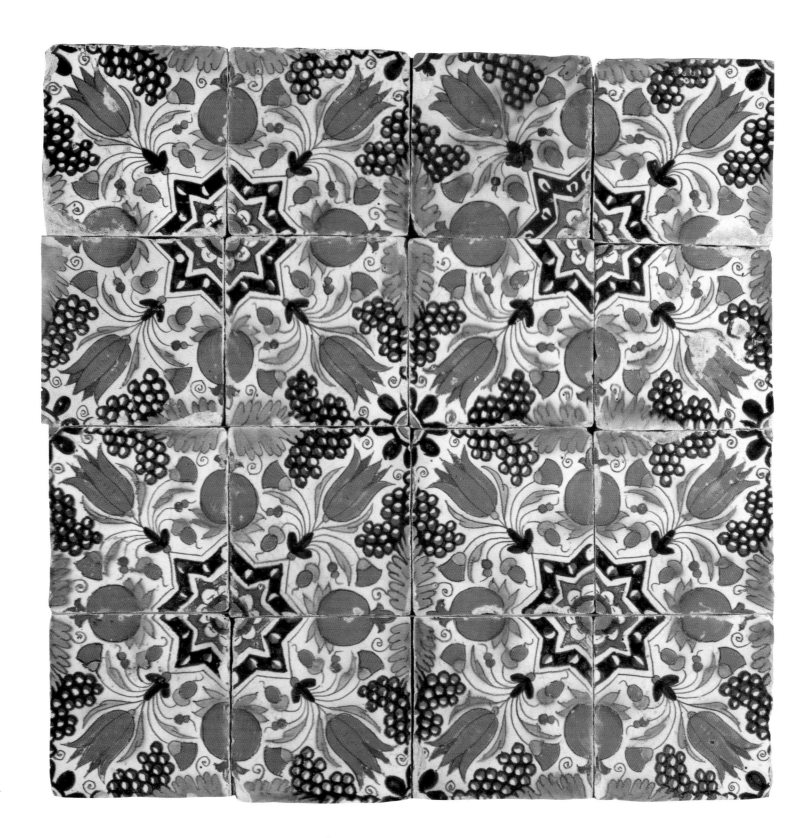

III Ornamentale gekleurde wandtegels

Vroege ornamentale tegels werden in de Nederlanden tussen 1570 en 1625 in grote hoeveelheden vervaardigd; dit gebeurde in een aantal steden, verspreid over een betrekkelijk klein gebied, in ten minste dertig tegelbakkerijen.[1] De tegels werden beschilderd in een stijl die vanuit Italië via de Zuidelijke Nederlanden was overgekomen en die met zijn levendige kleuren – geel, groen, oranje, bruin en paars – aan zijn herkomst uit het zonnige Middellandse-Zeegebied herinnert. Zij vormen de belangrijkste schakel tussen de oudere soorten beschilderde vloertegels, gedecoreerd met verstrengelde bladmotieven, en de alom bekende wandtegels. Ornamenttegels met vruchten en bloemen staan niet op zichzelf, maar maken deel uit van geometrische vormen en vegetale motieven die als een doorlopend patroon voor grote vlakken zijn bedoeld. Aan dit patroon, dat uit de samenvoeging van een aantal tegels is opgebouwd, draagt elke tegel zijn steentje bij (ill. 4).

Tot de tegelpatronen van het ornamentale type behoren de grote vierpassen (pl. 1) en de stertulpen (pl. 2).[2] In dit genre vormen vier tegels een kwart van het patroon, dat dus zestien tegels telt, maar pas bij een veelvoud van zestien volledig tot zijn recht komt. Bij een wand van granaatappels en druiven (pl. 3) loopt het patroon ononderbroken diagonaalsgewijs over het hele veld. Anders dan de hoekmotieven op zeventiende- en achttiende-eeuwse tegels is het grote blauw met witte ornament op de gekleurde tegels in vul- of spaartechniek aangebracht. Dit betekent dat de achtergrond is geschilderd en het motief is uitgespaard (pl. 1 en 4). Met andere woorden, het blauwe glazuur dient als omlijsting van wat de schilder wit heeft gelaten. De hoeken zijn niet geaccentueerd – integendeel, alle tegels lopen naadloos in elkaar over. De afzonderlijke hoekmotieven die op latere tegels (pl. 45 en 49) een vast en telkens terugkerend kader bieden, blijven hier achterwege.

Tot halverwege de zeventiende eeuw bleven vruchten op tegels beperkt tot combinaties van sinaasappels, granaatappels en druiven. Vervolgens raakten ook talloze appels en peren in zwang – in trossen, op fruitschalen of in rieten mandjes –, terwijl bloemen in allerlei varianten juist afzonderlijk werden afgebeeld.

De weergave van ongewone vruchten en bloemen op ornamentale wandtegels is zelden waarheidsgetrouw. Tulpen vertonen niet-bestaande vruchtbeginsels en granaatappels zijn onnatuurlijk opengebarsten; alleen de gestileerde druiven zijn

III Ornamental Polychrome Wall Tiles

Vast quantities of early ornamental tiles were produced in the Netherlands between 1570 and 1625, in at least thirty tileworks, in towns situated throughout a relatively small area.[1] The custom of painting these tiles had come from Italy and the southern Netherlands, and the vivid colors – yellow, green, orange, brown, purple – reflect their sunny Mediterranean origins. These tiles constitute the chief link between the older forms of painted floor tiles, decorated with intertwined vegetation, and the more familiar wall tiles. Fruit and flower ornamental tiles are not self-contained; they feature an interplay of geometric forms and vegetal motifs that are meant to cover large areas and leave no space vacant. Each tile contributes a section of the repeat pattern created when a number of tiles are conjoined (ill. 4). Tile patterns of this type include the large quatrefoils (pl. 1) and star tulips (pl. 2).[2] Here, four tiles encompass one-fourth of the overall design, which requires a minimum of sixteen tiles. Several sets are needed to get the full impact of the repeat. In other instances, when the design contains pomegranates and grapes (pl. 3), the pattern extends diagonally without interruption across the entire panel. In contrast to the corner motifs on seventeenth- and eighteenth-century tiles, the large blue-and-white arabesques on the ornamental polychrome tiles are decorated in negative, or reserve, technique, in which the background rather than the motif was painted (pl. 1, 4). In other words, the blue glaze sets off the design on the area of the tile's surface that the craftsman had left white. Rather than accentuating the corners of the tiles, their absence creates a seamless continuity among the sixteen or more tiles, because the isolated corner decorations, which in later tiles (pl. 45, 49) serve as stable, repetitive points of reference, are here wholly absent. The varieties of fruit depicted are limited to oranges, pomegranates, and grapes, which were displayed together until the midseventeenth century. Thereafter, heaps of fruit, including apples and pears, appear in clusters or fill ceramic dishes or wicker baskets, in contrast to single flowers that decorate a wide variety of tiles.

The fruit and flowers that at the time were foreign to the Netherlands are rarely rendered accurately in the ornamental wall tiles. Tulips receive nonexistent ovaries, and the cut-open pomegranates are not natural; only the stylized grapes are more or less correct. It should be stressed, however, that by no means does this lessen the decorative quality of the tiles, which, in fact,

Pl. 4 **Vazen in een vierpas**
1620–1625; gekleurd
Hoeken: blauw ornament in vultechniek

Pl. 4 **Vases in Quatrefoils**
1620–25; Polychrome
Corners: Blue-and-white arabesques, painted in reserve

Pl. 5 **Stertulpen**
1600–1625; gekleurd
Herhaald patroon

Pl. 5 **Star Tulips**
1600–25; Polychrome
Continuous pattern

Pl. 6 **Sinaasappels of granaatappels en goudsbloemen in een
vierpas**
1600–1625; gekleurd
Hoeken: blauw ornament in vultechniek

Pl. 6 **Oranges or Pomegranates and Marigolds in Quatrefoils**
1600–25; Polychrome
Corners: Blue-and-white arabesques, painted in reserve

min of meer correct. Maar vanzelfsprekend zijn de tegels daarom niet minder decoratief; in hun genre behoren zij tot het mooiste dat in de Nederlanden is gemaakt. Omdat concurrerende ateliers zich bij het kopiëren van elkaars ontwerpen nooit exact aan het origineel hielden, is de afwisseling verbazingwekkend groot.

ORNAMENTTEGELS MET VRUCHTEN

Citrus aurantium (sinaasappel)
RUTACEAE (citrusvruchtenfamilie)

Omdat een realistische weergave van exotische vruchten – de omstandigheden van de schilders in aanmerking genomen – allerminst voor de hand ligt, moet de vrucht in de lobben van de vierpassen en op de punten van de sterren óf een granaatappel óf een sinaasappel voorstellen (pl. 1, 2 en 5). De sinaasappel, afkomstig uit Zuidoost-Azië, werd tijdens de late middeleeuwen in Italië in cultuur gebracht.[3] Halverwege de zeventiende eeuw werd het mode in Nederlandse adellijke kringen om in lusthoven orangerieën te bouwen en de kwetsbare planten daar 's winters in onder te brengen. Daniel Marot, de Parijse architect en ontwerper die kort na zijn vlucht uit Frankrijk bij stadhouder Willem III in dienst trad (1686), ontwierp een orangerie voor de Hortus Botanicus van de universiteit van Leiden.

In vaderlandslievende kringen zou de sinaasappel associaties wekken met het Huis van Oranje, dat zich sterk maakte voor de bevrijding van de Nederlanden op de Spaanse overheersing. Zo meldt de inventarislijst van een tegelbakker in Rotterdam op 28 mei 1603 de verkoop van onder andere 'twintig appelen van orangen'.[4] Desalniettemin moet een sinaasappel voor een zeventiende-eeuwse tegelschilder een curiosum zijn geweest. De vrucht is in Nederland nog eeuwen exotisch gebleven: als kind werd mij verteld dat tijdens soirees bij mijn overgrootouders in Rotterdam later op de avond, als een uitheemse delicatesse, sinaasappels in partjes werden geserveerd.
Vierpassen (pl. 1 en 6) – die stuk voor stuk uit blokjes van vier tegels bestaan – hebben een vulling van ronde, oranjekleurige vruchten met groene bladeren, noten of bessen en goudsbloemen. Elke tegel is diagonaalsgewijs gedecoreerd en bestaat voor de helft uit een blauw met wit ornament in

comprise some of the most beautiful wall paneling ever made in the Netherlands. Their variety is astounding, as competing workshops made small variations in the color and shape of secondary motifs in one another's designs.

ORNAMENTAL TILES WITH FRUIT

Citrus aurantium (Orange)
RUTACEAE (Citrus Fruit Family)

Since it is not likely that Dutch tile painters were able to render unfamiliar foreign fruit realistically, the fruit that nestles in the cups of the quatrefoils and on the points of the stars is meant to depict either pomegranates or oranges (pl. 1, 2, 5). A native of Asia, particularly eastern Asia, the orange was not cultivated in Italy until the late Middle Ages.[3] By the midseventeenth century, it became the vogue for the Dutch aristocracy to create an orangery in its pleasure gardens, where tender plants could survive the winters. Daniel Marot, the Huguenot architect and designer who entered the service of the stadholder Prince William III soon after fleeing France in 1686, designed an orangery for the Hortus Botanicus, of the University of Leiden.

Among the Dutch, the orange was intended to evoke associations with the House of Orange, whose scions had fought for the liberation of the Netherlands from Spanish domination. The fruit appears, for instance, in an early seventeenth-century inventory of a tileworks in Rotterdam, which records that on May 28, 1603, it sold, among other tiles, twenty apples of orange (*twintig appelen van orangen*).[4] Still, it would have been unlikely for a seventeenth-century tile decorator, as opposed to the aristocracy, to be familiar with oranges. The fruit remained a rarity in Holland for centuries. As a child, I was told that at soirées in my great-grandparents' home, in Rotterdam, sections of oranges were elegantly served late in the evening as an imported delicacy.
The composition with the large quatrefoils (pl. 1, 6), each formed by four conjoining tiles, consists of round, orange-colored fruit flanked by green foliage, nuts or berries, and marigolds that fill the quatrefoil's lobes. Each tile is decorated diagonally; half is devoted to blue-and-white arabesques, in reserve, that form an eight-pointed star when the four tiles

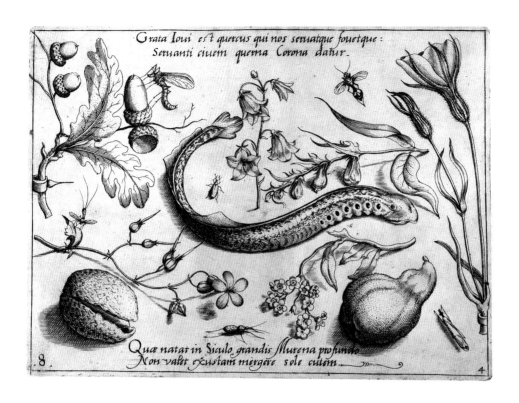

vultechniek; wanneer het ornament compleet is, vormt het als geheel een achtpuntige ster. Op deze wijze ontstaat er een samenspel van vormen met als kenmerk de tegenstelling tussen motief en ondergrond: kleurrijke motieven op een witte ondergrond in de vierpassen en in de sterren in blauw met witte vultechniek.

Punica granatum (granaatappel)
PUNICACEAE (granaatappelfamilie)

In de compositie (pl. 1 en 6) vormen grote vierpassen een omlijsting voor vruchten die óf als granaatappel óf als sinaasappel zijn bedoeld. Naar de vorm zijn het granaatappels, maar echte granaatappels zijn roodbruin en deze zijn oranje. Wanneer de vrucht als ornament moest dienen, werd echter zelfs in het Oude Testament met natuurlijke kleuren de hand gelicht: 'Aan de onderrand van de schoudermantel moet ge rondom violette, purperen en karmozijnen granaatappeltjes aanbrengen, en aan alle kanten daartussen gouden belletjes; om beurten telkens een gouden belletje en een granaatappeltje rond de onderrand van de schoudermantel.' (Exodus 28:33–34) Ook in het Hooglied worden granaatappels overdrachtelijk gebruikt: 'Uw lusthof is een paradijs van granaten, met allerlei kostelijke vruchten' (4:13), en: 'Als granatenhelften blozen uw wangen door uw sluier heen' (6:7).[5]
De granaatappelboom heeft een eeuwenoude historie (ill. 9); hij was al bekend bij de oude Egyptenaren, die de vruchten en de bast voor de bereiding van kleurstoffen en medicijnen gebruikten – net als trouwens de Babyloniërs en de Syriërs deden. Granaatappels worden ook in de *Odyssee* genoemd. Ze waren een vruchtbaarheidssymbool voor de Romeinen en werden later in de christelijke allegorie een zinnebeeld van de eenheid (het vruchtomhulsel), ondanks de veelvuldigheid (van de zaden). Tussen de negende en de twaalfde eeuw brachten de Arabieren de granaatappel en nog enkele andere bomen vanuit Syrië en Egypte naar Spanje.[6] Bij de zijdewevers in Frankrijk en Italië diende het granaatappelpatroon als standaardmotief, en ook was het bekend bij de Italiaanse pottenbakkers, die er hun vazen, apothekerspotten en schalen mee decoreerden (ill. 1). Vlamingen als Hans Memling en Rogier van der Weyden schilderden de Maagd Maria met op de achtergrond een versierd paneel waarop de granaatappel Haar zuiverheid symboliseert (ill. 10). In de

constituting the quatrefoil are assembled. This creates an interplay of forms characterized by a contrasting figure-ground relationship; quatrefoils contain white grounds filled with colorful illustrations, are painted in blue-and-white reserve as are the tiles with star motifs.

Punica granatum (Pomegranate)
PUNICACEAE (Pomegranate Family)

In the composition (pl. 1, 6), large quatrefoils enclose fruit intended to represent either pomegranates or oranges. The shape is the pomegranate's, but the coloring is orange rather than reddish brown. Even in the Old Testament, however, natural colors were not considered of major importance when the fruit's purpose was ornamental: "And beneath upon the hem of it thou shalt make pomegranates of blue, and of purple, and of scarlet, round about the hem thereof; and bells of gold between them round about: A golden bell and a pomegranate, upon the hem of the robe round about" (Exod. 28:33–34). The special status of pomegranates is extolled as well in the Song of Solomon: "Thy plants are an orchard of pomegranates, with pleasant fruits" (4:13); and "As a piece of a pomegranate are thy temples within thy locks" (6:7).[5]
The pomegranate, a tree of age-old culture (ill. 9), was known to the ancient Egyptians, who used the fruit and the bark in tanning processes and medicinal preparations, as did the Babylonians and Syrians. Pomegranates are also mentioned in Homer's *Odyssey*. The pomegranate was a symbol of fertility to the Romans; later, it was an emblem of the Christian Church, because of the inner unity expressed by the countless seeds contained in one piece of fruit. Between the ninth and twelfth centuries, Arabs brought the pomegranate and several other trees from Syria and Egypt to Spain.[6] The pomegranate pattern became a standard design of the silk weavers of France and Italy, and was well known to the Italian master potters, who decorated vases, albarellos, and dishes with the fruit (ill. 1).
Flemish painters, Hans Memling and Rogier van der Weyden, for example, placed the Virgin in front of a brocaded panel in which the pomegranate represented her chastity (ill. 10). In the seventeenth century, the pomegranate came to be called "Eve's apple," referring to the spiritual choice between good and evil. The drawings by Jacques Le Moyne de Morgues in *La Clef des*

Ill. 10 **De heilige Lucas tekent het portret van de Madonna**, z.j.
Rogier van der Weyden (Vlaams, 1399–1464)
Olieverf op paneel, 138 x 110 cm
Bayerische Staatsgemälde-sammlungen, München

Ill. 10 **St. Luc Drawing the Portrait of the Madonna**, n.d.
Rogier van der Weyden (Flemish, 1399–1464)
Oil on panel, 138 x 110 cm (54 3/8 x 43 3/8 in.)
Bayerische Staatsgemälde-sammlungen, Munich

Ill. 11 **Sinaasappels**
Tekening van Jacques Le Moyne de Morgues
'Sommige hiervan [tekeningen, beschreven in het Victoria and Albert Museum] blijken de originelen te zijn van de door de kunstenaar zelf gegraveerde en in [...] *La Clef des champs* (Londen, 1586) [...] uitgegeven prenten.'
The Times Literary Supplement (9 februari 1922), blz. 96
British Museum, Londen

Ill. 11 **Oranges**
Jacques Le Moyne de Morgues, drawing
"Some of them [drawings identified at the Victoria and Albert museum] appear to be the originals of those engraved and published by the artist himself in ... La Clef des champs (London, 1586)." The Times Literary Supplement *(February 9, 1922), p. 96*
British Museum, London

zeventiende eeuw werd de granaatappel ook wel 'appel van Eva' genoemd, als verwijzing naar de keuze tussen goed en kwaad. De tekeningen van Jacques Le Moyne de Morgues in *La Clef des champs* illustreren hoe lastig het soms is om op een botanische tekening het verschil tussen sinaasappels en granaatappels te onderscheiden (ill. 11 en 12). Op tegels is dit vanzelfsprekend nog lastiger. De veronderstelling dat de vruchten op pl. 1 en 6, ondanks hun oranje kleur, toch granaatappels zijn, lijkt te worden bevestigd door de gravure van Crispijn vanden Passe van de *Malum Granatum* (een vroege, pre-Linneaanse benaming) of granaatappel; deze vrucht lijkt als twee druppels water op die welke op de tegels is afgebeeld (ill. 13).

Punica granatum en *Vitis vinifera* (granaatappels en druiven) PUNICACEAE (granaatappelfamilie) en VITACEAE (druivenfamilie)

De combinatie van granaatappels en druiven, oorspronkelijk een geliefd Italiaans motief, heeft ook op Nederlandse tegels en majolica succes gehad. Op Noordnederlandse tegels en borden

champs (1586) illustrate how difficult it can be to discern the difference in botanical drawings between oranges and pomegranates (ill. 11, 12). It is even harder to distinguish one from the other when they appear on tiles. Support for the theory that the fruit depicted on pl. 1 and 6 is the pomegranate, even though orange in color, may be found in Crispijn vanden Passe's engraving of the *Malum Granatum* (an early, pre-Linnean nomenclature) or pomegranate, which seems to be identical to the fruit copied on the tiles (ill. 13).

Punica granatum and *Vitis vinifera* (Pomegranates and Grapes) PUNICACEAE (Pomegranate Family) and VITACEAE (Grape Family)

Massed pomegranates and grapes, originally a favored Italian motif, retained their vigor in the decoration of Dutch tiles and majolica. This combination of fruit is quite often found on northern Netherlandish tiles as well as dishes in the first half of the seventeenth century (ill. 14). The panels on pl. 7, 8 and 3 show an opulent display of fruit and foliage, which creates an

Ill. 12 **Granaatappels**
Tekening van Jacques Le Moyne de Morgues
'Sommige hiervan [tekeningen, beschreven in het Victoria and Albert Museum] blijken de originelen te zijn van de door de kunstenaar zelf gegraveerde en in [...] *La Clef des champs* (Londen, 1586) [...] uitgegeven prenten.'
The Times Literary Supplement (9 februari 1922), blz. 96
British Museum, Londen

Ill. 12 **Pomegranates**
Jacques Le Moyne de Morgues, drawing
"Some of them [drawings identified at the Victoria and Albert museum] appear to be the originals of those engraved and published by the artist himself in ... La Clef des champs (London, 1586)." The Times Literary Supplement *(February 9, 1922), p. 96*
British Museum, London

Pl. 7 **Granaatappels en druiven**
1610–1630; gekleurd
Hoeken: grote, blauw met witte Franse lelies

Pl. 7 **Pomegranates and Grapes**
1610–30; Polychrome
Corners: Large, barred, blue-and-white fleur-de-lis

Pl. 8 **Granaatappels en druiven**
1600–1625; gekleurd
Hoeken: Franse lelies met een gele hoek

Pl. 8 **Pomegranates and Grapes**
1600–25; Polychrome
Corners: Large, barred, blue-and-white fleur-de-lis springing from a yellow base

Ill. 13 **Granaatappels**
Gravure uit: Crispijn vanden Passe, *Altera pars horti floridi*, folio 82
Bryn Mawr College Library, collectie Ethelinda Schaefer Castle '08, Bryn
Mawr (Pennsylvania)

Ill. 13 **Pomegranates**
Crispijn vanden Passe, engraving Altera pars horti floridi, *folio 82*
Bryn Mawr College Library, Ethelinda Schaefer Castle '08 Collection, Bryn
Mawr, Penn.

Ill. 14 **Bord**
Noord-Nederland, eerste helft 17de eeuw
Majolica, versierd met een blauw-witte rand met nissen rondom een
compositie van granaatappels, druiven en bladeren; doorsnede 33,5 cm
Museum Boymans-van Beuningen, Rotterdam

Ill. 14 **Dish**
Northern Netherlands, first half of the 17th century
Majolica, decorated with a blue-and-white border of shadowed niches around an
arrangement of pomegranates, grapes, and leaves; diam. 33.5 cm (13 3/16 in.)
Museum Boymans-van Beuningen, Rotterdam

uit de eerste helft van de zeventiende eeuw wordt het motief veelvuldig aangetroffen (ill. 14). Met hun overdaad aan vruchten en loof wekken de velden op pl. 3, 7 en 8 een in alle opzichten weelderige indruk. Blokjes van vier tegels – twee met grote druiventrossen en twee met opengesprongen oranje granaatappels met een netwerk van blauwe zaden (pl. 7 en 8) – vormen het dessin. Sterke, diagonale lijnen zijn een gevolg van de alternerende patronen van granaatappels en druiven en worden door het levendige oranje en blauw nog eens extra aangezet. De Franse lelies in de hoeken hebben een stabiliserend effect; als vulling van de resterende tussenruimte dienen oranjebruine bessen en vruchten met stengels en bladeren.

Ook al heeft de Nederlandse tegelschilder de opengesprongen granaatappel niet bruinachtig rood-geel, maar fel oranje gekleurd, de afgebeelde vruchten laten zich moeiteloos identificeren: de granaatappels met hun overdaad aan zaden, en de druiven met hun stevig aangehecht blad. Zorgvuldig heeft de schilder ook twee soorten bladeren gemaakt.

Evenals de granaatappel is de druif al sinds de oudheid een symbool van lichamelijke, geestelijke en spirituele vruchtbaarheid. Bacchus, de Griekse en Romeinse god van de wijn, vertegenwoordigde het bedwelmende vermogen maar ook de verbroederende en weldadige invloed van de druif en werd dientengevolge beschouwd als een 'promotor' van beschaving, als wetgever en vredesengel. In de christelijke cultuur worden druif en wijnstok in verband gebracht met het lichaam van Christus (Johannes 15:1–5) en dus met de eucharistie (Matteüs 26:29).

De Nederlanders kenden hun bijbel goed en lazen voor het avondeten teksten als Numeri 13:23–25: '[De verspieders] drongen tot aan de vallei Esjkol door, waar ze een wijnrank met een druiventros afsneden, die ze met hun tweeën aan een stok moesten dragen; bovendien nog wat granaatappels en vijgen. Men noemt die plaats Esjkol-vallei om de druiventros, die de Israëlieten daar hadden afgesneden.' (ill. 15)

De druif en de granaatappel komen ook samen voor in Hooglied 7:12–13: 'Ach kom, mijn beminde, gaan wij uit naar het veld; laat ons overnachten in dorpen, gaan wij vroeg de wijngaarden in. Laat ons zien, of de wijnstok al uitbot, of de bloesems zijn opengegaan, en de granaten al bloeien: daar zal ik u mijn liefde schenken!'

De wijnstok, van oudsher de leverancier van wijn en vruchten,

overall richness and exuberance. The design is formed by four conjoining tiles: on pl. 7 and 8 a large cluster of grapes appears at the center of two tiles; the other two each hold an orange pomegranate, split open to reveal a grid of blue seeds. Strong, diagonal lines are formed by alternating the patterns of pomegranates and grapes, which are reinforced by the vivid orange and blue coloration. When four tiles are joined, their fleur-de-lis motifs form a quadrangle that acts as a stabilizing force. Burnt-orange berries and fruit, along with foliate scrolls attached to the fruit, fill the remaining interstices.

Although the Dutch tile painter colored the split pomegranate bright orange rather than a more natural brownish red-yellow, there is no ambivalence as to the fruit depicted: the pomegranates are showing their abundance of seeds, while the vine leaves are firmly attached to their bunch of grapes. The tile decorator has also differentiated between the foliage of the two fruits.

Like the pomegranate, the grape has been a symbol of physical, mental, and spiritual fecundity since antiquity. Bacchus, the Greek and Roman god of wine, who represented not only the intoxicating power of the grape but also its social and beneficent influences, was viewed as a promoter of civilization, a lawgiver, and a lover of peace. Within a Christian context, the grape and the vine are connected with the body of Christ (John 15:1–5) and thus with the Eucharist (Matt. 26:29).

The Dutch knew their Bible well; before the evening meal, they read verses, such as the following from Numbers 13:23–25: "And they [the spies] came unto the brook of Eshcol, and cut down from thence a branch with one cluster of grapes, and they bare it between two upon a staff; and they brought of the pomegranates and of the figs. The place was called the brook of Eshcol, because [of] the cluster of grapes which the children of Israel cut down from them." (ill. 15)

The grape and the pomegranate also appear together in the Song of Solomon: "Let us get up early to the vineyards; let us see if the vine flourish, whether the tender grape appear, and the pomegranates bud forth: there I will give thee my loves" (7:12).

The grapevine, the age-old provider of wine and fruit, is widely cultivated in temperate climates and as far north as the lower Rhineland. In addition to its secular and religious symbolism,[7] it has enjoyed a medical function as well. In his *Cruijdeboeck*

Ill. 15 **De verspieders brengen in t' Leger enige vruchten van t' Beloofde Landt (Numeri 13:23)**
Pieter Hendricksz Schut (1619–1660)
Gravure uit: *Tooneel ofte Vertooch der bybelsche historien* (Amsterdam, 1659; facsimile-herdruk, z.j.) (prent 46)
Privé-collectie, Philadelphia (Pennsylvania)

Ill. 15 *The spies bring back to the Army fruit from the Promised Land (Numbers 13:23)*
Pieter Hendricksz Schut (Dutch, 1619–60)
Tooneel ofte Vertooch der bybelsche historien, print 46
Private collection, Philadelphia, Penn.

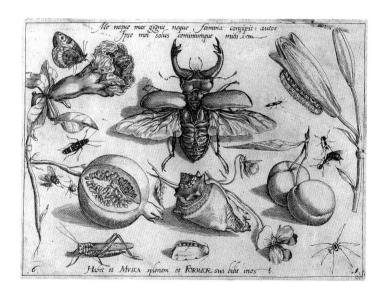

Ill. 16 **Me neque mas gignit neque faemina concipit: autor Ipse mei solus seminiumque mihi**
Gravure (naar een tekening van Joris Hoefnagel) uit: Jacob Hoefnagel, *Archetypa studiaque [...]*, dl. 1, folio 6
Philadelphia Museum of Art; geschenk van James en Florence Tanis

Ill. 16 **Me neque mas gignit neque faemina concipit: autor Ipse mei solus seminiumque mihi**
Jacob Hoefnagel, engraving after drawing by Joris Hoefnagel, Archetypa studiaque, *part 1, folio 6*
Philadelphia Museum of Art, Gift of James and Florence Tanis

Ill. 17 **Ubi mel ibi fel**
Gravure (naar een tekening van Joris Hoefnagel) uit: Jacob Hoefnagel, *Archetypa studiaque [...]*, dl. 3, titelpagina
Philadelphia Museum of Art; geschenk van James en Florence Tanis

Ill. 17 **Ubi mel ibi fel**
Jacob Hoefnagel, engraving after drawing by Joris Hoefnagel, Archetypa studiaque, *part 3, title page*
Philadelphia Museum of Art, Gift of James and Florence Tanis

wordt in gematigde streken en noordwaarts tot in West-Duitsland op grote schaal in cultuur gebracht. Behalve in de wereldlijke en religieuze symboliek[7] heeft de druif ook in de geneeskunde een rol gespeeld. In zijn *Cruijdeboeck* (1552–1554) schrijft Rembertus Dodonaeus dat druiven goed zijn tegen allerlei kwalen, zoals hoge koorts, menstruatieklachten en huidproblemen. Druiven werden ook heilzaam geacht bij hoge bloeddruk en bloedarmoede en ter voorkoming van niersten. Voor de openbarstende granaatappel met zijn overdaad aan zaden, zoals die op de tegels te zien is, kan een gravure uit de *Archetypa studiaque* van Jacob Hoefnagel naar Joris Hoefnagel model hebben gestaan (ill. 16). Op een andere gravure (ill. 17) toont Hoefnagel twee verstrengelde hoorns des overvloeds, beide met een granaatappel en een sierlijk over de rand gedrapeerde druiventros. De tegelschilder die de spons voor de

(1552–54), Rembertus Dodonaeus writes that grapes are good for all kinds of ailments, including high fever, menstrual disorders, and skin problems. Grapes were also considered beneficial in cases of high blood pressure, anemia, and to prevent the forming of kidney stones.

On the tiles, the pomegranate bursting open to show its multitudinous seeds could well have been copied from Jacob Hoefnagel's *Archetypa studiaque* (1592; ill. 16). In another engraving (ill. 17), he shows a pair of entwined cornucopias, each with a pomegranate on the top and a bunch of grapes gracefully draped over the edge. The tile painter who drew the *spons* for the pomegranate was most likely familiar with the *Malum punicum*, in Emanuel Sweerts's *Florilegium* (1612–14; ill. 18), while the dense bunch of grapes attached to the vine with a couple of leaves bears a more than passing resemblance to

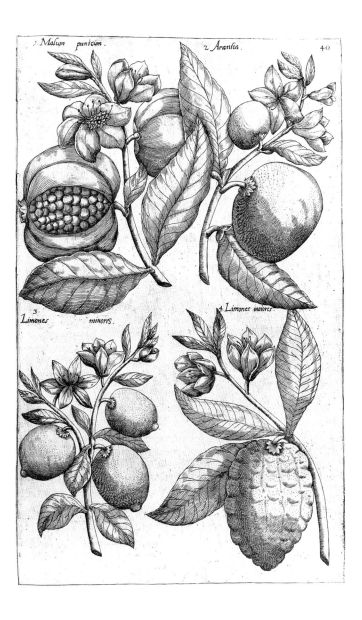

Ill. 18 Citrusvruchten
Gravure uit: Emanuel Sweerts, *Florilegium [...]*, dl. 2, folio 40
Hunt Institute for Botanical Documentation, Carnegie Mellon University, Pittsburgh (Pennsylvania)

Ill. 18 Citrus Fruit
Emanuel Sweerts, engraving, Florilegium, *vol. 2, folio 40*
Hunt Institute for Botanical Documentation, Carnegie Mellon University, Pittsburgh, Penn.

Ill. 19 **Wijnrank**
Gravure uit: Crispijn vanden
Passe, *Altera pars horti floridi*, folio
120
Rijksmuseum-Stichting,
Amsterdam; bruikleen KOG

Ill. 19 **Grapevine**
*Crispijn vanden Passe, engraving,
Altera pars horti floridi, folio 120
Rijksmuseum-Stichting, Amsterdam,
loan KOG*

Pl. 9 **Sinaasappels of
granaatappels en
goudsbloemen in een vierpas**
1610–1630; blauw
Hoeken: blauw ornament in
vultechniek

Pl. 9 **Oranges or
Pomegranates with Marigolds
in Quatrefoils**
*1610–30; Blue-and-white
Corners: Blue-and-white arabesques
painted in reserve*

granaatappel heeft vervaardigd, was allicht ook bekend met de *Malum punicum* in het *Florilegium* van Sweerts (ill. 18), terwijl de compacte druiventros met rank en bladeren een meer dan oppervlakkige gelijkenis vertoont met de druif in *Altera pars horti floridi*, *Botrys* of 'wijndruif' genaamd, van Crispijn vanden Passe (ill. 19). Omwille van de symmetrie is de rank op de tegel nu even kort als het steeltje van de granaatappel.

ORNAMENTTEGELS MET BLOEMEN

Calendula officinalis (goudsbloem)
COMPOSITAE (composietenfamilie)

Er wordt weleens getwijfeld of de op deze tegels zo realistisch afgebeelde bloemen aan weerszijden van de vrucht (pl. 1, 2, 5, 6 en 9) en in de vaas (pl. 4, 10 en 11) wel goudsbloemen zijn.[8] Maar op een tegel in Rotterdam (ill. 20) staan onmiskenbaar de bloemen van de *Calendula* of goudsbloem. En vanwege hun sprekende gelijkenis met de afbeelding op de gekleurde tegels kunnen we concluderen dat het hier een en dezelfde bloem betreft.

Goudsbloemen kwamen uit het Zuideuropese Middellandse-Zeegebied, waar ze al sedert de oudheid in cultuur werden gebracht. Er zijn talloze soorten van bekend, enkelvoudig en dubbel. De bloemen zijn meestal oranje, en af en toe geel. In *Den Nederlandtsen Hovenier* (1669) schrijft Jan van der Groen: 'Gouts-bloemen. Dese worden gezaeyt in 't begin van Meert, en daer zijnder van verscheyde soorten, als groote dobbele met Kinderen, heele gele, bonte enckele, die de Boeren ghebruycken om de Boter te verwen.'[9] Vanwege haar kleur geldt de goudsbloem als symbool van het Huis van Oranje en van de Hollandse natie. Tegenwoordig is het vooral een sierplant, maar vroeger was de goudsbloem vermaard om medicinale eigenschappen die reeds door Dioscorides in de eerste eeuw n.Chr. zijn beschreven.

In zijn *Kruydtboeck* (1581) schrijft Matthias Lobelius (op folio 652, 653) dat 'dit kruid ook wordt gegeten en gebruikt in de soep, vanwege zijn niet onprettige geur en smaak. Vrouwen gebruiken het veel in sla. Een brouwsel van sap en jonge scheuten, vermengd met eigeel, stopt het maandelijkse bloeden van vrouwen, maar brengt het ook op gang wanneer het te lang is uitgebleven.'

Crispijn vanden Passe's rendering in *Altera pars horti floridi* (c. 1614–17; ill. 19). He calls the fruit "wine grape." For the sake of the overall design on the tiles, the vine was shortened to conform with the stem of the pomegranates.

ORNAMENTAL TILES WITH FLOWERS

Calendula officinalis (Marigold)
COMPOSITAE (Sunflower Family)

There is some doubt that the flowers depicted so realistically on either side of the fruit in these tiles (pl. 1, 2, 5, 6, 9) and in a vase (pl. 4, 10, 11) are calendula, which were called "Mary gold" by Shakespeare but are better known as marigolds.[8] The plant on a tile in Rotterdam (ill. 20), however, clearly depicts calendula, or marigold, blooms in profile. They closely resemble the blossoms on the polychrome tiles, which can be identified, therefore, as the same flower.

Marigolds were imported from Southern Europe along the Mediterranean, where they were in cultivation since antiquity. Many varieties, both single and double, are known. The flowers are usually orange and occasionally yellow.

Jan van der Groen, in *Den Nederlandtsen Hovenier* (1669), writes: "Marigolds. These are sown in early March, and they come in many varieties, such as large double with Children [Buds?] all yellow, multicolored single, used by the Farmers to color the Butter."[9] Because of its color, the marigold is honored as a symbol of both the princely House of Orange and the Dutch nation. Today, cultivated primarily as an ornamental plant, it was prized formerly for its medicinal properties, which were mentioned as early as the first century A.D. by Dioscorides. Matthias Lobelius, in his *Kruydtboeck* (1581; folios 652, 653), writes that "this herb is also eaten and used in the soup having a not unpleasing smell and taste. Many women use it in salad. The sap and young shoots, when stirred with egg yolks and made into a pie, will stop the monthly bleeding of women, but will also induce it when it has stayed away too long."

Rembertus Dodonaeus's *Cruijdeboeck* (1552–54), as well as *A Nievve Herball* (1578), illustrates the entire plant in outline, including buds, flowers, and seedpod (ill. 21). He says that the flower was called *Caltha* by Virgil and the Greek poets, and *Goutbloemen* (goldflowers) in his country. In contrast to

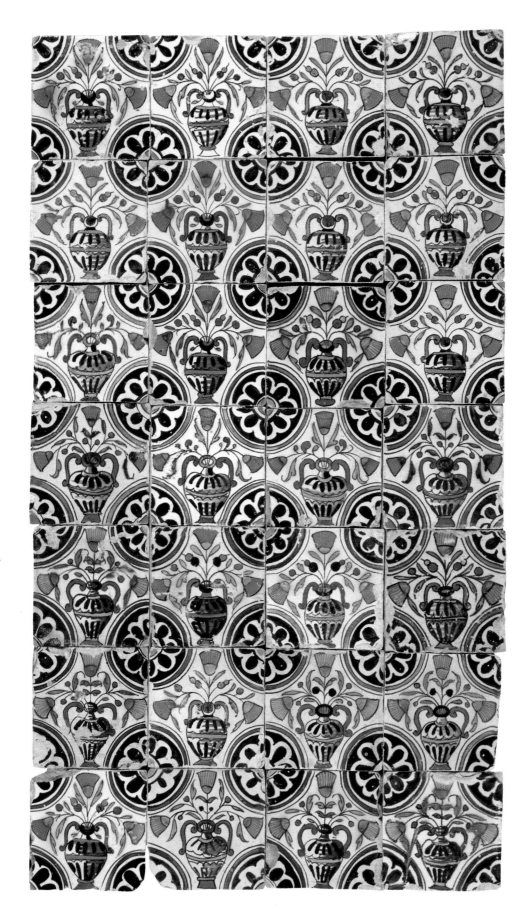

Pl. 10 **Bloemenvazen met rozetten**
1600–1625; gekleurd
Hoeken: blauwe kwartrozetten met geel hart

Pl. 10 **Vases with Rosettes**
1600–25; Polychrome
Corners: Blue-and-white quarter-rosettes with a yellow heart

Pl. 11 **Bloemenvazen in een kwadraat**
1610–1630; gekleurd
Hoeken: blauw ornament in vultechniek

Pl. 11 **Vases with Flowers**
1610–30; Polychrome
Corners: Blue-and-white arabesques, painted in reserve

Ill. 20 **Tegel met goudsbloem**
Rotterdam, 1625–1650
Aardewerk, ca. 13 x 13 cm
Historisch Museum, Rotterdam

Ill. 20 **Tile with Marigold**
Rotterdam, 1625–50
Earthenware, c. 13 x 13 cm (5 x 5 in.)
Historisch Museum, Rotterdam

Pl. 12 **Goudsbloemen en loof**
1610–1630; gekleurd
Randtegel

Pl. 12 **Marigolds and Vines**
1610–30; Polychrome
Border tile

Calendula.

Ill. 21 **Goudsbloem**
Houtsnede uit: Rembertus
Dodonaeus, *A Nievve Herball
[...]*, folio 162
Special Collections Department,
Van Pelt-Dietrich-
bibliotheekcentrum, Universiteit
van Pennsylvania, Philadelphia

Ill. 21 **Marigold**
Rembertus Dodonaeus, woodcut, A
Nievve Herball, *folio 162*
*Special Collections Department, Van
Pelt-Dietrich Library Center,
University of Pennsylvania,
Philadelphia, Penn.*

Rembertus Dodonaeus toont in zijn *Cruijdeboeck* (1552–1554) en in *A Nievve Herball* (1578) de hele plant, met knoppen, bloemen, zaaddoos en al (ill. 21). Ook zegt hij dat Vergilius en de Griekse dichters van 'Caltha' en zijn landgenoten van 'goutbloemen' spraken. Tegenover de simpele schets van Dodonaeus staat de fijnzinnige, licht gearceerde tekening van Crispijn vanden Passe (ill. 22), die de bloem in volle bloei en de knoppen zowel gesloten als half open toont. Vanden Passe wilde de hoeken van de prent niet onversierd laten en voorzag ze daarom van een elegant ornament.

De goudsbloem op de randtegel (pl. 12), met haar sierlijke, gebogen, elkaar kruisende stengels met bladeren, lijkt eender als die links op de gravure van Vanden Passe. Met randtegels als deze, even breed als een gewone tegel, maar slechts half zo hoog en met oranjebruine en diepblauwe lijnen, werden betegelde lambrizeringen afgezet. Gave randtegels zijn zeldzaam.

Dodonaeus's simple outlining is the sensitive drawing by Crispijn vanden Passe (ill. 22), who shows, with fine shading, the flower in full bloom and the buds both tightly closed and half open. In addition, Vanden Passe, who did not want to leave the corners of the sheet unadorned, embellished each one with a graceful ornament.

The marigold in the border tile (pl. 12), with its graceful, curving, intersecting stems connecting the foliage, is similar to the one shown on the left of Vanden Passe's rendering of the plant. This border tile, the same width as other tiles but only half the standard height, shows burnt-orange and deep-blue lines along the edges, for it was used as a molding to achieve a neat finish on the top rows of a paneled wall. Not many border tiles have survived.

87
L . Calendula
G . Sousy
A . Marigold
Ge. Ringelbloemen .

Ill. 22 **Goudsbloem**
Gravure uit: Crispijn vanden Passe, *Altera pars horti floridi*, folio 87
Bryn Mawr College Library, collectie Ethelinda Schaefer Castle '08, Bryn Mawr (Pennsylvania)

Ill. 22 **Marigold**
Crispijn vanden Passe, engraving, Altera pars horti floridi, *folio 87*
Bryn Mawr College Library, Ethelinda Schaefer Castle '08 Collection, Bryn Mawr, Penn.

Pl. 13 **Tulpen**
1610–1630; gekleurd
Hoeken: Franse lelies met een
oranjebruine hoek

Pl. 13 **Tulips**
1610–30; Polychrome
Corners: Large, barred, blue-and-white fleur-de-lis springing from a burnt-orange base

Geum (nagelkruid)
ROSACEAE (rozenfamilie)

Een gestileerd bloempje met een onnatuurlijk blad, en minder
specifiek dan tulp of goudsbloem, komt veelvuldig voor op
tegels in allerlei stijlen en uit allerlei perioden. Het figureert in
velden met bloempotten in vierpassen (pl. 4) of kwadraten (pl.
11), samen met tulpen (pl. 13) of als bloem alleen (pl. 14 en 17).
Van deze mysterieuze bloesem bevindt zich een gedetailleerde
afbeelding op tegels in het Historisch Museum te Rotterdam
(ill. 23).

Het bloempje kan zich in een verbijsterend aantal varianten
voordoen. Identificatie wordt echter bemoeilijkt door het feit
dat het blad ontbreekt en door een vaak ver doorgevoerde
stilering. Het lijkt alsof sommige ambachtslieden botanisch zo
weinig onderlegd waren dat een bloemblad meer of minder hen
onverschillig liet; aan het opvullen van de beschikbare ruimte
hechtten zij meer gewicht. Zo bedraagt het aantal bloemblaadjes
op sommige tegels vier (pl. 11, 15 en 16) en op andere vijf (pl. 4
en 13). In boeketten hebben de bloemen bovenin er soms acht
(pl. 4 en 11), soms zeven (pl. 18). Het als het ware van boven
getekende aardbeiachtige, blauw met witte bloempje heeft een
geel hart met daaromheen afwisselend een aantal witte, rond
toelopende kroonblaadjes met een blauwe stip, en groene, spits
toelopende kelkblaadjes.
Het is zeker niet onaannemelijk dat dit bloempje één van de
vele soorten van de rozenfamilie (Rosaceae) weergeeft en wel
Rosa canina of de hondsroos, een inheemse, door Crispijn
vanden Passe afgebeelde bloem (ill. 24),[10] of anders misschien
Geum, het nagelkruid, een veel voorkomend plantje. De kleine
bloempjes hebben elk vijf blaadjes, die doen denken aan
vijfvingerkruid.

Tulipa (tulp)
LILIACEAE (leliefamilie)

Elementen uit de van oorsprong Romeinse guirlande komen
voor op de stertulp- en andere ornamentale vruchten- en
bloemtegels. We herkennen bijvoorbeeld granaatappels, druiven,
bloemen, zaaddozen en loof. Deze elementen, en ook hun
kleur, herinneren aan de invloed van de naar het noorden

Geum (Avens)
ROSACEAE (Rose Family)

A small, stylized flower, without realistic foliage and less clearly
defined than the tulips or marigolds, makes a frequent
appearance on tiles of different periods and styles. It may be
found in panels with flower vases in quatrefoils (pl. 4), or
diamonds (pl. 11), with tulips (pl. 13), or as a single flower (pl.
14, 17). The mysterious blossom is depicted distinctly on a tile
in the Historisch Museum, in Rotterdam (ill. 23).

The variety of guises this flower may assume has proved baffling.
Identification is complicated: the foliage is not depicted, and the
flowers are so stylized that they are barely recognizable. This
suggests that some craftsmen had such minimal knowledge of
botanical characteristics, it mattered little to them whether the
blossom received four or five or six petals; filling the available
space on the tile counted for more. For example, the blossoms
on some tiles (pl. 11, 15, 16) are painted with four petals, while
quite similar blooms sprout five petals each (pl. 4, 13). Others on
the top of bouquets (pl. 4, 11) show eight petals, yet some have
only seven (pl. 18). The strawberrylike blue-and-white blossom,
portrayed as if visualized from above, displays small, white,
rounded petals accented with a blue dot, arranged around a
yellow disk, and interspersed with green, pointed petals.
Among the more convincing suggestions is that the blossom
belongs to one of several species of the Rose Family (Rosaceae),
such as *Rosa canina*, or dog rose, as shown by Crispijn vanden
Passe (ill. 24)[10] to be a native blossom, or else *Geum* (avens), a
common wayside plant. The small flowers consist of five petals
similar to the flowers of the cinquefoil.

Tulipa (Tulip)
LILIACEAE (Lily Family)

The tiles with star tulips, like other fruit and flower ornamental
tiles, feature some of the traditional components of the fruit
swag or garland: pomegranates, grapes, flowers, seedpods, and
foliage. These elements, reinforced by the colorization, evoke
the contributions that the émigré Italian potters made to Dutch
ceramics.
The so-called star tulips were the first tulips to appear on Dutch

Pl. 14 *Geum* of nagelkruid in een cirkel
1635–1660; gekleurd
Hoeken: blauwe ossekop

Pl. 14 **Geum** or Avens in a Roundel
1635–60; Polychrome
Corners: Barred blue-and-white ox-head

Pl. 15 **Tulpen**
1620–1630; gekleurd
Hoeken: blauw eikeblad

Pl. 15 **Tulips**
1620–30; Polychrome
Corners: Blue-and-white oak leaf

48

Ill. 23 **Tegel met afbeelding van plant uit de rozenfamilie**
Rotterdam, 1625–1650
Aardewerk, ca. 13 x 13 cm
Historisch Museum, Rotterdam

Ill. 23 **Tile with Plant from the Rose Family**
Rotterdam, 1625–50
Earthenware, c. 13 x 13 cm (5 x 5 in.)
Historisch Museum, Rotterdam

Ill. 24 **Hondsroos**
Gravure uit: Crispijn vanden Passe, *Hortus floridus*, folio 115
Hunt Institute for Botanical Documentation, Carnegie Mellon University, Pittsburgh (Penn.)

Ill. 24 **Dog Rose**
*Crispijn vanden Passe, engraving, Hortus floridus, folio 115
Hunt Institute for Botanical Documentation, Carnegie Mellon University, Pittsburgh, Penn.*

geëmigreerde Italiaanse pottenbakkers op het Nederlandse aardewerk.

De zogenaamde stertulpen waren de eerste tulpen die op Nederlandse tegels werden afgebeeld (pl. 2 en 5). De tulp was vanuit Perzië via Turkije in Wenen terechtgekomen. Ogier Ghislain de Busbecq, van 1554 tot 1562 gezant van keizer Ferdinand I bij sultan Süleyman I in Constantinopel, zag in 1554 de tulp en zorgde ervoor dat de eerste zaden naar Europa kwamen. Wat hij hiermee ontketende, had niemand kunnen voorzien.[11]

Een arrangement van gestileerde vruchten en bloemen rondom een geometrisch motief is het meest opvallende kenmerk van de gekleurde stertulptegels. De compositie is gebaseerd op de achthoek, die in de oranje maar ook in de blauwe en groene elementen terugkeert. Het alternerend middelpunt bestaat op pl. 2 en 5 uit een achtbladige oranje rozet, en op andere tegels uit een aantal bessen, omgeven door vier tulpen en blauwe druiventrossen tegen groen druiveblad. Omdat elk druiveblad plus -tros en elke granaatappel half op de ene en half op de andere tegel staat, verloopt de overgang vrijwel onzichtbaar.

tiles (pl. 2, 5). The tulip came to Vienna from Persia via Turkey. Ogier Ghislain de Busbecq, the ambassador of Emperor Ferdinand I to Sultan Süleyman I in Constantinople, from 1554 to 1562, saw his first tulip in the vicinity of Adrianople in 1554, and was instrumental in sending the seeds to Europe.[11]

The arrangement of stylized fruit and flowers around a geometric motif is the striking characteristic of the polychrome star-tulip tiles. The composition is based upon the octagon, repeated first in the orange and again in the blue and the green elements. The alternate focus is formed in pl. 2 and 5 by the eight-petaled orange rosette, and in other tiles by a cluster of berries, immediately surrounded by four tulips interspersed with bunches of blue grapes nestling against green vine leaves. The smooth transition between the tiles has been achieved by a clever device: drawing one-half of the vine leaf, with its bunch of grapes, and one-half of an orange/pomegranate on each side of the adjoining tiles. With the tulips pointing outward, this is the only composition in which the four corners of each tile differ entirely from one another. There is an exuberance and intricacy in the overall pattern; with its disparate vegetation and

Pl. 16 **Lid van de rozenfamilie (of wellicht *Geum*) in een kwadraat**
1640–1670; gekleurd
Hoeken: blauwe variant van de Franse lelie

Pl. 16 **Member of the Rose Family (or maybe *Geum*) in a Diamond**
1640–70; Polychrome
Corners: Barred blue-and-white fleur-de-lis derivatives

Pl. 17 **Lid van de rozenfamilie (of wellicht *Geum*) in een ovaal**
1625–1650; gekleurd
Hoeken: blauwe, uit een grotere volute komende kruisvormige ornamenten, met donkerblauwe, bladachtige ornamenten aan weerszijden

Pl. 17 **Member of the Rose Family (or maybe *Geum*) in an Oval**
1625–50; Polychrome
Corners: Blue cruciforms rising from a larger volute, flanked by dark blue, leafy fronds

Composities met vier naar buiten wijzende tulpen zijn de enige die vier totaal verschillend gedecoreerde hoeken hebben. Door zijn ongelijksoortige vegetatie en zijn horror vacui onderscheidt dit uitbundige en ingewikkelde dessin zich duidelijk van het gangbare patroon met zoveel wit, dat na het eerste kwart van de zeventiende eeuw populair werd. Opmerkelijk is ook het diepblauwe drieledige element dat als verbinding tussen de tulp en het bloembolletje op de punt van de ster fungeert, hier waarschijnlijk een gestileerde versie van het drielobbige blad. Hetzelfde motief dient ook voor streng gestileerde stertulpen. Het is een raadsel waarom de eikels hier met sinaas- of granaatappels, tulpen, goudsbloemen en druiven zijn gecombineerd.

De ornamentale tulp *(Tulipa gesneriana)*,[12] die in dit dessin een prominente plaats inneemt, is op sommige velden (pl. 2) effen oranjebruin en elders, naar het voorbeeld van de veel bejubelde 'gebroken' tulp, gestreept (pl. 5). 'Gebroken' of 'fijne' tulpen hadden hun strepen aan een destijds onbekend virus te danken en bezaten een aanzienlijke meerwaarde. Deze bloemen zijn niet realistisch weergegeven. Tulpen hebben geen vruchtbeginsel zoals op deze tegels, en de bladeren lijken allerminst op die van tulpen. Tot de aanvullende motieven behoren goudsbloemen en ongeïdentificeerde bessen, altijd in paren.

Het veld op pl. 13 vertoont een symmetrisch arrangement van kwistig over het oppervlak verspreide vormen. Het hoofdmotief van elk der zestien tegels is een grote, veelkleurige, sterk gestileerde tulp, die aan een oranje bol ontspruit. De tulpen hebben een groene, duidelijk niet authentieke kelk en elk vijf bloembladen (tegenover zes in de natuur); allemaal zijn ze, om de felbegeerde 'gebroken' tulpen te imiteren, verschillend gedecoreerd met strepen en arceringen in blauw, oranjebruin en lila. Twee tegels op pl. 13 (de tweede van links op de bovenste rij en de meest rechtse onderaan) stellen de eveneens erg gewilde 'gerande' tulpen met duidelijk omlijnde bloembladen voor.

De oranje bol lijkt dank zij de zware blauwe omlijsting in een kobaltblauwe pot te zijn geplant; twee groene bladeren ontspruiten aan de voet van deze pot. De omlijsting is ontleend aan een bladmotief dat zo'n dertig jaar eerder in blauw met witte vultechniek tussen met vruchten gevulde vierpassen werd

a horror vacui, it is quite unlike anything seen in Dutch tiles made after the early seventeenth century, for these show an abundance of white space. Witness, for instance, the deep-blue tripartite form, acting as an intermediary between the tulip and the bulb, that rests against the point of the star. This illustration may be read as a stylized version of the trifoliate leaf. But why the acorns are included here with oranges/pomegranates, tulips, marigolds, and grapes is unknown.

The tulip *(Tulipa gesneriana)*,[12] which is the featured repeat in the overall design, is solid burnt-orange on some panels (pl. 2) and striped on others (pl. 5), to evoke the highly prized "broken" tulips. These were attacked by a virus whose origin was unknown at the time, but it made the striped tulips quite valuable. As can readily be seen, the flowers are not rendered realistically. Tulips do not have an ovary, as depicted on the tiles, nor do any of the leaves bear a resemblance to those in nature. The secondary motifs include marigolds and unidentified berries, which are always shown in pairs.

The panel on pl. 13 shows a symmetrical decoration of interlocking natural forms that spill profusely across the surface of the tiles. The central element of each of the sixteen tiles is a large, colorful tulip, still very stylized, sprouting from an orange bulb. The tulips, while displaying a green calyx not indigenous to tulips, have the same configuration of five petals each (in nature, six), but are decorated with various patterns of stripes and striations in blue, burnt orange, and lavender to simulate the much coveted broken tulips. Two tiles of pl. 13 (second from the left on the top row, and the right one on the bottom row) portray "bordered" tulips — each petal shows a distinct outline — that also were much in vogue at the time.

A thick, blue volute surrounds the orange bulb as if it were planted in the cobalt-blue flowerpot sprouting green leaves at either side of its base. This volute derives from a leaf motif that some thirty years earlier was painted in reserve in the blue-and-white space between the fruit-filled quatrefoils (pl. 1).[13] In the midsixteenth century, the volute appeared on floor or wall tiles produced in the southern Netherlands, where it can be traced back to Italy.

Another group of four tiles (pl. 15), with orange tulips and green foliage, is similar to the sixteen-tile panel, except for the

Pl. 18 **Lid van de rozenfamilie**
1610–1630; gekleurd
Hoeken: blauw ornament in vultechniek

Pl. 18 **A member of the Rose Family**
1610–30; Polychrome
Corners: Blue-and-white arabesques painted in reserve

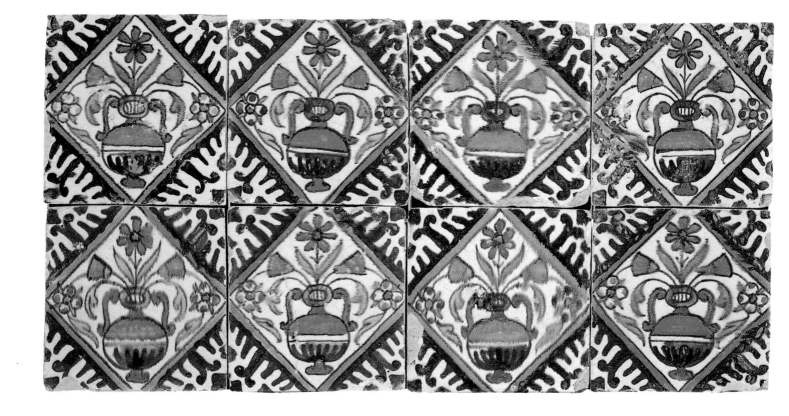

geschilderd (pl. 1).[13] Halverwege de zestiende eeuw figureert deze sterke lijn op vloer- en wandtegels uit de Zuidelijke Nederlanden, en vandaar loopt het spoor weer terug naar Italië. Een andere combinatie van vier tegels (pl. 15), met oranje tulpen en groen loof, lijkt sterk op het zojuist genoemde veld van zestien tegels (pl. 13), met uitzondering van de bijzondere en zelfs zeldzame hoekvullingen van blauw met witte wingerd- of eikebladeren. Zijn deze te herleiden tot de eiketak op folio 99 van *Altera pars* van Crispijn vanden Passe (ill. 25) of tot het takje van Jacob Hoefnagel op plaat 8 van de *Archetypa studiaque* naar Joris Hoefnagel (zie ill. 8)?

Aardbeiachtige ornamentale bloempjes uit de rozenfamilie in blauw en wit ontluiken paarsgewijs aan elke plant en slingeren zich tot aan de rand van de tegel. Deze op veel tegels bijna als toegift of vulling voorkomende bloempjes zouden tot de rozenfamilie kunnen behoren.

BLOEMENVAZEN

Al in een heel vroeg stadium verschenen er vazen met bloemen op Nederlandse tegels. Dat de uit Italië afkomstige pottenbakkers school hadden gemaakt, is te zien aan de renaissancistische vorm van de vazen die het boeket naar de kroon lijken te steken. Anders dan in de contemporaine bloemstillevens zijn de bloemen op deze tegels zo schematisch weergegeven dat ze amper op bloemen lijken en identificatie haast onmogelijk is.
Op pl. 11 ziet men een plompe vaas op een voet met daarin een symmetrisch boeket van goudsbloemen en ranken binnen een ruitvormige omlijsting ('kwadraattegel'). Dit populaire dessin werd door minstens dertig tegelbakkerijen vervaardigd. De randen van het kwadraat variëren van geel, zoals hier, tot oranjebruin, terwijl ook de vazen met hun gestreepte ribpatroon licht- tot donkerblauw of oranjebruin gekleurd zijn. Dat het motief van de bloempot populair was, moge blijken uit namen van tegelbakkerijen in Delft en Rotterdam zoals De Vergulde Blompot en De Blompot. Afbeeldingen van zulke motieven sierden ook de uithangborden aan hun gevel.[14] In contracten en op inventarislijsten uit 1611 en 1620 maakten werkplaatsen gewag van bestellingen van dessins met 'blompotten', 'blompotten in de ruyt' (pl. 11), 'ronde blompotten' en 'enckele

exceptional and very rare corners of blue-and-white oak leaves. Could these have been inspired by the acorn branch on folio 99 in Crispijn vanden Passe's *Altera pars* (1614–17; ill. 25), or by the oak branch by Jacob Hoefnagel after Joris Hoefnagel on plate 8 of *Archetypa studiaque* (1592), shown on illustration 8?

Each plant gives rise to a pair of blue-and-white strawberrylike blossoms that extend to the tile's lateral margins. These small flowers, which appear on so many tiles almost as an afterthought or filler, seem to be a member of the Rose Family.

VASES WITH FLOWERS

Vases with flowers appeared on Dutch tiles at a very early date. The influence exerted by the émigré potters from Italy is revealed in the Renaissance shape of the vases, which seem almost more important than the flowers they hold. In contrast to the flowers in contemporary still lifes (*bloemstillevens*), the flowers on these tiles are depicted so schematically that they are hardly worthy of the name, and they almost defy identification.
On the tiles in one panel (pl. 11), a squat, footed vase containing a symmetrical arrangement of marigolds and vines fills the diamond-shaped frame (*kwadraattegel*). This popular pattern was produced by at least thirty tileworks. The diamond frames may be yellow, as here, or burnt orange; the coloring of the vases and their striped ribbing similarly varies from light blue to dark cobalt or burnt orange. The popularity of the flower-vase design is shown in the names of several tile factories in Delft and Rotterdam: De Vergulde Blompot (The Gilded Flowerpot) and De Blompot (The Flowerpot). These same images were used for the signs on their facades.[14] Contracts and inventories from tile potteries of 1611 and 1620 refer to orders for designs with *blompotten* (flowerpots), *blompotten in de ruyt* (flowerpots in diamonds [pl. 11]), *ronde blompotten* (round flowerpots), and *enckele goutsblomkens* (single marigolds), all represented here.[15]
On each tile in another flower-vase panel (pl. 4), the graceful, symmetrically arranged bouquet completely fills the curvilinear frame. As on pl. 11 the handles of the rotund, Italianate vase are attached to the lip, which is tipped forward. In both panels, the areas that are painted in reserve vie for dominance with those within the framing.
In contrast to the previous panel (pl. 4), in which the vases are

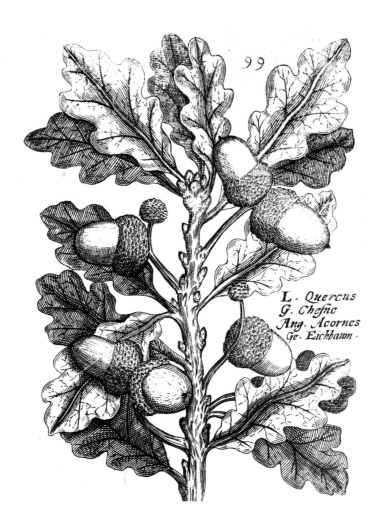

L. Quercus
G. Chefne
Ang. Acornes
Ge. Eichbaum.

Ill. 25 **Eiketak**
Gravure uit: Crispijn vanden
Passe, *Altera pars horti floridi*, folio
99
Bryn Mawr College Library,
collectie Ethelinda Schaefer
Castle '08, Bryn Mawr
(Pennsylvania)

Ill. 25 **Acorn Branch**
Crispijn vanden Passe, engraving,
Altera pars horti floridi, *folio 99*
Bryn Mawr College Library,
Ethelinda Schaefer Castle '08
Collection, Bryn Mawr, Penn.

goutsblomkens', hier allemaal vertegenwoordigd.[15]

Op een ander veld met bloempotten (pl. 4) heeft elke tegel een zogeheten pompadouromlijsting die door een sierlijk, symmetrisch geschikt boeket geheel wordt opgevuld. Net als op pl. 11 zijn de handvatten van de rondbuikige, Italiaans aandoende vaas aan de naar voren hellende rand bevestigd. Op beide velden strijden de in vultechniek geschilderde en de omlijste decors om de voorrang.

In tegenstelling tot het vorige veld (pl. 4), waarop de vazen door een vierpas worden omsloten, heeft het veld van pl. 10 een open karakter en completeren de krommingen van de vazen de belijning van de hoekrozetten. Op voorbeeldige wijze vullen krommingen en cirkels de beschikbare ruimte. Het fraaie bloempotmotief in blauw, groen en oranjebruin bevat drie gestileerde goudsbloemen met daartussen een aantal bessen, variërend van oranjebruin tot geel of blauw.

confined within Gothic-style quatrefoil frames, on pl. 10 the design is more open, and the curved lines of the vases complement the lines of the corner rosettes. This panel is an excellent demonstration of how to fill the available space with curves and circles. The beautiful flower-vase decoration in blue, green, and burnt orange shows three stylized marigolds interspersed with berries that vary in color from burnt orange to yellow and blue.

Pl. 19 **Drietulpen in een accolade-omlijsting**
1630–1660; blauw
Hoeken: meanders

Pl. 19 **Triple Tulips in Bracketed Frames**
1630–60; Blue
Corners: Blue mock-fret

IV Bloemtegels

Een bloem alleen was voor 1610 nog niet gebruikelijk op Nederlandse wandtegels, terwijl dieren of mensen, omlijst door een cirkel of kwadraat, al in 1560 als motief dienden.[1] De produktie van tegels met dieren of mensen nam tussen 1620 en 1640 een hoge vlucht, en tegels met bloemen zijn vooral tussen 1625 en 1670 in groten getale vervaardigd.

De tegelschilder beschikte over een beperkt palet met alleen geel, oranjebruin, blauw, groen en paars; bij het schilderen van bloemen was dit een handicap die tot blauwe rozen, tulpen en lelies en oranje lelietjes-van-dalen heeft geleid. De bloemen werden realistisch weergegeven, maar het blad kreeg weinig aandacht, wat trouwens ook in contemporaine bloemstillevens het geval was.[2] Op een enkele uitzondering na zien we op tegels gebogen, lancetvormige bladeren aan weerskanten van de steel, vaak van een en dezelfde spons afkomstig.

De bekende bloemen, die in de Nederlanden al sinds jaar en dag werden gekweekt, waren rozen, lelies en anjers; keizerskronen, kievitsbloemen, irissen, tulpen en narcissen kwamen hier in de zeventiende eeuw nog maar zelden voor, wat de reden was dat zij zo gewild en zeer prijzig waren.[3] Kassen kende men niet en dus konden alleen voorjaars- en zomerbloemen worden afgebeeld. Van alle bloemen op tegels in het Museum of Art te Philadelphia, maar ook in Nederlandse verzamelingen, bestaat bijna de helft uit tulpen, en de rest in afnemende mate uit kievitsbloemen, lelies en anjers.[4] De verscheidenheid werd tussen 1620 en 1650 geleidelijk groter om daarna weer te minderen; uiteindelijk bestond het merendeel van de produktie uit blauw met witte tegels met tulpen, vaak een drietulp (pl. 19), en kievitsbloemen. Hoe merkwaardig een drietulp ook lijken mag, drie of meer bloemen per tulp waren in de zestiende eeuw niet ongewoon. Uit 1570 dateert een illustratie door Mattioli van een exemplaar dat hij in Venetië had gezien.[5] Steeds maar weer is dus een klein aantal bloemen, vaak van een identieke spons, op tegels afgebeeld. Kleine verschillen in kleurcombinaties of hoekmotieven volstonden al om de gelijkenis te verdoezelen en hadden als pluspunt dat zij de levendigheid van een veld verhoogden. Soms bestond de variatie ook uit een verandering van hoekmotieven. Deze situatie is vrijwel onveranderd tot ver in de negentiende eeuw blijven voortbestaan, vooral op het platteland.

IV Floral Tiles

A single flower does not occur on Dutch wall tiles before 1610, although an animal or a man, framed with a medallion or a diamond, makes an appearance as early as 1560.[1] The latter were produced in great volume between 1620 and 1640, whereas tiles with flowers were more prevalent between 1625 and 1670. The tile painter's palette was limited to yellow, burnt orange, blue, green, and purple – a severe handicap when portraying flowers; the result was a blue rose, tulip, or lily, or an orange lily of the valley. The flowers were rendered realistically, but the foliage was neglected, a fact that can also be observed in contemporary flower still lifes.[2] With few exceptions, the standardized foliage on the tiles has curving lanceolate leaves on either side of the stem, frequently derived from the same *spons*. In the seventeenth century, the common flowers, in cultivation in the Netherlands for a long time, were roses, lilies, and carnations. Crown imperials, fritillarias, iris, tulips, and narcissus, still scarce and very rare, were highly treasured and quite expensive.[3] Hothouses, as yet, were unknown; therefore, only flowers that bloomed in spring and summer were depicted. Almost half of all the flowers on tiles in the Philadelphia Museum of Art, as well as those in the collections in the Netherlands, are tulips, distantly followed by fritillarias, lilies, and carnations, in descending order.[4] The variety increased steadily between 1620 and 1650, and then leveled off, until mostly blue-and-white tiles depicting tulips, often in the shape of the triple tulip (pl. 19), and fritillarias were shown. The depiction of a triple tulip may seem fantastic, but tulip plants with three or more blossoms were known in the sixteenth century. Mattioli, in 1570, illustrates one that he had seen in Venice.[5]

A few species of flowers frequently derived from the same *spons* were repeated time and time again on different tiles. When the combination of colors or corner motifs was varied somewhat, the casual observer might not even notice the similarity in design of the principal features; even more important, the effect of the tiles on the wall was enlivened by these small variations. The same flowers also appeared with different corner motifs. This situation lasted, with minor changes, until well into the nineteenth century, particularly in the countryside.

Pl. 20 **Bolderik**
1625–1650; gekleurd
Hoeken: blauwe, uit een grotere
volute komende kruisvormige
ornamenten, met donkerblauwe,
bladachtige ornamenten aan
weerszijden

Pl. 20 **Corn Cockle**
1625–50; Polychrome
Corners: Blue cruciforms rising from
a larger volute, flanked by dark-blue,
leafy fronds

Ill. 26 (onder) **Bolderik**
Gravure uit: Crispijn vanden
Passe, *Altera pars horti floridi*, folio
104
Bryn Mawr College Library,
collectie Ethelinda Schaefer
Castle '08, Bryn Mawr
(Pennsylvania)

Ill. 26 (below) **Corn Cockle**
Crispijn vanden Passe, engraving,
Altera pars horti floridi, *folio 104*
Bryn Mawr College Library,
Ethelinda Schaefer Castle '08
Collection, Bryn Mawr, Penn.

Ill. 27 **Bolderik**
Houtsnede uit: Leonhart Fuchs,
De historia stirpium, folio 127
Special Collections Department,
Van Pelt-Dietrich-
bibliotheekcentrum, Universiteit
van Pennsylvania, Philadelphia

Ill. 27 **Corn Cockle**
Leonhart Fuchs, woodcut, De
historia stirpium, folio 127
Special Collections Department, Van
Pelt-Dietrich Library Center,
University of Pennsylvania,
Philadelphia, Penn.

Agrostemma githago (bolderik)
CARYOPHYLLACEAE (anjerfamilie)

Vergelijken we de bloem op de tegel van pl. 20 met de bloem op een gravure van Crispijn vanden Passe uit de *Altera pars horti floridi* (ill. 26), dan blijkt dat de tegelschilder zich heeft laten inspireren door de bolderik rechts op folio 104, door Vanden Passe *Pseudo melanthium* genoemd. Deze benaming is sindsdien veranderd in *Agrostemma githago*.[6] De plant, die in de zeventiende eeuw betrekkelijk algemeen was, een giftig onkruid tussen het graan, is inmiddels door het gebruik van onkruidverdelgers zeldzaam geworden.

In *De historia stirpium*, op folio 127, en in *New Kreüterbuch*, op folio 70, illustreert en beschrijft Leonhart Fuchs deze plant onder verschillende namen: in het Duits onder 'Radten' en in het Latijn onder *Lolium*, *Pseudo melanthium* of *Nigella*, allemaal op een en dezelfde bladzijde (ill. 27). Tegenwoordig zijn dit benamingen voor heel andere planten, uit andere families zelfs. Op plaat 44 in hetzelfde werk behandelt Fuchs de geneeskrachtige eigenschappen van de bolderik, wisselend naargelang het kruid wordt vermalen, gekookt of met andere extracten vermengd.

In spiegelbeeld is de illustratie uit het werk van Fuchs, getekend door Albrecht Meyer, op folio 10 van het *Cruijdeboeck* en op folio 160 van *A Nievve Herball* van Dodonaeus terechtgekomen (ill. 28), en wel als *Anthemon* of 'Negelbloemen'. Dodonaeus gebruikt naast vier Latijnse en drie Griekse namen ook twee Nederlandse, namelijk 'Jennetekens' en 'Negelbloemen'. Hij schrijft dat de bloemen helpen tegen beten van schorpioenen, sterker nog, je hoeft de plant in haar geheel maar naar een schorpioen te gooien en het dier is uitgeschakeld.

De werken van Otto Brunfels (ill. 29) en van Dodonaeus (met de prachtige tekeningen naar de natuur door Hans Weiditz in de publikaties die na 1566 bij Plantijn verschenen) waren bestemd voor farmaceuten; zij tonen de plant derhalve met wortel en al en beschrijven haar uitvoerig. Jacques Le Moyne de Morgues daarentegen, in *La Clef des champs*, toont alleen de bloeiende delen van de bolderik (volgens zijn tijdgenoot John Gerard 'a common and hurtfull weede in our Corne', 'een algemeen en kwalijk onkruid in ons graan'); zijn tekeningen zijn bedoeld als borduurpatronen (ill. 30).[7] En ook Vanden Passe geeft een artistieke impressie van de bloem en de knoppen, zowel in volle

Agrostemma githago (Corn Cockle)
CARYOPHYLLACEAE (Carnation Family)

If we compare the flower on the tile of pl. 20 with the blossom on an engraving from the *Altera pars* of Crispijn vanden Passe's *Hortus floridus* (1614–17; ill. 26), it becomes obvious that the decorator meant to depict the corn cockle on the right of folio 104, which Vanden Passe called *Pseudo melanthium*; this nomenclature has since been changed to the Latin *Agrostemma githago*.[6] The plant, that was quite common in the seventeenth century, has since become rare; once a troublesome weed in the grain fields, today it has been controlled through herbicides.

In *De historia stirpium* (1542; folio 127), and again in *New Kreüterbuch* (1543; folio 70), Leonhart Fuchs illustrates and describes the same plant, but calls it, in German, *Radten*, and, in Latin, *Lolium*, as well as *Pseudo melanthium* or *Nigella*, all on the same page (ill. 27). At present, these names are applied to very different plants and, in fact, belong to separate families. On plate 44 in the same work, Fuchs explains the different medicinal properties of the corn cockle, which vary depending on whether the pharmacist grinds, boils, or mixes it with specific elixirs.

Fuchs's plate, drawn by Albrecht Meyer, was used in reverse by Dodonaeus in *Cruijdeboeck* (1552–54), on folio 10, and *A Nievve Herball* (1578), on folio 160 (ill. 28), titled *Anthemon* or *Negelbloemen* in the caption. He calls it by four Latin, three Greek, and two Dutch names: *Jennetekens* and *Negelbloemen*. The flowers are effective against the bite of scorpions, and the herb is so powerful, he writes, that when thrown whole at a scorpion, it renders it helpless.

Otto Brunfels (ill. 29) as well as Dodonaeus (using, after 1566, the superb, naturalistic drawings by Hans Weiditz in his publications at Plantin) illustrate the plant, roots and all, in outline, for their elaborate texts were addressed to pharmacists, who used every part of the herb. Jacques Le Moyne de Morgues, in *La Clef des champs* (1586), however, illustrates just the flowering sections of the plant (which his contemporary John Gerard describes as "a common and hurtfull weede in our Corne"), because his drawings are to be utilized as patterns for embroidery (ill. 30).[7] Vanden Passe similarly shows artistic drawings of the flower and the buds in both full bloom and profile, for in *Hortus floridus* he is addressing gardeners rather

Ill. 28 **Bolderik**
Houtsnede uit: Rembertus
Dodonaeus, *A Nievve Herball
[...]*, folio 160
Special Collections Department,
Van Pelt-Dietrich-
bibliotheekcentrum, Universiteit
van Pennsylvania, Philadelphia

Ill. 28 **Corn Cockle**
*Rembertus Dodonaeus, woodcut, A
Nievve Herball, folio 160
Special Collections Department, Van
Pelt-Dietrich Library Center,
University of Pennsylvania,
Philadelphia, Penn.*

Ill. 29 **Bolderik**
Houtsnede uit: Otto Brunfels,
Contrafayt Kreüterbuch [...], folio
264
Philadelphia Museum of Art,
collectie SmithKline Beecham
Corporation

Ill. 29 **Corn Cockle**
*Otto Brunfels, woodcut, Contrafayt
Kreüterbuch, folio 264
Philadelphia Museum of Art,
SmithKline Beecham Corporation
Collection*

Pl. 21 **Allium**
1625–1650; gekleurd
Hoeken: grote, blauwe Franse
lelies met een oranjebruine voet

Pl. 21 **Allium**
*1625–50; Polychrome
Corners: Large blue-and-white fleur-
de-lis springing from a burnt-orange
base*

60

bloei als van opzij: zijn *Hortus floridus* was immers eerder
bedoeld voor tuineigenaren dan voor farmaceuten.

De tegel op ill. 31 toont de bolderik, ditmaal een kopie van de
middelste bloem op folio 104 uit de *Hortus floridus* van Crispijn
vanden Passe (ill. 26), vanuit een ander gezichtspunt. De
bloembladen zijn helemaal open en in volle bloei. Wederom
heeft de plant op de tegel volkomen andere bladeren dan in het
echt of op de tekening. Het is dan ook de vraag of blad en
bloem wel door dezelfde schilder werden vervaardigd. De
bolderik op pl. 20 heeft lancetvormige groene bladeren en
open, trompetvormige roze of paarse bloemen met elk vijf
bloembladen. De behaarde kelkbladen steken ver boven de
bloembladen uit.

Allium moly (allium)
LILIACEAE (leliefamilie)

De allium is afkomstig uit Zuid-Europa en het Nabije Oosten.
In de *Odyssee* lukt het Odysseus met behulp van alliums om zijn

than pharmacists.

The tile on ill. 31, which has been copied from the flower on
Crispijn vanden Passe's *Hortus floridus*, in the center of
illustration 26 shows another view of the corn cockle. The
blossom is open and in full bloom. Once again, the leaves of the
plant depicted on the tile conform neither to those of the plant
in nature nor to the foliage of the drawing, which prompts a
question: were the foliage and the blossom painted by different
painters.
The corn cockle on pl. 20 has lance-shaped green leaves and
open, trumpet-shaped pink or purple flowers with five petals.
The hairy sepals greatly exceed the petals.

Allium moly (Allium)
LILIACEAE (Lily Family)

Allium originated in southern Europe and the Near East. In the
Odyssey, the hero uses moly, or allium, to restore to human form
his companions whom Circe had turned into swines. The plant

Ill. *33* **Smalbladige anemonen**
Gravure uit: Crispijn vanden
Passe, *Hortus floridus*, 'Voorjaar',
folio 15
Rijksmuseum-Stichting,
Amsterdam; bruikleen KOG

Ill. 33 **Slender-leaved
Anemones**
Crispijn vanden Passe, engraving,
Hortus floridus, *"Spring," folio 15*
Rijksmuseum-Stichting, Amsterdam,
loan KOG

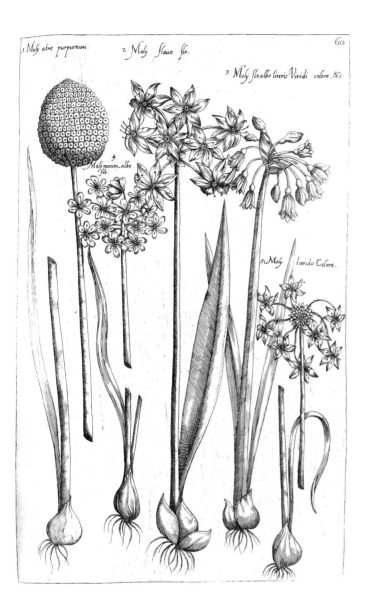

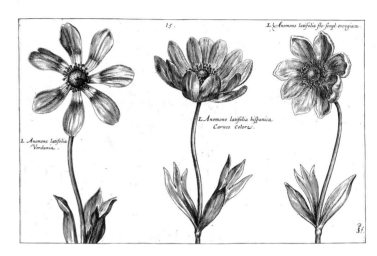

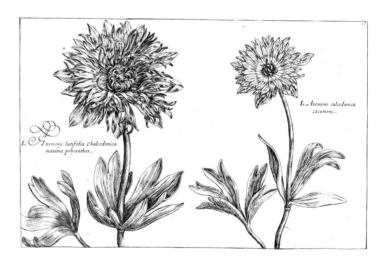

Ill. 32 **Allium**
Gravure uit: Emanuel Sweerts,
Florilegium [...], dl. 1, folio 60
Hunt Institute for Botanical
Documentation, Carnegie
Mellon University, Pittsburgh
(Pennsylvania)

Ill. 32 **Allium**
Emanuel Sweerts, engraving,
Florilegium, *vol. 1, folio 60*
Hunt Institute for Botanical
Documentation, Carnegie Mellon
University, Pittsburgh, Penn.

Ill. 34 **Breedbladige
anemonen**
Gravure uit: Crispijn vanden
Passe, *Den Blomhof*, 'Voorjaar',
folio 50
Rijksmuseum-Stichting,
Amsterdam

Ill. 34 **Broad-Leaved
Anemones**
Crispijn vanden Passe, engraving,
Den Blomhof, *"Spring," folio 50*
Rijksmuseum-Stichting, Amsterdam

door Circe in zwijnen veranderde metgezellen hun menselijke gedaante terug te geven. *Allium* is een bolgewas, komt voor in het wild en wordt ook als sierplant gekweekt; het figureert veelvuldig op zeventiende-eeuwse bloemstillevens[8] en is tegenwoordig, vanwege zijn grote ronde, lang gesteelde bloem, ook populair in bloemstukken. De lange, rechte stengel draagt een groot bolrond scherm met een flink aantal bloempjes in de kleuren paars, lavendel of wit. De bloem op de tegel van pl. 21 is lila en heeft een lichtgroen blad. In *Den Nederlandtsen Hovenier* maakt Jan van der Groen gewag van verschillende variëteiten van *Allium*.[9] Mogelijk is de bloem op de tegel een kopie uit het *Florilegium* van Emanuel Sweerts, dl. 1, folio 60, waarop de knop en de bloem in diverse kleuren staan afgebeeld (ill. 32).

Anemone spec. (anemoon)
RANUNCULACEAE (ranonkelfamilie)

Anemonen in allerlei kleuren zijn al sinds de oudheid bekend; dubbele soorten werden door de Romeinen als tuinplant gekweekt.[10] Vanuit Turkije, waar anemonen in het wild en als sierplant voorkwamen, bracht Clusius halverwege de zestiende eeuw de zaden naar West-Europa. Zoals hun aanwezigheid op talloze bloemstillevens ook aangeeft, genoten zij weldra een grote populariteit.[11]
Afbeeldingen van dubbele en enkele anemonen zijn door Matthias Lobelius in zijn *Kruydtboeck*, door Adriaen Collaert in zijn *Florilegium* en door Johann Theodor de Bry, op meerdere folio's, in zijn *Florilegium novum* opgenomen. Maar liefst vijftien verschillende soorten staan in de *Hortus floridus* van Crispijn vanden Passe, op zes bladzijden met gravures – weinig planten krijgen zoveel aandacht.[12] Op een van deze gravures prijken drie soorten (ill. 33). De meest rechtse, de *Anemone latifolia flo:simpl:orengiaca*, beschrijft hij als 'een bloem met acht bloembladen, een pronkstuk in een mooie roodgele kleur (die de Belgen oranje noemen)'.[13] In *Den Blomhof* (ill. 34) schrijft Vanden Passe dat de breedbladige *Anemone calcedonica cacumeni* 'waarvan de achtenswaardige Mathaeus Caccinus van Florence in zijn brieven melding maakte, wel door Clusius is genoemd maar hem niet werkelijk bekend was, en in elk geval niet door hem is beschreven. De plant is hier afgebeeld, en heeft een bloem met driedubbele markante bloembladen.'[14] Jan van der Groen geeft in *Den Nederlandtsen Hovenier* een opsomming van

grows from a bulb in the wild and is also cultivated as an ornamental. It is frequently depicted in seventeenth-century floral still lifes.[8] Today, florists often use allium in arrangements that call for a tall, large, round blossom.
The flower bears a large number of florets on a huge, spherical head (umbel) atop a long, straight stem, and is either purple, lavender, or white. The flower on the tile on pl. 21 is mauve, with pale green foliage. Several varieties of *Allium* were mentioned by Jan van der Groen in *Den Nederlandtsen Hovenier*.[9] The flower on this tile may very well have been copied from Emanuel Sweerts's *Florilegium* (1612–14), where, in volume 1, folio 60, both the bud and the flower are shown in full bloom in different colors (ill. 32).

Anemone spec. (Anemone)
RANUNCULACEAE (Buttercup Family)

Anemones have been grown in many different colors since remote antiquity, and double varieties were cultivated by the Romans in their gardens.[10] In the midsixteenth century, when both wild and cultivated anemones were growing in Turkey, Clusius brought the seeds to Europe. They quickly became one of the most popular flowers of the period, as their appearance in countless paintings, floral still lifes (*bloemstukken*) attests.[11]
The anemone in florilegia is shown in both double and single varieties by Matthias Lobelius in *Kruydtboeck* (1581); by Adriaen Collaert in *Florilegium* (c. 1590); and on several folios by Johann Theodor de Bry in *Florilegium novum* (1612–14). Crispijn vanden Passe, in *Hortus floridus* (1614–17) depicts no less than fifteen separate varieties, devoting six pages of engravings to the flower, more space than he gives to most of the others.[12] On one plate, he represents three different varieties of anemones (ill. 33). He describes the one on the right, *Anemone latifolia flo:simpl:orengiaca*, as having "a flower of eight petals, resplendent in a beautiful red and yellow colour (which the Belgians call Orange)."[13] In *Den Blomhof* (ill. 34), Vanden Passe writes that the broad-leaved *Anemone calcedonica cacumeni*, "of which the worthy Mathaeus Caccinus of Florence made mention in his letters, was indeed named by Clusius but not yet fully known, nor at all events described; it is illustrated here: it bears a flower with triple series of striking petals."[14] Jan van der Groen, in *Den Nederlandtsen Hovenier* (1687), lists more than forty cultivars of

Ill. 35 **Anemoon**
Houtsnede uit: Matthias
Lobelius, *Plantarum seu Stirpium
Icones*, blz. 278
Bryn Mawr College Library,
collectie Ethelinda Schaefer
Castle '08, Bryn Mawr
(Pennsylvania)

Ill. 35 **Anemone**
Matthias Lobelius, woodcut,
Plantarum seu Stirpium Icones,
page 278
Bryn Mawr College Library,
Ethelinda Schaefer Castle '08
Collection, Bryn Mawr, Penn.

Pl. 22 **Anemoon in een
geschulpte omlijsting**
1625–1640; gekleurd
Hoeken: diepblauw
meandermotief

Pl. 22 **Anemone in a
Scalloped Roundel**
1625–40; Polychrome
Corners: Deep-blue mock-fret

Ill. 36 **Aanbidding van de herders** (detail van het middenpaneel van
het Portinari-altaar), 1474–1475
Hugo van der Goes (Vlaams, ca. 1440–1482)
Olieverf op paneel, 248,9 x 274,6 cm
Galleria degli Uffizi, Florence

Ill. 36 **Adoration of the Shepherds** (detail of the central panel of the
Portinari Altarpiece), 1474–75
Hugo van der Goes (Flemish, c. 1440–82)
Oil on panel, 248.9 x 274.6 cm (98 x 108 1/2 in.)
Galleria degli Uffizi, Florence

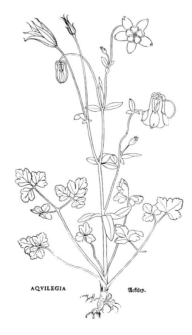

AQVILEGIA   Ackley.

Ill. 37 **Akelei**
Houtsnede uit: Leonhart Fuchs,
De historia stirpium [...], folio 102
Special Collections Department,
Van Pelt-Dietrich-
bibliotheekcentrum, Universiteit
van Pennsylvania, Philadelphia

Ill. 37 **Columbine**
*Leonhart Fuchs, woodcut, De
historia stirpium, folio 102*
*Special Collections Department, Van
Pelt-Dietrich Library Center,
University of Pennsylvania,
Philadelphia, Penn.*

meer dan veertig vormen; zo intensief en in allerlei kleuren en vormen werd de anemoon dus blijkbaar gecultiveerd.[15]

Terwijl we de meeste bloemen op tegels en profile zien, wat gemakkelijker te tekenen is, kijkt men op pl. 22 recht in het hart van de bloem met de donkerbruine meeldraden en afwisselend groen en gele bloembladen. Gelet op de bloem is dit plantje met zijn weliswaar atypische, vrij gevormde bladeren en dunne, gebogen stengel misschien een variëteit van de anemoon. Er bestaat een onmiskenbare gelijkenis met de *Anemone maxima polyanthos Chalcedonica* op blz. 278 in Lobelius' *Plantarum seu Stirpium Icones* (ill. 35),[16] en de *Anemone horton latifol. Pavo maior pleus flore verticolor* in het *Florilegium novum* van De Bry. Redelijkerwijs kan de bloem op deze tegel dus *Anemone spec.* worden genoemd.

Aquilegia vulgaris (akelei)
RANUNCULACEAE (ranonkelfamilie)

De akelei heette vroeger, in middeleeuws Latijn, *Columbina sc. herba*, 'duiveplant'. Dat komt omdat haar ranke stengel delicate, hangende bloemen draagt, herkenbaar aan de duifachtige 'vogels', vijf kroonbladen met elk een aan de top naar binnen omgekrulde spore.[17] Alle species van akelei hebben ingewikkelde vormen en gekleurde bloembladen.
Erwin Panofsky schrijft in zijn *Early Netherlandish Painting* dat de akelei, 'die op grond van haar naam en haar paarse kleur als een bloem van droefenis en leed werd beschouwd', dientengevolge een 'erkend symbool van de Smarten van de H. Maagd' was.[18] In deze hoedanigheid vindt men akelei dan ook op vroege schilderijen, zoals het Portinari-altaar van Hugo van der Goes (ill. 36). Op het middenpaneel zien we, in de rechterhand van het kindje Jezus, een bloeiende akelei; een paar sierlijke takjes staan in een vaas en op de voorgrond liggen losse bloemetjes verspreid.
In zijn *New Kreüterbuch*, maar ook in *De historia stirpium* toont Leonhart Fuchs, onder vermelding van de Duitse naam *Ackeley* en de Latijnse naam *Aquilegia*, een schets van de plant (ill. 37). Dezelfde illustratie, maar dan in spiegelbeeld en half zo groot, gebruikt Rembertus Dodonaeus in zijn *Cruijdeboeck* (folio 204) en opnieuw in *A Nievve Herball* (folio 165); hij vermeldt de Nederlandse naam, 'Akeleye', en geeft een zelfde beschrijving

anemones, attesting to their intensive cultivation in a wide range of colors and shapes.[15]

Most flowers on tiles are depicted in profile, which is easier to draw, but in pl. 22 we look directly into the heart of the flower: the disk is dark brown and the petals are alternately green and yellow. Although the jaunty, free-form foliage and the thin, curving stem in reality bear no relationship to the flower depicted, the blossom may well be one of the many varieties of anemone. It resembles both Lobelius's in *Anemone maxima polyanthos Chalcedonica*, on page 278 in *Plantarum seu Stirpium Icones* (1581, 1591; ill. 35),[16] and De Bry's *Anemone horton latifol. Pavo maior pleus flore verticolor*, in *Florilegium novum* (1612–14). It is prudent, therefore, to call the flower on this tile *Anemone spec.*

Aquilegia vulgaris (Columbine)
RANUNCULACEAE (Buttercup Family)

In medieval Latin, the columbine was known as *Columbina sc. herba*, "the dove's plant," because its slender stem bears delicate, drooping flowers that are characterized by the dovelike "birds" formed by each of its five erect, curved, spurred petals.[17] All species of *aquilegia* have complicated shapes with colored sepals. Erwin Panofsky, in *Early Netherlandish Painting*, says that aquilegia, "by its name and purple color held to be the flower of melancholy and sorrow," was, therefore, the "accepted symbol of the Sorrows of the Virgin."[18] As such it appears in early paintings, including the *Portinari Altarpiece* of Hugo van der Goes (ill. 36). In the central panel, a columbine blossom is held in the right hand of the Infant, a vase is filled with its slender stems, and more blossoms are strewn in the foreground. Leonhart Fuchs, in *New Kreüterbuch* (1543), as well as *De historia stirpium* (1542), shows the plant in outline, identifying it by its German name, *Ackeley* (ill. 37). He describes it in German and then calls it by the Latin name, *Aquilegia*. In *Cruijdeboeck* (1552–54; folio 204) and again in *A Nievve Herball* (1578; folio 165), Rembertus Dodonaeus uses the identical illustration, reversed and reduced to half. Using its Dutch name, *Akeleye*, he describes it in terms similar to Fuchs's (ill. 38). Jacob Hoefnagel after Joris Hoefnagel, in *Archetypa studiaque* (1592; on plate 4), also shows the same flower (ill. 39, upper left). The flower on pl. 23 exhibits a delicate, curving stem and sparse

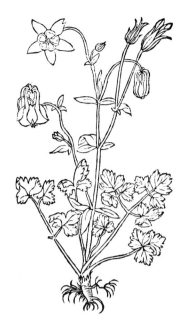

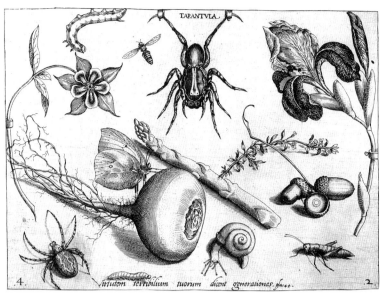

Ill. 39 **Tarantula**
Gravure (naar een tekening van
Joris Hoefnagel) uit: Jacob
Hoefnagel, *Archetypa studiaque
[...]*, dl. 2, folio 4
Philadelphia Museum of Art;
geschenk van James en Florence
Tanis

Ill. 39 **Tarantula**
*Jacob Hoefnagel, engraving after
drawing by Joris Hoefnagel,*
Archetypa studiaque, *part 2,
folio 4*
*Philadelphia Museum of Art, Gift of
James and Florence Tanis*

Ill. 38 **Akelei**
Houtsnede uit: Rembertus Dodonaeus, *A Nievve Herball [...]*, folio 165
Special Collections Department, Van Pelt-Dietrich-bibliotheekcentrum,
Universiteit van Pennsylvania, Philadelphia

Ill. 38 **Columbine**
Rembertus Dodonaeus, woodcut, A Nievve Herball, *folio 165*
*Special Collections Department, Van Pelt-Dietrich Library Center, University of
Pennsylvania, Philadelphia, Penn.*

Aquilina flor: albo simplici

Ill. 40 **Akelei**
Gravure uit: Johann Theodor de
Bry, *Florilegium renovatum et
auctum*, folio 95
Hunt Institute for Botanical
Documentation, Carnegie
Mellon University, Pittsburgh
(Pennsylvania)

Ill. 40 **Columbine**
Johann Theodor de Bry, engraving,
Florilegium renovatum et
auctum, *folio 95*
*Hunt Institute for Botanical
Documentation, Carnegie Mellon
University, Pittsburgh, Penn.*

Pl. 23 **Akelei**
1635–1670; gekleurd
Hoeken: kleine blauwe ossekop

Pl. 23 **Columbine**
1635–70; Polychrome
*Corners: Small blue-and-white
ox-head*

als Fuchs (ill. 38). Ook Jacob Hoefnagel geeft in zijn *Archetypa studiaque* naar Joris Hoefnagel op plaat 4 een afbeelding van de bloem (ill. 39, bovenaan links).

De tegel op pl. 23 vertoont een plantje met een ranke, gebogen stengel en iel blad. Geen hangend bloempje van opzij, ditmaal; we kijken midden in een diepgele schijf, omringd door vijf witomrande, oranjebruine bloembladen en vijf groene kelkbladen of hauwen. Elk onderdeel van de bloem is blauw omlijnd. De tegelschilder heeft een nauwkeurige kopie gemaakt van een tekening van De Bry uit diens *Florilegium renovatum* (ill. 40), ofschoon de plant zelf hem blijkbaar vreemd was; het blad op de tegel vertoont namelijk geen gelijkenis met de veelvoudig ingesneden, gelobde bladeren van de akelei, en ontspruit – ten onrechte – kruisgewijs aan de stengel.

Bellis perennis (madeliefje)
COMPOSITAE (composietenfamilie)

Terwijl er legio tegels met kievitsbloemen, tulpen of anjers zijn,

foliage. Instead of seeing a drooping flower, we look straight into the deep-yellow disk, which is surrounded by five burnt-orange petals edged in white and interspersed with five green sepals, or siliques, while every part of the blossom is outlined in blue. The tile decorator made an exact copy of Johann Theodor de Bry's drawing in *Florilegium renovatum* (1641–47; ill. 40), although he was obviously unfamiliar with the plant: the foliage on the tile bears no resemblance to the much-divided, lobed leaves of the columbine, and its leaves do not sprout symmetrically from the stem.

Bellis perennis (Daisy)
COMPOSITAE (Sunflower or Daisy Family)

In contrast to many tiles graced with fritillarias, tulips, or carnations, no other tile known to this writer is decorated with the particular flower seen on pl. 24. It has all the characteristics of a daisy, a very common flower that grows almost anywhere. Conceivably, it may also be a type of chrysanthemum that was called the *Anemone latifolia flore multiplici* in Pierre Vallet's *Le*

Pl. 24 **Madeliefje**
1625–1650; gekleurd
Hoeken: grote, blauw-wit-oranje Franse lelies met een oranjebruine hoek

Pl. 24 **Daisy**
*1625–50; Polychrome
Corners: Large blue, white, and orange barred fleur-de-lis springing from a burnt-orange base*

Bellis maior.
The great wild Daylie,
oz Maudelynwurte.

Bellis minor hortenfis.
The fmall garden Daylie.

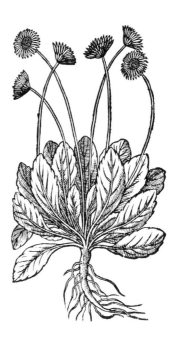

Ill. 41 **Madeliefjes**
Houtsnede uit: Rembertus Dodonaeus, *A Nievve Herball [...]*, blz. 169
Special Collections Department, Van Pelt-Dietrich-bibliotheekcentrum,
Universiteit van Pennsylvania, Philadelphia

Ill. 41 **Daisies**
Rembertus Dodonaeus, woodcut, A Nievve Herball, *page 169*
*Special Collections Department, Van Pelt-Dietrich Library Center, University of
Pennsylvania, Philadelphia, Penn.*

Ill. 42 **Madeliefjes**
Houtsnede uit: Matthias
Lobelius, *Plantarum seu Stirpium
Icones*, blz. 476
Bryn Mawr College Library,
collectie Ethelinda Schaefer
Castle '08, Bryn Mawr
(Pennsylvania)

Ill. 42 **Daisies**
Matthias Lobelius, woodcut,
Plantarum seu Stirpium Icones,
page 476
*Bryn Mawr College Library,
Ethelinda Schaefer Castle '08
Collection, Bryn Mawr, Penn.*

Ill. 43 **Dubbele witte en
veelkleurige madeliefjes**
Houtsnede uit: Matthias
Lobelius, *Plantarum seu Stirpium
Icones*, blz. 477
Bryn Mawr College Library,
collectie Ethelinda Schaefer
Castle '08, Bryn Mawr
(Pennsylvania)

Ill. 43 **Double White and
Multi-colored Daisies**
Matthias Lobelius, woodcut,
Plantarum seu Stirpium Icones,
page 476
*Bryn Mawr College Library,
Ethelinda Schaefer Castle '08
Collection, Bryn Mawr, Penn.*

is er bij mijn weten maar één met het gewone en haast overal voorkomende madeliefje, namelijk de tegel op pl. 24. Als dit bloempje al een madeliefje is – het zou ook een soort chrysanthemum kunnen zijn, en wel de *Anemone latifolia flore multiplici*, vermeld op folio 63 in *Le jardin du roy très chrestien Henry IV* van Pierre Vallet. Identificatie is extra moeilijk omdat het blad op de tegel geen houvast biedt.

Voor de keuze van het madeliefje pleit het opschrift 'Van Madelieven' op folio 208 van *Cruijdeboeck* en op folio 169 van *A Nievve Herball*, beide van Rembertus Dodonaeus, en diens met vloeiende precisie getekende *Bellis maior* ('Groote Madelieven') (ill. 41), die veel overeenkomst vertoont met de bloem op de tegel van pl. 24. Anders dan in de natuur klimmen de bladeren bij Dodonaeus langs de stengel omhoog; een bloeiend madeliefje zit in de top. Daarenboven geeft Dodonaeus, in Oudnederlands, een gloedvolle beschrijving van de bloem. Matthias Lobelius tekent op blz. 476 van zijn *Plantarum seu Stirpium Icones* een heel realistisch plantje, *Bellis maior silvestris* genaamd (ill. 42); het rondom gekartelde bloempje links bovenaan vertoont een grote gelijkenis met dat op de tegel. Ook op de volgende bladzijde toont hij een aantal madelieven (ill. 43).

Convallaria majalis (lelietje-van-dalen)
LILIACEAE (leliefamilie)

In de middeleeuwen werd het lelietje-van-dalen, symbool van de maagdelijkheid, geassocieerd met Christus, maar ook met Maria. De zowel in Europa als in Azië inheemse plant vertegenwoordigde in de symboliek van Noord-Europa de bescheidenheid en de 'nederige positie' van de 'dienstmaagd des Heren'.[19] In de Noorse mythologie was de bloem aan Ostara, de godin van de dageraad, gewijd. Het lelietje-van-dalen wordt door Otto Brunfels in zijn *Herbarium vivae eicones*[20] als 'Meyenblumle' en in de Duitse editie, twee jaar later, als 'Meyen Blumlin' betiteld (ill. 44), terwijl Dodonaeus in zijn *Cruijdeboeck* en later in *A Nievve Herball* van 'Meybloemkens' spreekt (ill. 45): meibloemen dus, naar de maand waarin de bloem in deze streken bloeit. Brunfels en Dodonaeus gebruiken allebei, maar dan in spiegelbeeld, de door Hans Weiditz gemaakte houtsnede van het lelietje-van-dalen, en ook hun beschrijvingen lijken op elkaar.

jardin du roy très chrestien Henry IV (1608; folio 63). A firm identification is especially difficult because the tile's foliage is thoroughly imaginary.

There is support for the theory that this is indeed a daisy: Dodonaeus has titled folio 208 in his *Cruijdeboeck* (1552–54), as well as page 169 in *A Nievve Herball* (1578), "Van Madelieven" (About Daisies), and has drawn the *Bellis maior*, or *Groote Madelieven* (ill. 41), with a fluid precision of outline that resembles the flower seen on pl. 24. He depicts the leaves uncharacteristically ascending the stem, which is topped with a daisy in full bloom, and adds an eloquent description of the flower in Dutch.

Lobelius, in *Plantarum seu Stirpium Icones* (1591; page 476), draws a very realistic plant. Called *Bellis maior silvestris*, the bloom on the upper left, fringed all around, very closely resembles the flower on this tile (ill. 42). He shows more daisies on the following page (ill. 43).

Convallaria majalis (Lily of the Valley)
LILIACEAE (Lily Family)

In the Middle Ages, the lily of the valley was considered a symbol of virginity, and was associated with both Christ and Mary. In northern symbolism, this flower, native to both Europe and Asia, represented the meekness and "low estate" of the "handmaiden of the Lord;"[19] in Norse mythology, it was sacred to Ostara, the goddess of the dawn.

The lily of the valley was called *Meyenblumle* by Otto Brunfels in *Herbarium vivae eicones* (1530),[20] *Meyen Blumlin* in the German edition of 1532 (ill. 44), and *Meybloemkens* by Rembertus Dodonaeus in *Cruijdeboeck* (1552–54), which was repeated in *A Nievve Herball* (1578; ill. 45). Each term translates as "mayflowers," for the month in which the flower blooms in this hemisphere. Both Brunfels and Dodoens use, in reverse, the same woodcut of the lily of the valley by Hans Weiditz, as well as very similar descriptions. In *Cruijdeboeck* (1552–54), Dodonaeus writes of the flower as follows: Rinsing with the root boiled in water will heal toothache; an application of the leaves that have been distilled in wine will get rid of an abscess that has not yet formed pus. The sap from the blossoms strengthens the heart, brain, and liver. It is even better to boil the entire herb with leaves, flowers, and roots and drink the

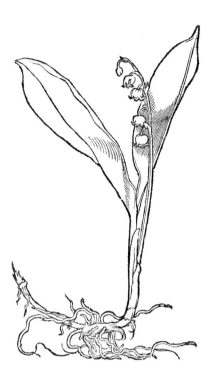

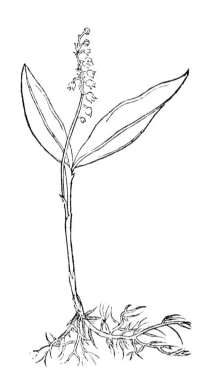

Ill. 45 **Lelietje-van-dalen**
Houtsnede uit: Rembertus
Dodonaeus, *Cruijdeboeck*, folio
205
Privé-collectie, Philadelphia
(Pennsylvania)

Ill. 45 **Lily of the Valley**
Rembertus Dodonaeus, woodcut, A
Nievve Herball, *folio 178*
*Special Collections Department, Van
Pelt-Dietrich Library Center,
University of Pennsylvania,
Philadelphia, Penn.*

Ill. 44 **Lelietje-van-dalen**
Houtsnede uit: Otto Brunfels,
Contrafayt Kreüterbuch [...], folio
164
Philadelphia Museum of Art,
collectie SmithKline Beecham
Corporation

Ill. 44 **Lily of the Valley**
Otto Brunfels, woodcut, Contrafayt
Kreüterbuch, *folio 164
Philadelphia Museum of Art,
SmithKline Beecham Corporation
Collection*

Pl. 25 **Lelietje-van-dalen en
libel in een geschulpte
omlijsting**
1625–1640; gekleurd
Hoeken: diepblauw
meandermotief

Pl. 25 **Lily of the Valley in a
Scalloped Roundel**
*1625–40; Polychrome
Corners: Deep-blue mock-fret*

In zijn *Cruijdeboeck* schrijft Dodonaeus dat 'spoelen met de in water gekookte wortel goed is tegen kiespijn. Een cataplasma [kompres] van de in wijn gedistilleerde bladeren helpt tegen abcessen die nog geen etter hebben gevormd. Het sap van de bloemen is een versterkend middel voor hart, hersens en lever. Nog beter is het om een aftreksel te maken van de hele plant, bladeren, bloemen, wortels en al, en dat op te drinken – vooral bij flauwvallen, duizeligheid en epilepsie. In een vroeg stadium zou het, naar verluidt, ook melaatsheid kunnen genezen. Het sap is ook uitstekend voor de ogen, omdat het ze schoonmaakt en de blik verheldert.' In zijn *Historia generalis plantarum* (dl. 2, blz. 838) schrijft Jacques Daléchamps dat het sap van de bloemen van het lelietje-van-dalen in sommige Noordeuropese landen als een patent geneesmiddel tegen jicht en andere kwalen werd beschouwd.

Het lelietje-van-dalen op de tegel van pl. 25 vertoont een grote gelijkenis met het lelietje links bovenaan op de gravure van Jacob Hoefnagel in diens *Archetypa studiaque* naar Joris Hoefnagel (ill. 46). Twee libellen (*Orthetrum cancellatum*) op één tegel was blijkbaar te veel, want alleen de libel met de dichtgevouwen

juice. It should be used especially against fainting, dizziness, and epilepsy. It is said, too, that it deters leprosy if it is used during early onset of the disease. The sap is also excellent for the eyes as it cleanses them and gets rid of any cloudiness. In some northern countries of Europe the sap from the flowers of the lily of the valley was highly valued as a remedy for gout and other ailments, according to Jacques Daléchamps, in *Historia generalis plantarum* (Lyons, 1587), volume 2, page 838.

The lily of the valley on pl. 25 bears a very close resemblance to the engraving by Jacob Hoefnagel after Joris Hoefnagel in his *Archetypa studiaque* (1592; ill. 46). As the two dragonflies (*Orthetrum cancellatum*) perched on Hoefnagel's flower were apparently more than could be pictured on a tile, the decorator copied only the one dragonfly, with its wings closed. He rendered the wings and the gracefully curving stem in blue and its body in burnt orange. The five blossoms would not have been visible against the white background of the tile if they, too, had been rendered in white as nature dictates; they are, therefore, blue and burnt-orange, and the mount and the broad leaves are green.[21]

Ill. 46 **Una hirundo non facit ver**
Gravure (naar een tekening van Joris Hoefnagel) uit: Jacob Hoefnagel, *Archetypa studiaque* [...], dl. 2, folio 6
Philadelphia Museum of Art; geschenk van James en Florence Tanis

Ill. 46 **Una hirundo non facit ver**
Jacob Hoefnagel, engraving after drawing by Joris Hoefnagel, Archetypa studiaque, *part 2, folio 6*
Philadelphia Museum of Art, Gift of James and Florence Tanis

Pl. 26 **Lelietje-van-dalen en libel**
1625–1650; gekleurd
Hoeken: blauwe Franse lelie

Pl. 26 **Lily of the Valley and Dragonfly**
1625–50; Polychrome
Corners: Blue-and-white barred fleur-de-lis

Pl. 27 **Ridderspoor in een cirkel**
1635–1660; gekleurd
Hoeken: blauwe ossekop

Pl. 27 **Larkspur in a Roundel**
1635–60; Polychrome
Corners: Barred blue-and-white ox-head

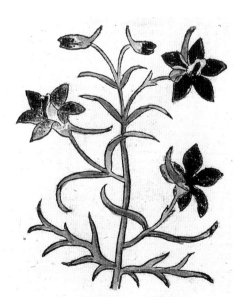

Ill. 47 **Ridderspoor**
Houtsnede uit: Jacques Le Moyne de Morgues, *La Clef des champs [...]*, blz. 32
British Library, Londen

Ill. 47 **Larkspur**
Jacques Le Moyne de Morgues, woodcut, La Clef des champs, page 32
British Library, London

Latinè   CONSOLIDA.
Gallicè   PIE DALOVETTE.
Anglicè· LARKES FOOTE.

vleugels is nagetekend. De vleugels en de sierlijk gebogen stengel zijn blauw, en het lijfje van het insekt is oranjebruin. Waren de bloemetjes wit geweest, zoals in de natuur het geval is, dan had de witte achtergrond van de tegel ze onzichtbaar gemaakt. Daarom zijn ze blauw en oranjebruin, terwijl het grondje en de brede bladeren groen zijn.[21]

Het lijkt alsof de schilder van de tegel op pl. 26 de bessen van het lelietje-van-dalen heeft willen schilderen, ook al hangen die in de regel maar aan één kant van de stengel. Omwille van de symmetrie heeft hij er bovendien nog een tweede, al even sierlijk gebogen stengel aan toegevoegd. Aan het schilderen van de libel is de grootst mogelijke zorg besteed: bruine streepjes suggereren de geleding van het achterlijf en de gazen vleugels zijn in blauw en paars uitgevoerd.

Delphinium ajacis (ridderspoor)
RANUNCULACEAE (ranonkelfamilie)

Deze ridderspoor, die vroeger *Delphinium consolida* genoemd werd, bloeit in het wild van juni tot augustus, komt oorspronkelijk uit Zuid-Europa en West-Azië en was al in de oudheid bekend; Dioscorides heeft de bloem als een delphinium geïdentificeerd. Elke bloem vertoont een onregelmatige bekervormige spore.[22]

De ridderspoor op de tegel van pl. 27 lijkt een kopie van een door Jacques Le Moyne de Morgues getekende plant in *La Clef des champs* (ill. 47). Dit boekje, een uitgave van Blackefriars in Londen uit 1586, bevat een honderdtal houtsneden en diende als modelboek voor schilderijen, sculpturen, borduurwerk en tapisserieën.[23] Terecht noemt Le Moyne de plant een *Delphinium consolida* of 'Larkes Foote'. Eerder al was deze eenjarige ridderspoor door Leonhart Fuchs getekend en in *De historia stirpium commentarii* (ill. 48) en op folio 9 van het *New Kreüterbuch* opgenomen. In de *Altera pars* van zijn *Hortus floridus* identificeert Crispijn vanden Passe een bijna eendere bloem als die van Le Moyne als *Delphinicum* of 'Ritter Sporen' (ill. 49). De plant op de tegel van pl. 27 is groen en oranjebruin, maar drie bloembladen en ook de spore zijn donkerblauw. Het grondje is half oranjebruin, half groen en de grassprietjes aan weerskanten van de stengel zijn blauw.

Even though the berries of the lily of the valley usually appear on only one side of the stem, it still seems that the tile painter of pl. 26 intended to depict this fruit. For the sake of symmetry, he also added a second, gracefully curving stem. The dragonfly has been painted with great attention to detail: brown striations suggest the segments of the abdomen, and the lacy wings are rendered in blue and purple.

Delphinium ajacis (Larkspur)
RANUNCULACEAE (Buttercup Family)

The larkspur, or delphinium, formerly called *Delphinium consolida*, a wildflower that blooms from June to August, was originally from southern Europe and western Asia. Already known in antiquity, Dioscorides identified the flower as delphinium. Each flower carries one irregularly cup-shaped spike.[22]

The larkspur on the tile of pl. 27 seems to be a copy of the plant drawn by Jacques Le Moyne de Morgues in *La Clef des champs* (ill. 47). This small volume, published by Blackefriars, London, in 1586, contains approximately one hundred woodcuts, to be used as samples for painting, sculpture, embroidery, and tapestry.[23] Le Moyne correctly calls the plant *Delphinium consolida*, or "Larkes Foote." The same annual larkspur was drawn by Leonhart Fuchs, and appeared in his *De historia stirpium commentarii* (1542; ill. 48) and *New Kreüterbuch* (1543; folio 9). In the *Altera pars* of his *Hortus floridus* (1614–17), Crispijn vanden Passe identifies a flower that is almost identical to the one drawn by Le Moyne – *Delphinicum*, or "Larkes Heele" (ill. 49). On pl. 27 the plant is green and burnt orange, with three of the petals, as well as the spur, in dark blue. The mount is half burnt-orange and half green, while the blades of grass on either side of the stem are blue.

Dianthus spec. (Carnation or Pink)
CARYOPHYLLACEAE (Carnation Family)

The flowers most in demand today – carnations and roses – are the very same ones that "in the sixteenth and seventeenth centuries ... vied ... [for] popularity."[24] It is little wonder that contemporary painters and tile decorators frequently depicted

Ill. 48 **Ridderspoor**
Houtsnede uit: Leonhart Fuchs,
De historia stirpium [...], folio 27
Special Collections Department,
Van Pelt-Dietrich-bibliotheek-
centrum, UvP, Philadelphia

Ill. 48 **Larkspur**
*Leonhart Fuchs, woodcut, De
historia stirpium, folio 27
Special Collections Department, Van
Pelt-Dietrich Library Center, Univ.
of Penn., Philadelphia*

Ill. 49 **Ridderspoor**
Gravure uit: Crispijn vanden
Passe, *Altera pars horti floridi*, folio
66. Bryn Mawr College Library,
collectie Ethelinda Schaefer
Castle '08, Bryn Mawr (Penn.)

Ill. 49 **Larkspur**
*Crispijn vanden Passe, engraving,
Altera pars horti floridi, folio 66
Bryn Mawr College Library,
Ethelinda Schaefer Castle '08
Collection, Bryn Mawr, Penn.*

Pl. 28 **Diepingesneden anjer
in een ovaal**
1625–1650; gekleurd
Hoeken: blauwe, uit een grotere
volute komende kruisvormige
ornamenten, met donkerblauwe,
bladachtige ornamenten aan
weerszijden

Pl. 28 **Feathered Pink in an
Oval**
*1625–50; Polychrome
Corners: Blue cruciforms rising from
a larger volute, flanked by dark-blue,
leafy fronds*

Dianthus spec. (anjer)
CARYOPHYLLACEAE (anjerfamilie)

Dezelfde bloemen die nu het meest in trek zijn – anjers en
rozen – 'streden in de zestiende en zeventiende eeuw om de
voorkeur'.[24] Geen wonder dat schilders en tegelbakkers ze vaak
hebben afgebeeld. Anjers en tuinanjelieren of nagelbloemen
(Dianthus caryophyllus) behoren, welriekend als ze zijn, tot de
grote familie der Caryophyllaceae (letterlijk: 'met een
kruidnagelachtige geur'); de vertaling van het Griekse woord
dianthos, Latijn *dianthus*, is 'bloem van God'.
Algemene eigenschappen van de anjerfamilie zijn verdikte
stengelknopen, smalle, kruisgewijs of in een krans geplaatste
bladeren en bloemen met meestal diepe insnijdingen. Onder de
planten die hiertoe behoren bevinden zich de silene, de
bolderik, de tuinanjer en vele andere variëteiten die niet op
tegels zijn afgebeeld. Men vindt de kruidachtige planten,
waaronder wilde bloemen, onkruid en cultivars, in het vrije veld
en in tuinen. De meeste soorten bloeien tussen mei en
september.

both. Distinguished by their spicy fragrance, carnations and
clove pinks *(Dianthus caryophyllus)* belong to the large family
Caryophyllaceae, which means, literally, "clovelike scent,"
whereas the Greek name *dianthos* means "flower of God."
Pinks, in general, are known by swollen joints, narrow opposite
or whorled leaves, and flowers that are usually notched. They
include the bachelor's button, campion, corn cockle, and
gillyflower, as well as many other varieties not pictured on tiles.
Being herbs, the pinks and their cousins can be found in fields as
well as in gardens, and they count among their members
wildflowers, weeds, and cultivars. Most varieties bloom between
May and September.

Since antiquity, *Dianthus caryophyllus* was cultivated in the
Mediterranean area, where it grew wild, and was brought to
northern Europe between the eleventh and thirteenth centuries
by such returning Crusaders as King Louis IX of France.[25] In the
sixteenth century, Carolus Clusius mentioned "yellow and
apricot coloured carnations being sold in the market place of
Vienna... Carnations and gillyflowers were used extensively both

Pl. 29 **Franjeachtig
ingesneden anjer in een
gekarteld kwadraat**
1640–1670; gekleurd
Hoeken: gestreepte blauwe
Franse-lelieachtige ornamenten

Pl. 29 **Feathered Pink in a
Diamond**
1640–70; Polychrome
Corners: Barred blue-and-white
fleur-de-lis derivatives

Ill. 50 **Tegel met ingesneden anjer**
Rotterdam, 1625–1650
Aardewerk, ca. 13 x 13 cm
Historisch Museum, Rotterdam

Ill. 50 **Tile with Feathered Pink**
Rotterdam, 1625–50
Earthenware, c. 13 x 13 cm (5 x 5 in.)
Historisch Museum, Rotterdam

Ill. 51 **Ingesneden anjers**
Gravure uit: Carolus Clusius, *Rariorum aliquot stirpium historia,* folio 283
Museum Plantin-Moretus, Antwerpen

Ill. 51 **Feathered Pinks**
Carolus Clusius, engraving, Rariorum aliquot stirpium historia, *folio 283*
Plantin-Moretus Museum, Antwerp

Pl. 30 **Anjer in een cirkel**
1635–1660; gekleurd
Hoeken: blauwe ossekop

Pl. 30 **Carnation in a Roundel**
1635–60; Polychrome
Corners: Barred blue-and-white ox-head

Reeds in de oudheid werd de ook in het wild voorkomende *Dianthus caryophyllus* in het Middellandse-Zeegebied als sierplant gekweekt. Door toedoen van kruisvaarders als de Franse koning Lodewijk IX de Heilige kwam de tuinanjer tussen de elfde en de dertiende eeuw in Noord-Europa terecht.[25] In de zestiende eeuw maakte Carolus Clusius melding van 'gele en abrikooskleurige anjelieren die op de markt in Wenen werden verkocht... Anjelieren en tuinanjers werden vanwege hun aroma en hun geneeskrachtige eigenschappen voor allerlei doeleinden gebruikt... Van de bloemen werd siroop en jam gemaakt en de bloemblaadjes werden versuikerd, net als rozeblaadjes.'[26] De rode anjer was een symbool van het lijden van Christus. Net als de roos is ook de anjer de bloem van de goddelijke liefde.[27] Een portret van iemand met een roos of een anjer in de hand gold, met name in de vijftiende en zestiende eeuw, als herinnering aan de huwelijksbelofte.[28]

De fraaie bloem op pl. 30 met haar lange kelk en het aan de onderkant zichtbare schutblad is – gezien het aantal samengepakte bloemblaadjes, de vloeiende kartelrand en de decoratieve omlijning – waarschijnlijk een vorm van de dubbele anjer. Blijkbaar waren de knopen waaruit de bladeren aan de stengel ontkiemen naar verhouding te klein om op een tegel tot hun recht te komen; dit in tegenstelling tot de grassprietjes van het grondje waarop deze *Dianthus spec.* met haar afwisselend blauwgroene en oranjebruine bladeren staat.

De forse tuinanjer of anjelier op pl. 31 heeft een stevige, langgerekte kelk, natuurlijk blauwgrijze bladeren en bloembladen waarvan de buitenste diep zijn ingesneden. Terwijl de meeste bloemen op tegels van opzij zijn afgebeeld, kijken we hier in het hart van de bloem, die ons haar kopje heeft toegewend. Matthias Lobelius schrijft in zijn *Kruydtboeck*, op folio 527: 'Carnations ende doble Gillofers [...] Latin name, Caryophylli om den reuk dien sy hebben van de Giroffel-naghels.' (Anjelieren en dubbele tuinanjers [...] in het Latijn Caryophylli genaamd vanwege hun kruidnagelachtige geur.) De houtsnede op blz. 440 van Lobelius' *Plantarum seu Stirpium Icones*, waarnaar de bloem op deze tegel moet zijn getekend, vermeldt de naam *Caryophyllus silvestris maior vulgatior* (ill. 52). Dezelfde afbeelding is door Emanuel Sweerts in zijn *Florilegium* opgenomen (ill. 53).

for flavouring and in medicine... Syrups and conserves were made of the flowers and the petals were candied like rose petals."[26] The red carnation was a symbol for the sufferings of Christ. Like the rose, the carnation is also the flower of divine love.[27] When held in the sitter's hand in a portrait, especially one of the fifteenth or sixteenth century, it signifies that the painting commemorates the subject's betrothal.[28]

With its long, pronged cup, which shows the bract at its base, the lovely flower on pl. 30 is most likely a form of double carnations, with many petals joined together, pliantly fringed all around and adorned by lines. The joints from which the leaves grow out of the stem in nature were apparently too small to be presented adequately on the tile. Instead, the plant, *Dianthus spec.*, with alternate blue-green and burnt-orange leaves, grows from an outlined, grassed tuft.

The giant gillyflower or carnation on pl. 31 grows from a large, oblong cup, and has naturalistic blue-gray leaves and deeply notched outer petals. Most flowers on tiles are depicted in profile, but here we look right into the heart of the blossom, which seems to have turned up its face to us. In *Kruydtboeck* (1581; folio 527) Matthias Lobelius writes, "Carnations and double gillyflowers... in Latin called Caryophylli because of their scent which is like that of cloves." [Transl. Ella Schaap.] The woodcut from his *Plantarum seu Stirpium Icones* (1581, 1591; page 440), which must have served as a sample for the flower on this tile, is called *Caryophyllus silvestris maior vulgatior* (ill. 52). This illustration was repeated by Emanuel Sweerts in *Florilegium* (1612–14) (ill. 53).

The double-blossomed carnation on pl. 32 seems rooted in a broad piece of turf. Although the plant seems awkwardly balanced, and nature knows no carnations of the coloration seen on this tile, the flowers are boldly painted in burnt orange to echo the color of the base from which the large fleur-de-lis corners spring. Adriaen Collaert, in *Florilegium* (c. 1590), in the upper center of plate 13, shows a similar plant with three rather than two blossoms (ill. 54).

Pl. 31 **Anjer in een geschulpte omlijsting**
1625–1640; gekleurd
Hoeken: donkerblauw meandermotief

Pl. 31 **Carnation in a Scalloped Roundel**
1625–40; Polychrome
Corners: Deep-blue mock-fret

Pl. 32 **Anjers**
1625–1650; gekleurd
Hoeken: grote blauwe Franse lelies met een oranjebruine voet

Pl. 32 **Carnations**
1625–50; Polychrome
Corners: Large blue-and-white fleur-de-lis springing from a burnt-orange base

Ill. 52 **Anjers**
Houtsnede uit: Matthias Lobelius, *Plantarum seu Stirpium Icones*, blz. 440
Bryn Mawr College Library, collectie Ethelinda Schaefer Castle '08, Bryn Mawr (Pennsylvania)

Ill. 52 **Carnations**
Matthias Lobelius, woodcut,
Plantarum seu Stirpium Icones, *page 440*
Bryn Mawr College Library, Ethelinda Schaefer Castle '08 Collection, Bryn Mawr, Penn.

Ill. 53 **Anjers**
Gravure uit: Emanuel Sweerts, *Florilegium [...]*, dl. 2, folio 17
Hunt Institute for Botanical Documentation, Carnegie Mellon University, Pittsburgh (Pennsylvania)

Ill. 53 **Carnations**
Emanuel Sweerts, engraving,
Florilegium, *part 2, folio 17*
Hunt Institute for Botanical Documentation, Carnegie Mellon University, Pittsburgh, Penn.

Zo te zien staat de tweetalige anjer op pl. 32 op een grondje waarin zij slechts met moeite haar evenwicht bewaart. De onnatuurlijk geverfde, oranjebruine bloemen repeteren het oranjebruin van de voet waaruit het hoekmotief van grote Franse lelies ontspruit. In zijn *Florilegium* toont Adriaen Collaert op plaat 13, bovenaan in het midden, een soortgelijke plant, maar dan met drie in plaats van twee bloemen (ill. 54).

Dianthus plumarius (grasanjer)
CARYOPHYLLACEAE (anjerfamilie)

Van de grasanjer, een bloem met diep ingesneden bloembladen, staat een afbeelding in *De historia stirpium* van Leonhart Fuchs.[29] In zijn *Herball or Generall Historie of Plantes* schrijft John Gerard over de 'Dianthus plumarius, bekend als de witte ingesneden anjer met op veren gelijkende, aan de randen diep ingesneden of -gekerfde bloemen'. Deze bloem komt beter uit op een tegel in het Historisch Museum in Rotterdam (ill. 50) dan op de tegels van pl. 28 en 29. De bloemen op de beide laatste lijken naar de *Caryophyllus silvert.v.* van Carolus Clusius uit diens *Rariorum aliquot stirpium historia* (ill. 51) te zijn getekend.

Het ovaaltje op pl. 28 wordt opgevuld door een bloem op een stijve blauwe stengel, bladeren en een graszode; alle onderdelen zijn lichtgroen, terwijl de contouren in blauw zijn aangegeven ('trek'). De ovale omlijsting bestaat uit een donkerblauwe baan met dunne blauwe lijnen aan weerskanten en is op de vier middelpunten verfraaid met voluten. De ruimte tussen de voluten wordt door hoekmotieven opgevuld.

Het gekartelde kwadraat op pl. 29 omlijst een eindstandige bloem die zeer wel een grote, dubbele anjer zou kunnen zijn. De kleuren van de bloem zijn blauw, grijs en groen en onder het schutblad zijn blauw omlijnde en generfde dekbladen zichtbaar. De forse blauwe stengel ontspruit aan een heldergele bol die op het gras rust; in de natuur heeft deze plant vezelige wortels. Het resultaat is een voor tegels uitzonderlijk gedetailleerde symmetrische compositie.

Dianthus plumarius (Feathered or Garden Pink)
CARYOPHYLLACEAE (Carnation Family)

The feathered pink, a type of carnation with deeply cut petals, was drawn by Leonhart Fuchs in *De historia stirpium* (1543).[29] In the *Herball or Generall Historie of Plantes* (1597), John Gerard writes of the "Dianthus plumarius, known as the white iagged Pink with flowers cut or deeply iagged on the edges resembling a feather." This flower is more distinctly depicted on a tile from the Historisch Museum in Rotterdam (ill. 50) than on pl. 28 and 29. The flowers on these tiles seem to be copied from Carolus Clusius's *Caryophyllus silvert.v.* (ill. 51) in *Rariorum aliquot stirpium historia* (1583).

On pl. 28 the flower topping the stiff blue stem, the foliage, and the turf completely fill the small oval (*ovaaltje*), while each part is thinly painted in pale green and outlined in blue (*trek*). The oval frame is formed by a dark-blue stripe flanked by blue lines, and is decorated laterally and vertically with volutes. The corner decoration fills all of the spaces between the volutes.

On pl. 29 the terminal flower that fills the alloted space in its diamond-shaped frame may well portray a large, double carnation. The blossom that shows the bracts at the base of the tube, with blue outline and venation, has been enriched by blue-gray-green coloration. The firm blue stem grows out of a bright yellow bulb resting on the turf; in nature, of course, this plant has fibrous roots. The composition results in a lateral symmetry that is rarely worked out in such detail on a tile.

Fragaria vesca (Strawberry Plant)
ROSACEAE (Rose Family)

Fragaria vesca, the wild or alpine strawberry, is found in Europe, Asia, and North America. It was domesticated north of the Italian Alps and was cultivated in the gardens of Charles V of France in the fifteenth century. In medieval illuminated manuscripts, the strawberry symbolized purity, nobility, and righteousness.
Leonhart Fuchs, in *New Kreüterbuch* (1543; cap. 329), writes, under A: "In our time, the strawberry herb is called *Fragaria*, because its fruit, the strawberry, is called *Fraga* by the poet

Ill. 54 **Anjers en anjelieren**
Gravure uit: Adriaen Collaert,
Florilegium, pl. 13
Philadelphia Museum of Art;
geschenk van James en Florence
Tanis ter ere van Ella B. Schaap

Ill. 54 **Carnations and Pinks**
Adriaen Collaert, engraving,
Florilegium, *plate 13*
Philadelphia Museum of Art, Gift of
James and Florence Tanis in honor of
Ella B. Schaap

Pl. 33 **Aardbeiplant**
1625–1650; gekleurd
Hoeken: blauwe, uit een grotere
volute komende kruisvormige
ornamenten met donkerblauwe
bladachtige ornamenten aan
weerszijden

Pl. 33 **Strawberry Plant**
1625–50; Polychrome
Corners: Blue cruciforms rising from
a larger volute, flanked by dark-blue,
leafy fronds

Fragaria vesca (bosaardbei)
ROSACEAE (rozenfamilie)

Fragaria vesca, de wilde of alpiene aardbei, komt voor in Europa, Azië en Noord-Amerika. Ten noorden van de Italiaanse Alpen is ze in cultuur gebracht en in de vijftiende eeuw werd ze gekweekt in de tuinen van Karel V. In de middeleeuwse geïllumineerde handschriften symboliseert de aardbei zuiverheid, edelheid en rechtvaardigheid.

In zijn *New Kreüterbuch* (cap. 329) schrijft Leonhart Fuchs onder A: 'Tegenwoordig wordt het aardbeikruid *Fragaria* genoemd omdat haar vrucht, de aardbei, bij de dichter Vergilius *Fraga* heet. Maar hoe deze heerlijke plant bij de oude Grieken heette, dat durf ik niet met zekerheid te zeggen; *Rubus Idaeus* misschien, omdat dit "stekelige plant" betekent, zoals in ons Latijnse boek over kruiden uitvoeriger beschreven staat.' En onder D: 'Een zalf van fijngesneden aardbeikruid geneest wonden. Gekookt en ingenomen stopt dit kruid diarree en maandelijkse bloedingen. Als papje, in de mond gehouden, versterkt en verstevigt het het tandvlees, geneest het spruw en helpt het tegen een vieze smaak. Het sap van de bladeren geneest allerlei zwellingen, vooral in het gezicht. Daarom zouden mensen met acne vaak hun gezicht moeten wassen met dit sap. Ook lessen aardbeien de dorst en helpen ze tegen uitslag en een van streek geraakte maag.'

De aardbei op de tegel van pl. 33 staat op een met gras begroeid grondje. Terwijl planten op tegels vaak zo stijf kunnen zijn, is deze elegant en zwierig en heeft ze, net als in de natuur, een drielobbig blad. Juist vanwege dit blad gold de aardbei – evenals vele andere planten met drievoudige bladeren of bloembladen – in de oud-Nederlandse schilderkunst als een symbool van de Heilige Drieëenheid.

Op een gravure van Jacob Hoefnagel, in zijn *Archetypa studiaque* naar Joris Hoefnagel, zien we een soortgelijke aardbeiplant met één bloem en enkele bladeren (ill. 55). In de *Altera pars* (folio 103) van Crispijn vanden Passe staat een *Fragaria* met twee bloemen en zeven vruchten (ill. 56); deze gravure lijkt een kopie van een houtsnede van Jacques Le Moyne de Morgues (ill. 57).

Virgil. But what this wonderful plant was called by the ancient Greeks I do not know exactly, except possibly *Rubus Idaeus*, since this means thorn and spine, as described in more words in our Latin book on herbs." And under D: "A poultice of the chopped strawberry herb heals wounds. When boiled and taken, it stops diarrhea and menstrual flow. When held in the mouth, the pap of the herb strengthens and firms the gums, heals thrush, and gets rid of foul taste. The sap from the leaves heals all kinds of swelling, especially of the face. This is why people with acne should wash their face often with this sap. Strawberries also satisfy thirst, and are effective against rash and stomach upset." [Transl. Ella Schaap.]

The strawberry plant, growing from a grassy mound, on pl. 33 is elegant and free-flowing, in contrast to the more stilted plants depicted so often on tiles. The foliage is a realistic representation of the strawberry's three-lobed leaves. Because of the shape of its leaf, the strawberry, like so many other plants with trifoliate leaves or petals, was frequently used as a symbol of the Holy Trinity by Flemish painters of the period.

A similar strawberry plant with one flower and a few leaves appears in an engraving by Jacob Hoefnagel after Joris Hoefnagel in *Archetypa studiaque* (1592; ill. 55). Crispijn vanden Passe's folio 103 in *Altera pars* (1614–17) shows *Fragaria* with two blossoms and seven berries (ill. 56). This engraving seems to be a copy after Jacques Le Moyne de Morgues (ill. 57).

Fritillaria imperialis (Crown Imperial)
LILIACEAE (Lily Family)

The crown imperial is a large and handsome bulbous plant, imported to Europe from Persia and the western Himalayas. It was cultivated in Turkish gardens long before being introduced in Vienna, probably by Ogier Ghislain de Busbecq, who, serving as Emperor Ferdinand I's ambassador to Sultan Süleyman I from 1554 to 1562, traveled to Constantinople in the company of the physician-botanist Willem Quackelbeen.[30] De Busbecq sent back to Vienna other ornamental plants he had observed growing in wild profusion in Turkish gardens. Clusius and his colleagues, Dodonaeus and Pierandrea Mattioli, further distributed the newly found flowers from the Ottoman Empire across western

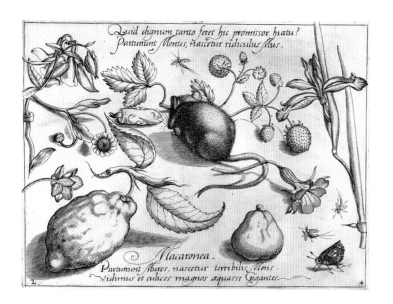

Ill. 55 **Quid dignum tanto feret hic promissor hiatu? Partununt Montes, nascetur ridiculus Mus.**

Jacob Hoefnagel, engraving after drawing by Joris Hoefnagel, Archetypa studiaque, *part 4, plate 2*
Philadelphia Museum of Art, Gift of James and Florence Tanis

Ill. 55 **Quid dignum tanto feret hic promissor hiatu? Partununt Montes, nascetur ridiculus Mus.**
Gravure (naar een tekening van Joris Hoefnagel) uit: Jacob Hoefnagel,
Archetypa studiaque [...], dl. 4, pl. 2
Philadelphia Museum of Art; geschenk van James en Florence Tanis

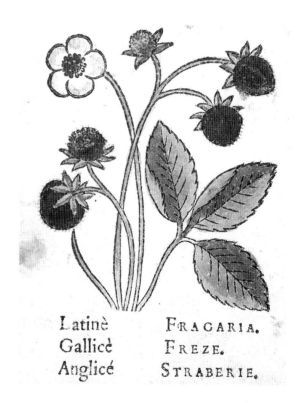

Ill. 56 **Aardbeiplant**
Gravure uit: Crispijn vanden Passe, *Altera pars horti floridi,* folio 103
Bryn Mawr College Library, collectie Ethelinda Schaefer Castle '08, Bryn Mawr (Pennsylvania)

Ill. 56 **Strawberry Plant**
Crispijn vanden Passe, engraving, Altera pars horti floridi, *folio 103*
Bryn Mawr College Library, Ethelinda Schaefer Castle '08 Collection, Bryn Mawr, Penn.

Ill. 57 **Aardbeiplant**
Houtsnede uit: Jacques Le Moyne de Morgues, *La Clef des champs [...],* blz. 42
British Library, Londen

Ill. 57 **Strawberry Plant**
Jacques Le Moyne de Morgues, woodcut, La Clef des champs, *page 42*
British Library, London

Fritillaria imperialis (keizerskroon)
LILIACEAE (leliefamilie)

De keizerskroon, een fraai en indrukwekkend bolgewas, is in
Europa beland vanuit Perzië en de westelijke Himalaya. Lang
voordat ze op de markt kwam in Wenen, waarschijnlijk door
toedoen van Ogier Ghislain de Busbecq, was zij al een geliefde
sierplant in Turkse tuinen. De Busbecq, die jarenlang als gezant
van keizer Ferdinand I aan het hof van de sultan in
Constantinopel verbleef, onder anderen met de geneesheer en
botanicus Willem Quackelbeen,[30] heeft diverse sierplanten uit de
Turkse tuinkunst naar Wenen gestuurd. Vervolgens hebben
Clusius en zijn vakgenoten Dodonaeus en Pierandrea Mattioli
voor verspreiding over West-Europa gezorgd. De keizerskroon –
Clusius sprak van *Lilium Persicum* of 'Perzische lelie'[31] – is
waarschijnlijk vernoemd naar de keizerlijke hoven van Wenen
en Praag.[32] Tegenwoordig is het een sierplant, maar vroeger
dienden de bollen als grondstof voor zetmeel en
geneesmiddelen.[33]

Net als irissen, tulpen of lelies fungeert de keizerskroon op
bloemstillevens vaak als bekroning.[34] Voorbeelden zijn
schilderijen van Jan Brueghel de Oude,[35] het 'Stilleven met
boeket bloemen, schelpen en kikker' uit 1631 van Bartholomeus
Assteyn (ill. 59),[36] en het 'Bloemstilleven' van Roelant Savery
uit 1624 (ill. 60).

In zijn *Hortus floridus* beschrijft Crispijn vanden Passe de
'Keizerskroon met een dubbele reeks bloemen' (ill. 58) als volgt:

> De keizerskroon – voor ons een bijzondere plant, door
> Clusius vanuit Constantinopel voor het eerst naar hier
> gezonden, maar Perzisch van origine en daarom door hem
> ook 'Perzische lelie' genoemd – behoort tot het geslacht van
> de wilde lelies; zij heeft gladde, langwerpige bladeren die net
> als bij andere wilde lelies als een ster rond de stengel staan; en
> een stengel als deze heeft ze ook, met dien verstande dat die
> van haar in de top een tros heeft met een aantal bladeren, van
> waaruit aan ranke steeltjes de bloemen ontspruiten, met zes
> bloembladen, naar de vorm precies een lelie, maar kleiner en
> meer gesloten en zonder bocht erin; de kleur is gewoonlijk
> geelachtig, soms tegen rood aan. Te midden van de
> bloembladen bevinden zich zes kleine meeldraden rondom
> een witachtige stijl. En in plaats van een wortel heeft zij een
> ronde gladde bol die niet zoals die van andere lelies vol

Europe. Although Clusius called it *Lilium Persicum*, or "Persian
Lily,"[31] the crown imperial very likely derived its name from
imperial courts in Vienna and Prague.[32] At present, an
ornamental, at one time the bulbs were a source of starch and
medicine.[33]

The crown imperial, like the iris, tulip, or lily, is frequently
placed at the top of the composition in floral still lifes.[34] This is
seen, for instance, in several paintings by Jan Brueghel the
Elder,[35] in Bartholomeus Assteyn's *Still Life with Bouquet of
Flowers, Shells, and Frog* (1631; ill. 59),[36] and in Roelant Savery's
Floral Still Life (1624; ill. 60).

Crispijn vanden Passe, in *Hortus floridus*, No. 12, describes the
"crown imperial with a double tier of flowers" (ill. 58) as
follows:

> The Crown Imperial, a plant foreign to us, first sent by
> Clusius from Constantinople, but Persian in origin, and
> hence called also by him the Persian lily, belongs to the genus
> of wild lilies; it has smooth oblong leaves, surrounding the
> stem in the form of a star as in other wild lilies; and has a
> stem like to these, except that it is provided on the top with a
> cluster of several leaves, whence from slender stalks hang the
> flowers, of six petals, pourtraying in form a lily, but smaller
> and more closed, and not curved with any flexures; generally
> of a yellowish colour but sometimes approaching a reddish
> hue: in the middle of the petals stand forth six little stamens
> which surround a whitish style. And in place of a root it has
> a round smooth bulb, not as in the rest of the lilies uneven
> with crowded bulbils, the smell is unpleasant. Sometimes it
> grows luxuriantly with several tiers of flowers: and the one
> which is here illustrationd is remarkable for a double rank of
> flowers.[37]

The leafy stems each bear lance-shaped, glossy, pale green leaves
carried in whorls, and a head of up to five wide bell-shaped
flowers in red or yellow, crowned by small, leaflike bracts.[38]

The crown imperial on pl. 34, which shows the leaves at the
foot of the stem as well as the corona at the top, bears a striking
if somewhat simplified resemblance to the flower depicted by
Vanden Passe (ill. 58).

Vases with Crown Imperial
Various floral arrangements appear on Dutch tiles; on pl. 35 they

Ill. 58 **Keizerskroon met een dubbele reeks bloemen**
Gravure uit: Crispijn vanden Passe, *Hortus floridus*, 'Voorjaar', folio 12
Rijksmuseum-Stichting, Amsterdam; bruikleen KOG

Ill. 58 **Crown Imperial with a Double Tier of Flowers**
Crispijn vanden Passe, engraving, Hortus floridus, "Spring," folio 12
Rijksmuseum-Stichting, Amsterdam, loan KOG

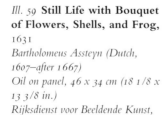

Ill. 59 **Stilleven met boeket bloemen, schelpen en kikker**, 1631
Bartholomeus Assteyn (1607–na 1667)
Olieverf op paneel, 46 x 34 cm
Rijksdienst voor Beeldende Kunst, 's-Gravenhage

Ill. 59 **Still Life with Bouquet of Flowers, Shells, and Frog,** 1631
Bartholomeus Assteyn (Dutch, 1607–after 1667)
Oil on panel, 46 x 34 cm (18 1/8 x 13 3/8 in.)
Rijksdienst voor Beeldende Kunst, The Hague

Ill. 60 **Bloemstilleven**, 1624
Roelant Savery (1576–1639)
Olieverf op paneel, 130 x 80 cm
Centraal Museum, Utrecht

Ill. 60 **Floral Still Life**, 1624
Roelant Savery (Dutch, 1576–1639)
Oil on panel, 130 x 80 cm (51 1/4 x 31 1/2 in.)
Centraal Museum, Utrecht

bobbels zit; de geur is onaangenaam. Soms bloeit zij uitbundig, met bloemen in verschillende lagen; en het exemplaar dat hier is afgebeeld is opmerkelijk vanwege zijn dubbele reeks bloemen.[37]

De stengel heeft lancetvormige, glanzende, lichtgroene bladeren in spiraalvorm en een kruin van maximaal vijf klokvormige bloemen in rood of geel, bekroond door kleine, bladachtige bracteeën.[38]

De keizerskroon op pl. 34, met haar bladeren aan de voet van de stengel en met haar kroon in de top, vertoont een opmerkelijke, enigszins vereenvoudigde gelijkenis met een door Vanden Passe afgebeelde bloem (ill. 58).

Vazen met keizerskroon
Bloemen figureren op Nederlandse tegels in diverse schikkingen. Op het voorbeeld van pl. 35 staan sierlijke blauw met witte vazen met ribbels, in een italianiserende stijl, op een met gras begroeid grondje. Elke vaas torst een groot, symmetrisch opgebouwd boeket van gestileerde bloemen, met

are placed in ornate, Italianate, ribbed, blue-and-white vases, resting on a grassy mound. Each contains a tall, symmetrically arranged bouquet of stylized flowers centered around a straight stem that is topped by a crown imperial. The crown imperial on pl. 35 is flanked by pairs of orange tulips and blue-and-orange seedpods interspersed with foliage.

In the panel of pl. 36, Italianate vases contain a symmetrically arranged bouquet of stylized foliage and flowers that is centered around a stiff stalk with a crown imperial at the summit. The popularity of such vases in different shapes, each holding an arrangement of flowers, is attested to by the title page of Adriaen Collaert's *Florilegium* (Antwerp, c. 1590; ill. 61). On the tiles, the martagon-type lilies add a somewhat graceful note to the composition of pl. 35. The coloration is predominantly blue with brown accents, and the dark-blue bracketed roundels have mock-fret corner decorations.

Pl. 35 **Bloemenvazen**
1640–1670; gekleurd
Hoeken: grote, diepblauwe ossekop
Geschenk van Miss May Audubon Post

Pl. 35 **Flower Vases**
1640–70; Polychrome
Corners: Large, deep-blue ox-head
Gift of Miss May Audubon Post

Pl. 36 **Bloemenvazen in accolade-omlijsting**
1640–1670; gekleurd
Hoeken: blauw meandermotief

Pl. 36 **Flower Vases in Bracketed Frames**
1640–70; Polychrome
Corners: Blue mock-fret

een rechte stengel in het midden en in de top een keizerskroon. Aan weerskanten wordt deze keizerskroon geflankeerd door oranje tulpen en blauw en oranje zaaddozen, met hier en daar een blad ertussen.

Op het veld van pl. 36 zien we italianiserende vazen met symmetrisch geschikte boeketten van gestileerde bloemen en bladeren; een rechte stengel met bovenaan een keizerskroon vormt de as. Illustratief voor de populariteit van vazen met boeketten is de titelpagina van het *Florilegium* van Adriaen Collaert (ill. 61). De lelies in bloemenvazen verlenen de compositie op pl. 35 een sierlijke toets. De kleur is overwegend blauw met bruine accenten, en de omlijsting bestaat uit donkerblauwe accoladen en meanderachtige hoekvullingen.

Fritillaria meleagris (kievitsbloem)
LILIACEAE (leliefamilie)

Kievitsbloemen, thans bedreigd, kenden vroeger in de gematigde streken van het noordelijk halfrond een brede

Fritillaria meleagris (Snake's-head)
LILIACEAE (Lily Family)

Now on the endangered list, snake's-head was widely distributed throughout the temperate regions of the northern hemisphere. During the last quarter of the sixteenth century, these, along with many other bulbs, were brought to the low countries from Turkey, where they flourished in many gardens. The flowers became very popular in the Netherlands; around 1600, they were portrayed on a number of floral still lifes.[39] Like the tulip, they are among the flowers most often depicted on tiles. Snake's-head is mentioned in the herbals and florilegia of Dodonaeus, De Bry, and Vanden Passe, and is depicted by Jacob Hoefnagel and Adriaen Collaert. It grows from a spring-flowering bulb with a slender stem topped by a nodding, bell-shaped flower, usually in shades of pinkish purple and speckled with white in a checkered pattern. Each stem can carry from one to three blossoms.
Although their coloring is quite different, the same spons was used to decorate two tiles that depict this lovely blossom (pl. 37).

Ill. 61 **Titelpagina**
Gravure uit: Adriaen Collaert, *Florilegium*
Philadelphia Museum of Art; geschenk van James en Florence Tanis ter ere van Ella B. Schaap

Ill. 61 **Title Page**
Adriaen Collaert, engraving, Florilegium
Philadelphia Museum of Art, Gift of James and Florence Tanis in honor of Ella B. Schaap

87

Pl. 37 **Kievitsbloemen in cirkels**
1635–1660; gekleurd
Hoeken: blauwe ossekop

Pl. 37 **Snake's-heads in Roundels**
1635–60; Polychrome
Corners: Barred blue-and-white ox-head

Pl. 38 **Kievitsbloem**
1625–1650; gekleurd
Drie hoeken: blauwe Franse
lelies; één hoek is gerestaureerd

Pl. 38 **Snake's-head**
1625–50; Polychrome
Three corners: Blue-and-white barred
fleur-de-lis; the fourth corner has been
restored

88

verspreiding. Samen met een groot aantal andere bollen zijn ze in het laatste kwart van de zestiende eeuw vanuit Turkije, waar ze veel in tuinen werden gekweekt, in de Lage Landen terechtgekomen. De bloemen werden in Nederland erg populair en verschenen omstreeks 1600 op tal van bloemstillevens.[39] Net als tulpen werden ze met voorliefde afgebeeld op tegels. De kievitsbloem staat in de kruidenboeken en florilegia van Dodonaeus, De Bry en Vanden Passe en is ook door Jacob Hoefnagel en Adriaen Collaert afgebeeld. Aan de ranke stengel van dit in het voorjaar bloeiend bolgewas hangen één tot drie klokvormige bloemetjes, meestal in schakeringen van rozeachtig paars met lichte en donkere vlekjes.

Aan de decoratie van de beide tegels op pl. 37 is, alle kleurverschil ten spijt, maar één spons te pas gekomen. De bloemen op de linkertegel hebben met hun donkerblauwe en oranjebruine bloembladen eerder iets van hangende tulpen dan van kievitsbloemen, nog afgezien van het feit dat deze bloembladen te rond zijn, niet alleen voor kievitsbloemen maar ook voor tulpen en zomerklokjes (zie pl. 52). De bladeren hebben soepele blauwe contouren. De kievitsbloem op de rechtertegel heeft blauw gespikkelde bloembladen en een dunnere stengel dan die op de tegel links.

De kievitsbloem op pl. 38 is gedeeltelijk, achter en rechts van haar kaarsrechte stengel, niet ingekleurd. Zoiets kan gebeuren wanneer de schilder even niet oplet: vóór het bakken lijken alle glazuren immers grijs (zie blz. 13). Het wel gekleurde gedeelte heeft een paarse gloed met blauwe spikkels. Het gaat hier om de *Fritillaria maxima polyanthos*, afgebeeld in de *Hortus floridus* van Vanden Passe met als bijschrift:

Deze plant heet ook, naar het parelhoen (haar bloem lijkt op de veren daarvan), *Meleagris*, en naar haar ontdekker *Caperonius*. Ze lijkt tot de lelies te behoren. Aan de stengel groeien zes of meer bladeren, kort, smal en een beetje gekanteld, op onregelmatige afstand van elkaar. En bungelend als klokjes of belletjes hangen helemaal bovenaan twee bloemen. Geur ontbreekt.

De bloem is paars met tamelijk bleke, heel sierlijk en mooi gerangschikte vlekken aan de buitenkant; trouwens, vanbinnen is ze, met haar donkere strepen en dicht opeenstaande dunne lijntjes, niet minder fraai. De wortel bestaat uit een bol zoals die van prei, min of meer rond en wit.[40]

The dark-blue and burnt-orange petals on the left tile make the flowers look more like drooping tulips than fritillarias; with their rounded shape, though the petals do not resemble tulips, fritillarias, or snowflakes (pl. 52). The leaves are rendered in a supple blue outline. The petals on the tile on the right tile are blue speckled, and its stem is slimmer than that of the snake's-head on the left.

On pl. 38 a partially colored snake's-head is hidden behind and to the right of its perfectly straight stem. This can happen when the painter forgets which parts he has painted with the coloring glaze, because all powdered glazes appear gray before firing (see p. 13) The part of the large fritillaria that the decorator did finish is purplish, speckled with blue dots. This flower is the *Fritillaria maxima polyanthos*, shown in Vanden Passe's *Hortus floridus*, where he writes:

This plant is also called *Meleagris* from the guinea-fowl, the feathers of which its flower resembles; *Caperonius* from its discoverer; it seems to belong to the lilies. Six or more leaves encompass the stem in irregular succession, short, narrow, somewhat keeled; right at the top it bears a pair of flowers, nodding or pendulous like a little bell or tinkler; there is no scent.

The flower of the latter is purple, decorated outside with rather pale spots very elegantly and handsomely arranged, on the inside moreover no less pleasing with dark streaks and closely intermingling thin lines; The root consists of a bulb like that of a leek, somewhat round and white.[40]

The snake's-head on pl. 38 also bears some resemblance to the one nodding at the top center of Jacob Hoefnagel's composition in *Archetypa studiaque* (1592; ill. 62), but it comes much closer to the double fritillaria in Georg Flegel's watercolor of three blossoms and a hornet (ill. 63). One is also reminded of Hoefnagel's fritillaria by the one on pl. 39, which has purplish coloration and petals that are separated by a blue outline. Even more, it resembles the *Meleagris* in Dodonaeus's *Stirpium historiae* (1583; ill. 64), which also appears in his *Cruijdeboeck* (1618; folio 368).

The question arises as to whether the flower on pl. 40 represents a tulip or a fritillaria. The shape is that of a tulip yet the pointillistic stripes indicate a fritillaria. Neither the colors nor the foliage offer much assistance in the identification process,

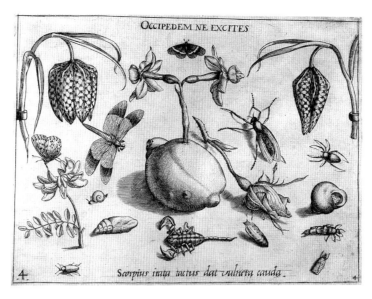

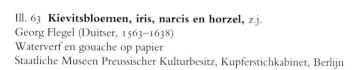

Ill. 63 **Kievitsbloemen, iris, narcis en horzel,** z.j.
Georg Flegel (Duitser, 1563–1638)
Waterverf en gouache op papier
Staatliche Museen Preussischer Kulturbesitz, Kupferstichkabinet, Berlijn

Ill. 63 **Snake's-heads, Iris, Daffodil, and Hornet,** n.d.
Georg Flegel (German, 1563–1638), watercolor and gouache on paper
Staatliche Museen Preussischer Kulturbesitz, Kupferstichkabinet, Berlin

Ill. 64 **Kievitsbloemen**
Houtsnede uit: Rembertus Dodonaeus, *Stirpium historiae [...]*, folio 233
Special Collections Department, Van Pelt-Dietrich-bibliotheekcentrum,
Universiteit van Pennsylvania, Philadelphia

Ill. 64 **Snake's-heads**
Rembertus Dodonaeus, woodcut, Stirpium historiae, *folio 233*
*Special Collections Department, Van Pelt-Dietrich Library Center, University of
Pennsylvania, Philadelphia, Penn.*

Pl. 39 **Kievitsbloem**	*Pl.* 39 **Snake's-head**	*Pl.* 40 **Kievitsbloem of tulp in een cirkel**	*Pl.* 40 **Snake's-head or Tulip in a Roundel**
1640–1670; blauw	*1640–70; Polychrome, blue*	1635–1660; gekleurd	*1635–60; Polychrome*
Hoeken: blauwe ossekop	*Corners: Small blue-and-white ox-head*	Hoeken: kleine blauwe ossekop	*Corners: Barred blue-and-white ox-head*

De kievitsbloem op pl. 38 heeft ook iets van het knikkende bloempje bovenaan links op een gravure van Jacob Hoefnagel in *Archetypa studiaque* (ill. 62), en meer nog van de dubbele kievitsbloem op Georg Flegels aquarel met drie bloemen en een horzel (ill. 63). De paars gekleurde kievitsbloem met blauw omrande bloembladen van pl. 39 doet eveneens aan die van Hoefnagel denken, maar meer nog eigenlijk aan de *Meleagris* van Dodonaeus in *Stirpium historiae* (ill. 64), ook opgenomen in *Cruijdeboeck* (folio 368).

Het is onduidelijk of de bloem op de tegel van pl. 40 een tulp of een kievitsbloem moet voorstellen. Naar de vorm is het een tulp, maar gelet op de gespikkelde strepen lijkt het eerder een kievitsbloem. Kleuren en blad zijn standaard op tegels en bieden dan ook geen uitkomst. Neem bijvoorbeeld de tulp op de meest linkse tegel van pl. 42: dezelfde kleuren en arceringen, alleen een plompere bloem. Deze bloem is blauw en oranjebruin met blauwe spikkels, en de bladeren zijn groen en hebben soepele blauwe contouren.

because both are standard for many tiles. For example, the tulip on the left tile of pl. 42 shows identical coloring and shading, although the flower is more squat. The blossom is blue and burnt orange with blue dots, and the leaves are green with a supple blue outline.

The clearly defined bloom on pl. 41, hanging from a thin, graceful stem, looks as if it is moving in a breeze. The flower and the naturalistic-looking leaves are delicately tinted light gray and pale green, a softer coloration than one sees on most tiles. At first glance, the bloom might represent *Pulsatilla vulgaris* (pasque flower), on closer examination though, the supposition was rejected in favor of *Fritillaria meleagris*.

Johann Theodor de Bry, in *Florilegium novum* (1612–14), calls the same flower on the upper right (albeit with more foliage) *fritilla. pijienca atropurpurea* (ill. 66). Emanuel Sweerts, in his *Florilegium* of the same date, volume 1, folio 7, called his drawing of the flower, which was copied in reverse from De Bry's rendering, *Fritilla Aquitanica flo luteo Virescente* (ill. 67). This bloom also appears in Basil Besler's *Hortus Eystettensis*

Ill. 65 **Kievitsbloemen**
Gravure uit: Basil Besler, *Hortus Eystettensis [...]*, dl. 4, folio 9
Hunt Institute for Botanical Documentation, Carnegie Mellon Univ., Pittsburgh (Penn.)

Ill. 65 **Snake's-heads**
Basil Besler, engraving, Hortus Eystettensis, part 4, folio 9
Hunt Institute for Botanical Documentation, Carnegie Mellon University, Pittsburgh, Penn.

Pl. 41 **Kievitsbloem**
1625–1650; gekleurd
Hoeken: blauwe Franse lelies met een oranjebruine hoek

Pl. 41 **Snake's-head**
1625–50; Polychrome
Corners: Large barred, blue-and-white fleur-de-lis springing from a burnt-orange base

ERRATUM

Tot onze grote spijt is de afbeelding van illustratie 65 op bladzijde 92 niet de juiste, waarvoor onze welgemeende excuses. De goede gravure staat hieronder afgebeeld.

Regrettably illustration 65 on page 92 is not the correct one. Please accept our deep-felt apologies for this error. You will find the right engraving below.

2)

et oranje
et een

Tulips

and
inging

Pl. 43 **Kievitsbloemen**
1625–1650; gekleurd
Hoeken: blauwe kandelabers met Franse lelies

Pl. 43 **Snake's-heads**
1625–50; Polychrome
Corners: Blue-and-white fleur-de-lis bounded laterally by a baluster

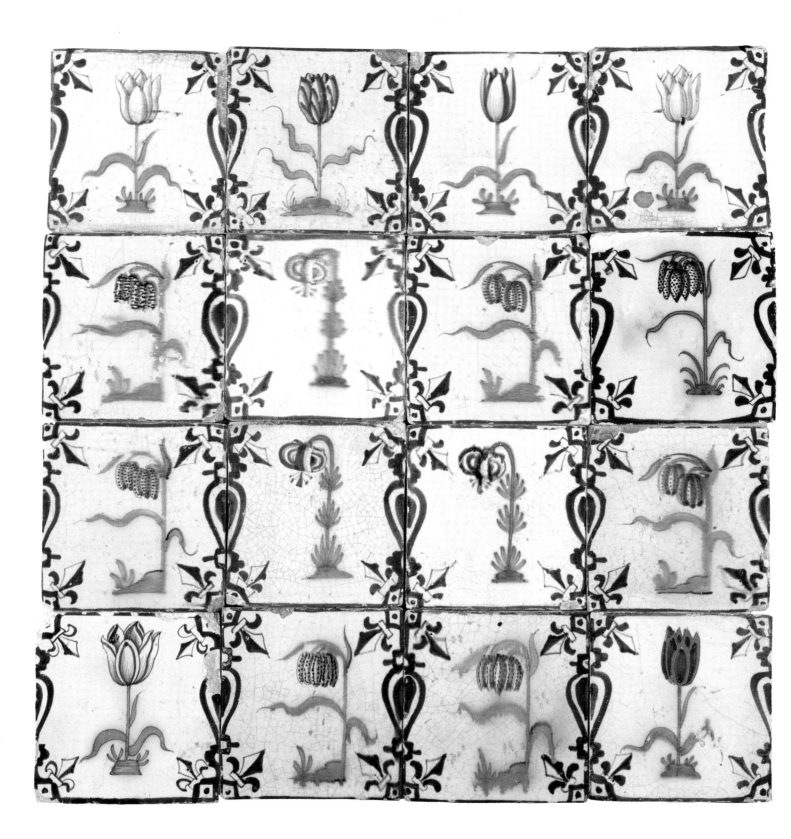

94

De met zorg getekende bloem op pl. 41 lijkt, hangend aan een ranke stengel, in een briesje heen en weer te schommelen. Voor een tegel zijn de delicate tinten van de bloem en het naturalistische blad, lichtgrijs en bleekgroen, betrekkelijk uitzonderlijk. Ook al mag deze bloem op het eerste gezicht *Pulsatilla vulgaris* (wildemanskruid) lijken, het is bij nader inzien waarschijnlijk toch *Fritillaria meleagris*.

Een zelfde bloem (maar dan met meer blad) heet bij Johann Theodor de Bry in *Florilegium novum*, op folio 30 rechts bovenaan, een *fritilla. pijienca atropurpurea* (ill. 66). En in spiegelbeeld heet ze in Emanuel Sweerts' *Florilegium* (dl. 1, folio 7) een *Fritilla Aquitanica flo luteo Virescente* (ill. 67). Als *Fritillaria minor, obsoleto colore, modora* komt zij ook in de *Hortus Eystettensis* van Basil Besler voor (ill. 65).[41]

Het veld op pl. 43 telt onder meer vier dubbele en drie drietallige kievitsbloemen. Uit blauw omlijnde grondjes rijzen de stengels kaarsrecht omhoog en een vloeiende blauwe belijning accentueert de bladeren. De dubbele bloemen, per tegel verschillend ingekleurd, zijn van één spons afkomstig, en net zo'n spons, maar iets anders, heeft voor de drietallige gediend. De achterkant van de tegel met de meest gedetailleerde kievitsbloem, links onderaan, vertoont elkaar kruisende zwarte lijnen waarvan de betekenis nog niet is opgehelderd.[42] Gewoonlijk hebben tegels met een balustermotief in het midden een blauwe decoratie; de hier afgebeelde variant, een gekleurde versiering in combinatie met zware blauwe kandelabers, is dan ook heel uitzonderlijk. Sommige van deze tegels zijn te hoog gebakken, met als gevolg dat er zich rond het blad een blauwgroene zweem heeft verspreid.

De tegels van pl. 45 en 46 vertonen onderling enigszins verschillende, maar met grote precisie weergegeven kievitsbloemen, omringd door andere hoekmotieven dan gebruikelijk. De bloem op pl. 45 is blauw en geel, terwijl die op pl. 46, uit dezelfde periode, zich onderscheidt door een gracieuze blauwe omlijning en een delicate kleurstelling in geel, bruin en oranje. De zorgvuldig getekende wingerdbladeren in de hoeken bekronen de subtiele decoratie van dit prachtige exemplaar.

(1613, 1713), where it is identified as *Fritillaria minor, obsoleto colore, modora* (ill. 65).[41]

A floral panel illustrates a.o. four tiles with double-blossom fritillarias and three with three flower heads (pl. 43). Each stalk rises ramrod-straight from the contoured turf; the foliage is rendered by a supple, calligraphic blue line. The same *spons* was used for each of the tiles' double blossoms, although their coloring differs; the triple blooms emanate from a slightly different *spons*. The most clearly defined flower, on the tile left below, shows intersecting black lines on the reverse of the tile, but their significance is not yet clear.[42] The center image on tiles with a baluster motif is usually blue-and-white, and it is very rare to see this colorful decoration combined with the heavy blue-and-white balusters that connect the fleur-de-lis corners. Some of these tiles have been overfired, producing the blue-green haze that surrounds the foliage.

Although differing slightly, the fritillarias on pl. 45 and 46 are finely detailed and appear with unusual corner motifs. The blossom on pl. 45 is blue and yellow; the flower on pl. 46 from the same period, is dashingly outlined in blue and delicately colored in yellow, brown, and orange. The precisely executed grape-leaf corners on pl. 46 complement the finely detailed flower on this superior tile.

On pl. 44 the juxtaposition of the rather stiff blossoms and the jaunty foliage is quite pronounced on the tiles. Each snake's-head grows from a bright yellow bulb, partially buried in the turf, that fills the lower corner of the diamond-shaped frame. The flowers are colored in combinations of blue and brown, while the green lateral foliage is outlined in blue *trek*. Although the identification of the plants on pl. 44A, B, C, E is a matter of conjecture, the shapes of the single flowers are similar to those of the double flowers on pl. 44D, F, leading to the conclusion that they represent snake's-heads. As happens so often, their exuberant foliage offers no assistance in identification of the flowers.[43] The decorator applied the copper glaze needed to color the turf too heavily, and it liquefied during the firing. The result: the blue-green haze in the background.

Pl. 44 **Kievitsbloemen in een gekarteld kwadraat**
1640–1670; gekleurd
Hoeken: blauwe Franse-lelieachtige ornamenten

Pl. 44 **Snake's-heads in Diamonds**
1640–70; Polychrome
Corner: Barred blue-and-white fleur-de-lis derivatives

A

B

E

C

D

F

97

Pl. 45 **Kievitsbloem**
1625–1650; gekleurd
Hoeken: blauwe, uit een grotere volute komende kruisvormige
ornamenten met donkerblauwe, bladachtige ornamenten aan weerszijden

Pl. 45 **Snake's-head**
1625–50; Polychrome
*Corners: Blue cruciforms rising from a larger volute, flanked by dark-blue, leafy
fronds*

Pl. 46 **Kievitsbloem**
1625–1650; gekleurd
Hoeken: blauwe wingerdbladeren met ranken

Pl. 46 **Snake's-head**
1625–50; Polychrome
Corners: Blue-and-white vine leaves sprouting spiraling tendrils

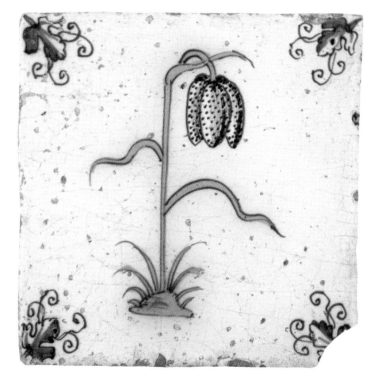

De tegels van pl. 44 geven een opmerkelijk contrast tussen nogal stijve bloemen en zwierig blad te zien. Stuk voor stuk ontspruiten de kievitsbloemen aan een heldergele, half onder het gras begraven bol in de laagste punt van het gekartelde kwadraat. De bloemen zijn in verschillende combinaties van blauw en bruin uitgevoerd en het groene blad is met blauw omlijnd ('trek').

Ook al blijft de identificatie van de planten op pl. 44A, B, C en D twijfelachtig, hun enkelvoudige bloemen lijken, qua vorm, precies op de dubbele van pl. 44D en F. Daarom zijn het waarschijnlijk ook kievitsbloemen. Het uitbundige blad biedt, als zo vaak, geen uitkomst.[43] Het koperglazuur waarmee de schilder het grondje heeft gekleurd, is te dik aangebracht en door verhitting gesmolten, en heeft zo de blauwgroene zweem op de achtergrond veroorzaakt.

Op het veld van pl. 47, met zijn symmetrische opzet, lijkt natuurlijkheid bijzaak: de planten voegen zich naar de vorm van het kwadraat. De dubbele kievitsbloemen vertonen combinaties van blauw, geel en oranjebruin. De gele knop in de bovenste punt van het gekartelde kwadraat vormt een pendant van de gele, op het gras liggende bol aan de voet van de plant.

Iris spec. (iris of lis)
IRIDACEAE (lissenfamilie)

In het verleden werd deze plant met haar zwaardvormige bladeren 'gladiolus' of zwaardlelie genoemd en zo heet zij ook in het Duits: 'Schwertlilie'. Op grond hiervan symboliseerde zij in de schilderkunst 'het zwaard dat het hart van de Moeder der Smarten doorboort'.[44] *Iris* is het Griekse woord voor 'regenboog' en in de klassieke mythologie was Iris de godin van de regenboog.[45] Voor een in vele vormen en in allerlei kleuren voorkomende bloem leek 'iris' dus een passende naam.[46] In *Den grondt der edel vry Schilder-const* (1604) schrijft Carel van Mander: 'Ook wat de dichters over Iris zeggen: hoe hij bekleed is met veel kleuren en zeer helder van glans [is], dat is allemaal speciaal van toepassing op de regenboog. Bij het maken van een afbeelding ervan dient men goed te letten op de afscheiding tussen de kleuren: hoe subtiel en vloeiend ze in elkaar overgaan en [...] allemaal uit elkaar lijken voort te komen.'[47]
De iris of 'fleur de lys' was ook een symbool van het

On pl. 47 the overall symmetrical design of the panel seems more important than a faithful portrayal of the flora. The shape of the plants conforms to the diamond-shaped frame. The double snake's-heads are executed in combinations of blue, yellow, and burnt orange. The yellow bud, which fits into the topmost angle of the frame, constitutes a formal, coloristic parallel to the bulb resting on the green turf.

Iris spec. (Iris)
IRIDACEAE (Iris Family)

The ancient name for the iris, with its sword-shaped leaves, was *gladiolus*, or sword-lily. In German, its name is *Schwertlilie*. Consequently, in paintings, this flower became the symbol for "the sword that pierces the heart of the Mater Dolorosa."[44] In Greek, *Iris* means "rainbow," and, in ancient mythology, Iris was the goddess of the rainbow.[45] Thus, the name was given to a flower that grows in many varieties and in a wild assortment of colors.[46] In *Den grondt der edel vry Schilder-const* (1604) Carel van Mander writes, "What the poets are saying about Iris: how he is clothed in many colors and how brilliant he [is], all this exactly fits the rainbow. To achieve this image one has to take careful note of the separation between the colors: how subtle and flowing they merge and [how they] all seem to emerge from one another."[47]
The iris, or the fleur-de-lis, symbolized royalty, and was used to indicate the Virgin's divine status as the Queen of Heaven.[48] As such, it frequently occupies the top position in a floral still life. For example, the bouquet in the well-known painting by Ambrosius Bosschaert the Elder, which is rendered with almost scientific precision, is topped by a yellow-and-purple iris (ill. 68).
Although each of the major herbalists has illustrated forms of iris – most often the *Iris susiana maior*, which came to Vienna from the Middle East[49] – none of the plants depicted compares exactly with the ones shown on pl. 48, 49.[50] The iris on pl. 34, however, is taken from the one in a sketchbook of nature studies by Jacques Le Moyne de Morgues, in the Pierpont Morgan Library, in New York (ill. 69).[51]
The leaves sprouting along the stem of the iris on pl. 48 are more like the standard foliage usually depicted on tiles than that of the actual flower, shown in the woodcut by Matthias Lobelius

Pl. 47 **Dubbele kievitsbloemen in een gekarteld kwadraat**
Friesland (Harlingen of Makkum)
1640–1670; gekleurd
Hoeken: grote, blauwe Franse-lelieachtige ornamenten

Pl. 47 **Double Snake's-heads in Diamonds**
Made in Makkum or Harlingen, Friesland
1640–70; Polychrome
Corners: Large barred, blue-and-white fleur-de-lis derivatives

Ill. 68 **Bloemstilleven** (detail),
ca. 1618
Ambrosius Bosschaert de Oude
(1573–1621)
Olieverf op paneel, 64 x 46 cm
Stichting Johan Maurits van
Nassau, Mauritshuis,
's-Gravenhage

*Ill. 68 **Floral Still Life** (detail),
c. 1618
Ambrosius Bosschaert the Elder
(Dutch, 1573–1621)
Oil on panel, 64 x 46 cm (25 1/4 x
181/8 in.)
Foundation Johan Maurits van
Nassau, Mauritshuis, The Hague*

koningschap en dus een middel om naar de goddelijke status van Maria als Koningin der Hemelen te verwijzen.[48] Niet zelden bekleedde zij als zodanig in een bloemstilleven de hoogste plaats; een voorbeeld is de boven alles uit torenende paarsgele iris in het met bijna wetenschappelijke precisie geschilderde boeket van Ambrosius Bosschaert de Oude (ill. 68).

Alle belangrijke botanici hebben irissen van velerlei vorm in beeld gebracht, ook al genoot de vanuit het Midden-Oosten naar Wenen gehaalde *Iris susiana maior* blijkbaar hun voorkeur.[49] Toch valt geen van hun konterfeitsels te rijmen met die op de tegels van pl. 48 en 49.[50] De iris op pl. 48 stamt uit een schetsboek met natuurstudies van Jacques Le Moyne de Morgues, thans in de Pierpont Morgan Library in New York (ill. 69).[51]
Voor de iris op pl. 48 lijkt een op tegels veel voorkomend standaardblad te zijn gebruikt, terwijl het eigenlijke blad, zoals ook een houtsnede van Matthias Lobelius laat zien (ill. 70), juist waaiervormig, smal en lang is. De iris op pl. 49 heeft realistische bladeren en een bloem die veel gelijkenis vertoont met de *Iris*

(ill. 70). The leaves of this plant, which in nature are narrow and linear and form a "fan," are realistically depicted in pl. 49, where the flower shares a close resemblance with the *Iris bulbosa* on folio 35 in the *Florilegium amplissimum et selectissimum*, compiled by Emanuel Sweerts (ill. 71).

Leucojum spec. (Snowflake)
AMARYLLIDACEAE (Narcissus Family)

Each of these tiles (pl. 50, 51, 52) depicts a hanging flower, yet the blossoms differ in several characteristics, and the exact variety that they represent remains somewhat of an enigma. Their foliage is also at variance with what occurs in nature. One tile (pl. 50) has a broad calyx although the leaves are alternate; in nature, they are linear, grasslike, channeled leaves. The flower on pl. 51 has a smaller calyx and long, lancelike leaves sprouting from a deep-blue stem; on pl. 52 the calyx resembles not much more than a period, and its foliage seems to be flowing in the breeze. *Leucojum*, a genus of bulbous plants with drooping white flowers commonly known as snowflakes, is classified by some

Pl. 48 **Iris**
1625–1650; gekleurd
Hoeken: grote, blauwe Franse
lelies met een oranjebruine hoek

Pl. 48 **Iris**
1625–50; Polychrome
Corners: Large blue-and-white fleur-de-lis springing from a burnt-orange base

Pl. 49 **Iris**
1625–1650; gekleurd
Hoeken: blauwe, uit een volute
komende kruisvormige ornamenten,
met donkerblauwe, bladachtige
ornamenten aan weerszijden

Pl. 49 **Iris**
1625–50; Polychrome
Corners: Blue cruciforms rising from a larger volute, flanked by dark-blue, leafy fronds

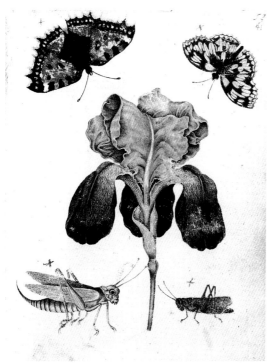

Ill. 69 **Iris, vlinders (links**
Aglais urticae **en rechts**
Melanargia galathea) **en**
sprinkhanen
Tempera op papier,
toegeschreven aan Jacques Le
Moyne de Morgues;
A Sketchbook of Nature Studies
(z.j.), folio 53
Pierpont Morgan Library, New
York; geschenk van Mr. Henry
S. Morgan, Mr. en Mrs. William
S. Paley, Mr. en Mrs. Richard
Salomon en Mrs. Carl Stern

Ill. 69 **Iris, Butterflies (left**
Aglais urticae, **and right**
Melanargia galathea), **and**
Grasshoppers
Attributed to Jacques Le Moyne de Morgues, tempera on paper, A Sketchbook of Nature Studies, folio 53
Pierpont Morgan Library, New York City; Purchased as the gift of Mr. Henry S. Morgan, Mr. and Mrs. William S. Paley, Mr. and Mrs. Richard Salomon, and Mrs. Carl Stern

bulbosa op folio 35 in Emanuel Sweerts' *Florilegium amplissimum et selectissimum* (ill. 71).

Leucojum spec. (zomerklokje)
AMARYLLIDACEAE (narcissenfamilie)

De bloemen op pl. 50, 51 en 52 hebben allemaal een hangend kopje, maar op onderdelen verschillen ze; welke variëteiten het zijn valt niet precies te bepalen. Het zomerklokje heeft lijnvormige, grasachtige bladeren maar op de tegel van pl. 50 zien we een brede kelk en afwisselend geplaatst blad. De bloem op pl. 51 heeft een kleinere kelk en lange, aan een diepblauwe stengel ontspruitende lancetvormige bladeren, terwijl die op pl. 52 amper een kelk en bovendien een in de wind buigend blad lijkt te hebben. *Leucojum*, een bolgewas met knikkende witte bloempjes, behoort volgens sommige botanici tot de narcissenfamilie[52] en volgens andere tot de Liliaceae.[53]
Welke florilegia voor deze tegels model hebben gestaan, valt evenmin met zekerheid te bepalen. De bloem op pl. 52 heeft wel iets van de *Leucojum aestivum*[54] van Carolus Clusius in diens

botanists under the Narcissus Family[52] and by others under the Liliaceae.[53]
Which florilegia the painters of these tiles copied remains uncertain. The flower on pl. 52 resembles the loddon lily, or snowflake (*Leucojum aestivum*)[54], that Carolus Clusius depicts in *Rariorum aliquot stirpium, per Pannoniam* (1583).[55] If, however, we consider not only the bloom but the entire plant, with its gracefully curving leaves that completely fill the assigned space, the tile picture seems more likely to have been copied from the *Leucoium bul. autumnale tenuif.*, in *Florilegium novum* (1612–14), by Johann Theodor de Bry (ill. 73, far left). Confusion arises, however, because De Bry used Clusius's woodcut in reverse and called it *Leucoium bul. Serotin. majus* (ill. 73, center). Clusius's illustration also appears in reverse as Emanuel Sweerts's *Leucoion bulbosum serotinum Hispan. maius*, in volume 1, folio 20, of *Florilegium* (1612–14; ill. 74).

On pl. 52 the flower, brownish orange with blue striations, rises from burnt-orange turf held within the confines of the diamond-shaped frame. The green copper glaze that liquefied

Ill. 70 **Iris**
Houtsnede uit: Matthias Lobelius, *Kruydtboeck [...]*
Museum Plantin-Moretus, Antwerpen

Ill. 70 **Iris**
Matthias Lobelius, woodcut,
Kruydtboeck
Museum Plantin-Moretus, Antwerp

Ill. 71 **Irissen**
Gravure uit: Emanuel Sweerts, *Florilegium amplissimum [...]*, folio 35
Hunt Institute for Botanical Documentation, Carnegie Mellon University, Pittsburgh (Pennsylvania)

Ill. 71 **Irises**
Emanuel Sweerts, engraving,
Florilegium amplissimum, *folio 35*
Hunt Institute for Botanical Documentation, Carnegie Mellon University, Pittsburgh, Penn.

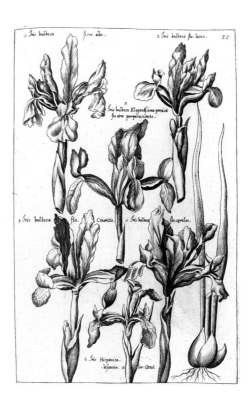

Ill. 72 *Leucojum vernum,*
**boomkikker, zeeslak en
steenraket** Illustratie uit: *Mira
calligraphiae monumenta*, fol. 70
J. Paul Getty Mus., Malibu (Cal.)

Ill. 72 *Leucojum vernum,*
**common tree frog, marine
mollusk and wallflower**
*Illustration from: Mira calligraphiae
monumenta, fol. 70 J. Paul Getty
Museum, Malibu, Calif.*

Rariorum aliquot stirpium, per Pannoniam [...].[55] Als geheel echter lijkt deze plant met haar sierlijk gebogen blad toch eerder een kopie van de *Leucoium bul. autumnale tenuif.* in Johann Theodor de Bry's *Florilegium novum* (ill. 73, uiterst links). Wat het extra lastig maakt, is dat De Bry de houtsnede van Clusius, maar dan in spiegelbeeld, als een *Leucoium bul. Serotin. majus* presenteert (ill. 73, midden). Dezelfde illustratie wordt (weer in spiegelbeeld) door Emanuel Sweerts in zijn *Florilegium* (dl. 1, folio 20) voorgesteld als een *Leucoion bulbosum serotinum Hispan. maius* (ill. 74).

De oranjebruine bloem met blauwe streepjes op pl. 52 ontspruit aan een oranjebruine, precies in het gekarteld kwadraat passende ondergrond. Het groene koperglazuur is tijdens het bakken gesmolten en heeft de achtergrond met een blauwgroen waas bedekt.

De tegel op pl. 51 is de oudste van de drie en de enige die in Rotterdam is vervaardigd. Een knikkende, klokvormige bloem, een zomerklokje, staat in een landschap dat uit concentrische ringen van donker- en lichtblauw met donkerblauwe streepjes bestaat, waarmee aangrenzende stukken land en water worden gesuggereerd. Met blauwe streepjes en spiralen zijn het uitspansel en de jagende wolken aangeduid. Dergelijke tegels hadden geen hoekornamenten en vormden een doorlopend landschap; mogelijk hebben zij als plint gediend.

De bloem zelf bestaat uit twee kransen van drie segmenten, die bij de *Leucoium Trifilus* in *Le jardin du roy très chrestien Loys XIIII* (folio 33) van Pierre Vallet duidelijk zichtbaar zijn (ill. 75). De Bry gebruikt deze illustratie in spiegelbeeld in zijn *Florilegium novum*, op folio 16, als een *Leucoium bulbos: praecox minus* (ill. 76). Deze bloem (pl. 51) lijkt echter precies op de 'Spring snowflake' (*Leucojum vernum*) in de facsimile-uitgave (1992) van Joris Hoefnagels *Mira calligraphiae monumenta [...]*, folio 70 (ill. 72). De bloem op pl. 50 gelijkt op de *Leucoium bulbosum* van De Bry, hoewel die een ander blad heeft.

Lilium martagon (Turkse lelie)
LILIACEAE (leliefamilie)

In het wild waren lelies lang geleden in allerlei delen van Midden-Europa en Noord-Azië en zelfs tot in Siberië te vinden;[56] al omstreeks 1600 werden zij in Perzië en Turkije in

during the firing produced the blue-green haze in the background.

Pl. 51 is the oldest of the three tiles and the only one made in Rotterdam. Its nodding, bell-shaped flower, a snowflake, is set in a landscape composed of concentric rings of dark and light blue with dark striations that suggest adjacent patches of land and water. Over the turf stretches a sky formed by blue striations and spirals representing windblown clouds. Because tiles of this type, which lack corner decorations, form a continuous landscape when conjoined, they may have been were used for baseboards. The blossom on this tile is made up in two whorls of three segments, clearly visible in Pierre Vallet's *Leucoium Trifilus*, in *Le jardin du roy très chrestien Loys XIIII*, on folio 33 (ill. 75), which was copied in reverse by De Bry in *Florilegium novum* (1612–14), on folio 16, and called *Leucoium bulbos: praecox minus* (ill. 76). In addition, this blossom (pl. 51) closely resembles the spring snowflake, or *Leucojum vernum*, on folio 70 in the facsimile edition (1992) of *Mira calligraphiae monumenta* (1561–62; ill. 72). This manuscript predates the two manuscripts mentioned earlier. Although the blossom on pl. 50 resembles de Bry's *Leucoium bulbosum*, the foliage varies.

Lilium martagon (Turk's-cap Lily)
LILIACEAE (Lily Family)

Lilies grew wild in many parts of central Europe and northern Asia, and as far east as Siberia.[56] In Persia and Turkey they were cultivated as early as 1600.[57] At one time, the bulbs were used to make healing poultices.

The flower is mentioned repeatedly in the Old Testament in the Song of Solomon: "As the lily among the thorns, so is my love among the daughters" (2:2); "My beloved is gone down into his garden, to the beds of spices, to feed in the gardens, and to gather lilies. I am my beloved's, and my beloved is mine: he feedeth among the lilies" (6:2, 3).

This common flower must have stirred the imagination of the tile painters; they produced many tiles depicting lilies, often in colors available to them, such as yellow and orange, instead of the light to dark purple that is natural to the flower[58] Many lilies on the tiles were copies after Crispijn vanden Passe, who, in his *Hortus floridus* (1614–17) called them *Lilium montanum*, or

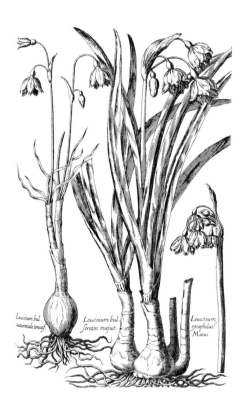

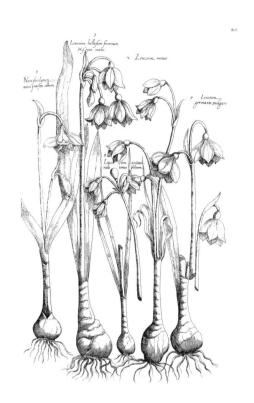

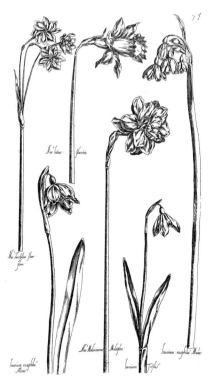

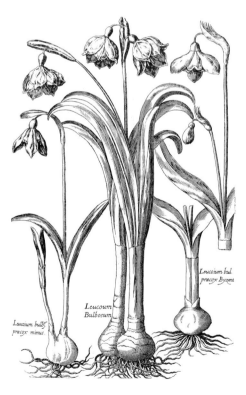

Ill. 73 (uiterst links) *Leucojum*
Gravure uit: Johann Theodor de
Bry, *Florilegium novum [...]*
Hunt Institute for Botanical
Documentation, Carnegie
Mellon University, Pittsburgh
(Pennsylvania)

Ill. 73 (far left) **Snowflakes**
Johann Theodor de Bry, engraving,
Florilegium novum, *n.p.*
*Hunt Institute for Botanical
Documentation, Carnegie Mellon
University, Pittsburgh, Penn.*

Ill. 74 *Leucojum*
Gravure uit: Emanuel Sweerts,
Florilegium [...], dl. 1, folio 20
Hunt Institute for Botanical
Documentation, Carnegie
Mellon University, Pittsburgh
(Pennsylvania)

Ill. 74 **Snowflakes**
Emanuel Sweerts, engraving,
Florilegium, *part 1, folio 20*
*Hunt Institute for Botanical
Documentation, Carnegie Mellon
University, Pittsburgh, Penn.*

Ill. 75 (uiterst links) *Leucojum*
Gravure uit: Pierre Vallet, *Le
jardin du roy très chrestien Loys
XIIII*, folio 33
Hunt Institute for Botanical
Documentation, Carnegie
Mellon University, Pittsburgh
(Pennsylvania)

Ill. 75 (far left) **Snowflakes**
Pierre Vallet, engraving, Le jardin
du roy très chrestien Loys XIIII,
folio 33
*Hunt Institute for Botanical
Documentation, Carnegie Mellon
University, Pittsburgh, Penn.*

Ill. 76 *Leucojum*
Gravure uit: Johann Theodor de
Bry, *Florilegium novum [...]*
Hunt Institute for Botanical
Documentation, Carnegie
Mellon University, Pittsburgh
(Pennsylvania)

Ill. 76 **Snowflakes**
Johann Theodor de Bry, engraving,
Florilegium novum, *n.p.*
*Hunt Institute for Botanical
Documentation, Carnegie Mellon
University, Pittsburgh, Penn.*

cultuur gebracht.[57] Ooit werd van de bollen een geneeskrachtige zalf gemaakt.

De bloem wordt in het Oude Testament, in het Hooglied, meermalen genoemd: 'Als een lelie tussen de doornen, is mijn liefste onder de meisjes' (2:2), en: 'Mijn beminde is naar zijn lusthof gegaan, naar de balsembedden, om in de lusthof te weiden en lelies te plukken. Maar mijn beminde blijft mijn, en ik van hem; hij is het, die in de leliën weidt.' (6:2, 3) De vele afbeeldingen op tegels in aanmerking genomen moet deze algemene bloem de tegelschilders bijzonder hebben aangesproken. In het echt is zij licht tot donker paars, maar vaak kreeg zij op tegels de kleuren die voorhanden waren, zoals geel of oranje.[58] Lelies op tegels waren vaak kopieën van het werk van Crispijn vanden Passe, die in zijn *Hortus floridus* van *Lilium montanum* of 'berglelie' spreekt (ill. 77).[59] Op zijn beurt had Vanden Passe de bloemen van Konrad Gesner overgenomen. Vergelijkbare afbeeldingen van lelies vinden we ook in de kruid- en modelboeken van Matthias Lobelius (ill. 78), Johann Theodor de Bry en Emanuel Sweerts die het werk van De Bry in spiegelbeeld had gekopieerd, terwijl De Bry zijn

"mountain lily" (ill. 77);[59] Vanden Passe had copied the flowers after Konrad Gesner. Similar renditions of lilies are in the herbals and books of patterns by Matthias Lobelius (ill. 78), Johann Theodor de Bry, and Emanuel Sweerts, who copied De Bry in reverse, and who, in turn, had modified and copied Pierre Vallet in reverse.[60]

The name Turk's-cap lily may refer to its alleged country of origin or to the form of Turkish headgear – because the plant shows bell-shaped blossoms whose petals curve back in a wide arc, almost a circle, to expose the stamen. The leaves are elliptical and lancet-shaped, whereas the nodding flowers grow in racemes, or clusters, produced in tiers along stems that reach as high as six feet.

The flower stalk and leaves on pl. 53 rise straight from a small mound of earth; all are painted a delicate yellow-green over blue-green. The orange stamens hang down from the blue-and-white lily, whose turned-back petals give it a globular shape. The tile decorator must have tried to copy the lily and its foliage in Adriaen Collaert's *Florilegium* (c. 1590; ill. 79), although the

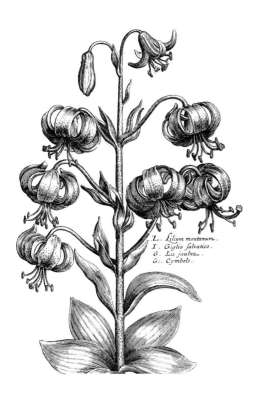

Beschrijuinghe van allerley wilde Lelien/

Hemerocallis oft wilde Lelien van Caluarien/ van Constantinoplen met vele bloemen . Hemerocallis Chalcedonica purpuro-sanguinea polyanthos.

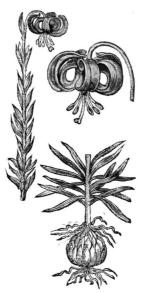

Andere Hemerocallis ofte wilde Lelie van Constantinoplen.

Ill. 77 **Berglelie**
Gravure uit: Crispijn vanden Passe, *Hortus floridus*, 'Zomer', folio 8
Rijksmuseum-Stichting, Amsterdam; bruikleen KOG

Ill. 77 **Mountain Lily**
Crispijn vanden Passe, engraving, Hortus floridus, "Summer," folio 8 Rijksmuseum-Stichting, Amsterdam, loan KOG

Ill. 78 **Wilde lelies**
Houtsnede uit: Matthias Lobelius, *Plantarum seu Stirpium Icones*, folio 208
Museum Plantin-Moretus, Antwerpen

Ill. 78 **Wild Lilies**
Matthias Lobelius, woodcut, Plantarum seu Stirpium Icones, folio 208 Museum Plantin-Moretus, Antwerp

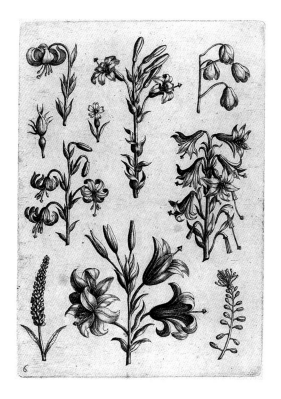

illustraties weer in spiegelbeeld en in vereenvoudigde vorm van Pierre Vallet had overgenomen.[60]

Mogelijk dankt deze bloem haar Nederlandse en Engelse benaming (Turkse lelie en 'Turk's-cap lily') aan de streek waar zij vandaan komt; 'Turk's-cap lily' zou echter ook op haar gelijkenis met het Turkse hoofddeksel kunnen slaan. De plant heeft klokvormige bloemen met ver, bijna cirkelvormig omgeslagen bloembladen waardoor de meeldraden zichtbaar worden. De bladeren zijn elliptisch en lancetvormig, terwijl de knikkende bloemen laagsgewijs in trossen aan de soms tot twee meter hoge stengel hangen.

Aan een hoopje aarde ontspruit op pl. 53 een kaarsrechte plant waarvan de stengel en de bladeren in fijne tinten geelblauw en blauwgroen zijn uitgevoerd. Uit de blauw met witte lelie, die met haar teruggeslagen bloembladen iets van een bol heeft, komen oranje meeldraden te voorschijn. Ofschoon de tegelschilder zich van ongebruikelijke kleuren heeft bediend, zal hij de lelie met blad en al uit het *Florilegium* van Adriaen Collaert (ill. 79) hebben gekopieerd. De blauw met witte

tile's coloration is a bit unusual. The blue-and-white corner decorations, with vine leaves sprouting spiraling tendrils, are precisely executed.

Each flowering stalk in pl. 54 rises tall and straight, and is shown with identical foliage. The same *spons* was used for each of these tiles and also for the one on pl. 53, although the resulting picture differs. Pl. 53 is executed in delicate colors and precisely delineated, but those three tiles are painted in strong colors and are hazy from overfiring in the kiln. Today, such tiles would be classified as seconds. Seventeenth century workshops operated by different standards, however, trying to sell as many tiles as they could, for much of the finished product had to be discarded because of misfiring. The stamens and stigma are, as in nature, yellow or orange, although each of the lilies is colored differently: one is orange, one is blue, one is purple (pl. 54).

In pl. 55 a blue stem topped by a nodding brown Turk's-cap lily rises from a blue bulb resting on the deep-blue soil. The lily is set in a landscape of the so-called Rotterdam type. The

Pl. 54 **Turkse lelies**
1625–1650; gekleurd
Hoeken: blauwe Franse lelies met een kandelaber

Pl. 54 **Turk's-cap Lilies**
1625–50; Polychrome
Corners: Blue-and-white fleur-de-lis bounded laterally by a baluster

Pl. 55 **Turkse lelie in een landschap**
Rotterdam (?)
1610–1630; gekleurd
Doorlopend patroon

Pl. 55 **Turk's-cap Lily in a Landscape**
Probably made in Rotterdam
1610–30; Polychrome
Continuous pattern

Pl. 56 **Martagon-achtige lelies**
1625–1650; gekleurd
Hoeken: blauw met witte Franse lelies; twee hoeken zijn gerestaureerd

Pl. 56 **Martagon-type Lilies**
1625–50; Polychrome
Corners: Barred blue-and-white fleur-de-lis; two corners have been restored

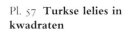

Pl. 57 **Turkse lelies in kwadraten**
1640–1660; gekleurd
Hoeken: blauwe variant van de Franse-lelieachtige ornamenten

Pl. 57 **Turk's-cap Lilies in Diamonds**
1640–60; Polychrome
Corners: Barred blue fleur-de-lis derivatives

hoekmotieven, wingerdbladeren met ranken, zijn met grote precisie uitgevoerd.

De lelies op pl. 54 hebben rijzige stengels en identieke bladeren. Ze komen van één spons, en dat geldt ook voor de lelie op pl. 53. Het contrast zit in de uitwerking, in de fijne tinten en zorgvuldige belijning van de tegel van pl. 53, tegenover de sprekende kleuren en de wazigheid door oververhitting van de tegels op pl. 54. Tegenwoordig zouden exemplaren met uitgelopen decoraties als tweede soort worden gekwalificeerd, maar in de zeventiende eeuw golden deze normen nog niet; er moest zoveel mogelijk verkocht worden, omdat het aantal misbaksels al zeer hoog was. Alle lelies op pl. 54 hebben natuurgetrouwe gele of oranje meeldraden en stampers, maar voor het overige zijn hun kleuren verschillend: de linker is oranje, de middelste is blauw en de rechter is paars.

Op het diepblauwe grondje van de tegel op pl. 55 ligt een blauwe bol waaruit een blauwe stengel groeit met aan de top een knikkende bruine Turkse lelie. De bloem staat in een landschap van het zogeheten Rotterdamse type. Gelet op de compositie en de sprekende kleuren die het hele oppervlak bestrijken, behoort dit gehavende exemplaar tot een type tegels dat tussen 1610 en 1630 in Rotterdam is vervaardigd. De compositie bestaat uit donkerblauw gestreepte concentrische ringen; in een rij gezet, bijvoorbeeld als plint, vormen deze tegels een doorlopend geheel.

Ook al komen gele bladeren, zoals die van de plant op pl. 56, niet voor in de leliefamilie, de stengel die twee bloemen draagt, vertoont een duidelijke gelijkenis met de martagon-achtige lelie zoals die in de natuur te zien is. Kenmerkend zijn de oranje meeldraden, die onder de teruggeslagen gele en oranjebruine bloembladen uitkomen.

Oranje of gele bollen rusten op de tegels van pl. 57 boven op groene grondjes, en aan de kaarsrechte blauwe stengels groeien bruin met blauwe lelies. Twee lelies laten het kopje hangen, op de tegel onderaan rechts; de andere kijken, omwille van de symmetrie met het grondje, omhoog. De kracht van het ontwerp schuilt in het wuivende en zodanig gespreide blad dat het hele kwadraat is gevuld. Opmerkelijk zijn de meeldraden,

composition consists of concentric rings with dark-blue striations that form a continuous band when a number of tiles are conjoined in a row to form a baseboard.
This example is no longer in the best condition, but the composition and the strong colors, which cover the entire surface, point to a tile that was made in Rotterdam between 1610 and 1630.

Although the leaves with yellow highlights seen on pl. 56 do not belong to those of the lily family, the stalk bearing twin flowers does resemble the martagon-type lily as seen in nature. The orange-colored stamens, shown below the upward-curving yellow and burnt-orange petals, are common to the species.

On pl. 57 either an orange or a yellow bulb rests on top of the green turf, from which rises a blue stem topped by a brown-and-blue lily. This group contains two nodding blossoms; the others face upward, in perfect symmetry with the turf at the bottom of the diamond frame. Waving leaves spread out to cover the entire surface, resulting in a strong design. The truly striking parts are the extra stamens that appear on top of the lilies rather than drooping underneath the flower head, and the blossoms that are inverted to conform to the shape of the framing.

Morus nigra (Mulberry, Black or Common)
MORACEAE (Mulberry Family)

In antiquity, the mulberry was considered a symbol of wisdom: as the last plant to bloom in the spring, it waited for the winter chill to pass completely so that it ran no risks of freezing. The plant, therefore, became the attribute of Minerva, the goddess of wisdom.[61]
At first, the plant on the polychrome tile of pl. 58 seemed to be a strawberry (see pl. 33). The bright orange fruit shown in full profile, however, has an oblong rather than roundish shape and is sprouting well-defined hairs. Furthermore, the incised foliage is quite different from the three-lobed leaves of the strawberry plant, while the brilliantly colored blue flower shows six points, which do not belong to the strawberry flower. Taken together, this suggests that the fruit is of the oval, succulent, black mulberry, even though in nature mulberry flowers are so inconspicuous as to be almost invisible, and mulberry leaves are

Pl. 58 **Moerbei in een cirkel**
1635–1660; gekleurd
Hoeken: blauwe ossekop

Pl. 58 **Mulberry in a Roundel**
1635–60; Polychrome
Corners: Blue-and-white barred ox-head

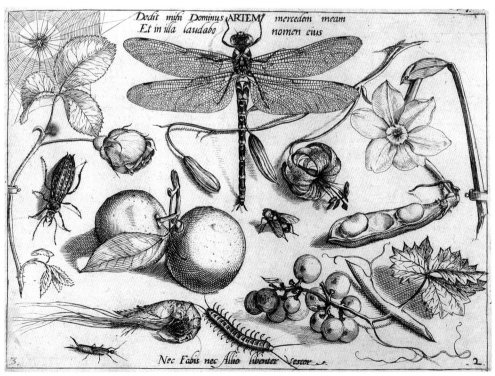

Ill. 80 **Dedit mihi Dominus
Artem mercedem meam…**
Gravure (naar een tekening van
Joris Hoefnagel) uit: Jacob
Hoefnagel, *Archetypa studiaque
[…]*, dl. 2, pl. 3
Philadelphia Museum of Art;
geschenk van James en
Florence Tanis

Ill. 80 **Dedit mihi Dominus
Artem mercedem meam…**
*Jacob Hoefnagel, engraving after
drawing by Joris Hoefnagel,*
Archetypa studiaque, *part 2,
folio 3*
*Philadelphia Museum of Art, Gift
of James and Florence Tanis*

die niet onder maar boven de lelies uitsteken, en de omgekeerde bloemen die zich naar de vorm van de omlijsting voegen.

Morus nigra (zwarte moerbei)
MORACEAE (moerbeifamilie)

In de oudheid gold de moerbei als de laatste voorjaarsbloeier, een plant die geen risico's nam en wachtte tot er geen vorst meer te duchten viel. Om die reden was zij een symbool van wijsheid, alsmede een attribuut van Minerva, de godin van de wijsheid.[61]
In eerste instantie heeft de plant op de veelkleurige tegel van pl. 58 misschien iets van een aardbei (zie pl. 33), maar bij nader inzien is de hier van opzij afgebeelde, helder oranje vrucht toch eerder ovaal dan rond en tevens onmiskenbaar behaard. Voorts bestaat er een duidelijk verschil tussen het ingesneden blad op de tegel en het drielobbige van de aardbeiplant en komen de zes uitsteeksels van de fraai geschilderde blauwe bloem bij aardbeibloemen eenvoudig niet voor. Al met al zal deze vrucht dus wel de ovale, sappige, zwarte moerbei moeten voorstellen, ook al zijn moerbeibloemetjes in het echt zo onopvallend dat ze haast onzichtbaar lijken en zijn de bladeren, anders dan op deze tegel, hartvormig.

Narcissus spec. (narcis)
AMARYLLIDACEAE (narcissenfamilie)

De narcis ontleent haar naam aan Narcissus, de mooie jongeling uit de Griekse mythologie.[62] Hij werd bemind door de nimf Echo, maar versmaadde haar; voor straf werd hij verliefd op zijn eigen spiegelbeeld in het water en verlangen verteerde hem. Uit medelijden veranderden de goden hem in de bloem die zijn naam draagt en altijd haar hoofd laat hangen.
Duizenden vormen van deze van oorsprong mediterrane bloem uit het geslacht *Narcissus* kwamen al vóór de vijftiende eeuw in Spanje, Zuid-Frankrijk en Italië voor. Zij werden, als vele andere bolgewassen, sinds het midden van de zestiende eeuw ook in noordelijker tuinen in cultuur gebracht. In zijn *Archetypa studiaque* naar Joris Hoefnagel toont Jacob Hoefnagel een narcis die, naar de gewoonte van die tijd, door een ring overeind wordt gehouden (ill. 80).

heart-shaped rather than of the type seen here.

Narcissus spec. (Daffodil or Narcissus)
AMARYLLIDACEAE (Narcissus Family)

The narcissus received its name from Narcissus, a beautiful youth in Greek mythology[62] who was loved by the nymph Echo. When he rejected her, she doomed him to fall in love with his own reflection in a pool. To punish him for his vanity, the gods changed him into the flower that bears his name, and is forever hanging its head.
The genus *narcissus* includes daffodils. A Mediterranean flower, many thousands of daffodil forms, grew well before the fifteenth century in Spain, the south of France, and Italy. Like so many other bulbs, they were imported into European gardens in the middle of the sixteenth century. In *Archetypa studiaque* (1592), Jacob Hoefnagel after Joris Hoefnagel depicts a narcissus that is held upright by the ring that was customary at the time (ill. 80).

The six petals of the nodding flower on pl. 59 are delicately painted, alternately, pale green and yellow with brown stripes, rather than the all white or all yellow that occurs in nature. In their center is a brown-and-white trumpet. The erect stem, surrounded by pale-green oblong leaves, grows upward from a grass-covered ground and ends at the top in a green cup, or corona.

The nodding daffodil on pl. 60, with its yellow center, shows seven somewhat pointed brown-and-white petals instead of the six that are the norm for the narcissus. The solitary flower, hanging from an erect stem, shows the oblong cup, or corona. The foliage, however, resembles the leaves of a ranunculus or anemone rather than a daffodil.

Could the flower on pl. 61, which so proudly displays its head atop a stiff, blue stem, represent a trumpet narcissus? It is not nodding as in nature but seen full-faced, amid wholly imaginary burnt-orange and pale-green foliage. The delicacy of the plant contrasts with the robustness of the framing elements that fairly fill the spaces between volutes.

Pl. 59 **Narcis in een cirkel**
1635–1660; gekleurd
Hoeken: blauwe ossekop

Pl. 59 **Daffodil in a Roundel**
1635–60; Polychrome
Corners: Barred blue-and-white ox-head

Pl. 60 **Narcis**
1635–1670; gekleurd
Hoeken: kleine blauwe ossekop

Pl. 60 **Daffodil**
1635–70; Polychrome
Corners: Small blue-and-white ox-head

Pl. 61 **Narcis in een ovaal**
1625–1650; gekleurd
Hoeken: blauwe, uit een grotere volute komende kruisvormige ornamenten, met donkerblauwe, bladachtige ornamenten aan weerszijden

Pl. 61 **Daffodil in an Oval**
1625–50; Polychrome
Corners: Blue cruciforms rising from a larger volute, flanked by dark-blue, leafy fronds

De fijngevoelig geschilderde bloembladen van de knikkende bloem op pl. 59, zes in totaal, zijn afwisselend zachtgroen en geel met bruine strepen, anders dan in de natuur, waar ze helemaal wit of geel zijn. Een bruin-witte trompet vormt het middelpunt. De recht overeind staande stengel met haar zachtgroene smalle bladeren wortelt in een met gras begroeid grondje en eindigt aan de top in een groene kelk.

De knikkende narcis op pl. 60 met haar gele hart heeft zeven enigszins puntige bruin met witte bloembladen, terwijl narcissen er altijd zes hebben. Bij deze bloem is de langwerpige kelk zichtbaar. De stengel is recht, maar het blad lijkt meer op dat van een ranunculus of anemoon dan op dat van een narcis.

Zou de plant op pl. 61, met haar stijve blauwe stengel en fier overeind staand kopje, een trompetnarcis zijn? We zien de bloem, die in de natuur omlaaghangt, hier en face, terwijl het oranjebruine en lichtgroene blad op fantasie berust. De bevalligheid van het plantje contrasteert met de aangedikte omlijsting die de ruimten tussen de voluten volledig opvult.

Een narcis en profile en een van voren zijn door Crispijn vanden Passe in zijn *Hortus floridus* op plaat 8 afgebeeld (ill. 82).

Paeonia spec. (pioen)
PAEONIACEAE (pioenfamilie)

De pioen, al sedert de oudheid in zowel China als Griekenland bekend, ontleent haar naam (*paionia* = geneeskrachtig) aan Paeon of Paioon, in de Griekse mythologie de heelmeester der goden. Terwijl pioenen in het verleden vanwege hun geneeskrachtige eigenschappen werden gecultiveerd, zijn ze nu vanwege hun fraaie bloemen in trek. De pioen is in Zuid-Europa, maar ook in China en in het noordwesten van de Verenigde Staten een inheemse plant.

Ofschoon de bloem op de tegel van pl. 62 wel enige gelijkenis vertoont met een anemoon, *Anemone coronaria*, heeft zij meer weg van de *Paeonia Bizanthina Maior* die door Basil Besler in zijn *Hortus Eystettensis* is opgenomen (ill. 81).
Hier is deze opvallende bloem als het ware recht van boven geportretteerd, met brede blauw met witte bloembladen

A daffodil in profile and another fullface are depicted by Crispijn vanden Passe in *Hortus floridus*, on plate 8 (ill. 82).

Paeonia spec. (Peony)
PAEONIACEAE (Peony Family)

Known since ancient times in both China and Greece, the peony is named for Paeon, physician of the gods in Greek mythology (*paionia* means "therapeutic"). Peonies were once cultivated for their medicinal properties; now, they are grown for their attractive and striking flowers. The peony is a native of southern Europe as well as China and the northwestern United States.

Although some think that the flower on the tile of pl. 62 resembles a poppy anemone (*Anemone coronaria*), it seems to resemble more strongly the *Paeonia Bizanthina Maior*, depicted by Basil Besler in *Hortus Eystettensis* (1613, reprinted in 1713; ill. 81). Here, this showy flower – which is seen from above, as if the viewer were leaning over the bloom – is pictured with large blue-and-white petals encircling a burnt-orange disk formed by numerous pistils. Four of the five sepals are clearly delineated below the blossoms; the fifth might be hiding behind the peony's stem. It is rare for the foliage to be depicted so peculiarly on a tile; in nature, no plants grow leaves that end in such sharp points. Yet, for all their exuberance, they do conform to the shape of the flower and the frame. The leaves are bluish green, with a blue outline and blue vein, and sprout from a bluish-green tuft, with blue blades of grass.

Rosa spec. (Rose)
ROSACEAE (Rose Family)

"The rose has for all ages been the favourite flower, and as such it has a place in general literature that no other plant can rival. In most cases the rose of the poets and the rose of the botanist are one and the same in kind, but popular usage has attached the name rose to a variety of plants whose kinship to the true plant no botanist would for a moment admit."[63]
Roses, which are native only to the northern hemisphere, are mentioned by Plutarch, Pliny, the Bible, and, of course, Shakespeare. Its beauty and fragrance, from antiquity to the

Ill. 81 **Pioenen**
Gravure uit: Basil Besler, *Hortus Eystettensis [...], Collectarum plantarum vernalium*, 'Voorjaar', folio 14. Hunt Institute for Botanical Doc., Carnegie Mellon Univ., Pittsburgh (Penn.)

Ill. 81 **Peonies**
Basil Besler, engraving, Hortus Eystettensis, Collectarum plantarum vernalium, *"Spring," folio 14. Hunt Institute for Botanical Documentation, Carnegie Mellon University, Pittsburgh, Penn.*

Pl. 62 **Pioen in een geschulpte omlijsting**
1625–1640; gekleurd
Hoeken: diepblauw meandermotief

Pl. *62* **Peony in a Scalloped Roundel**
1625–40; Polychrome
Corners: Deep-blue mock-fret

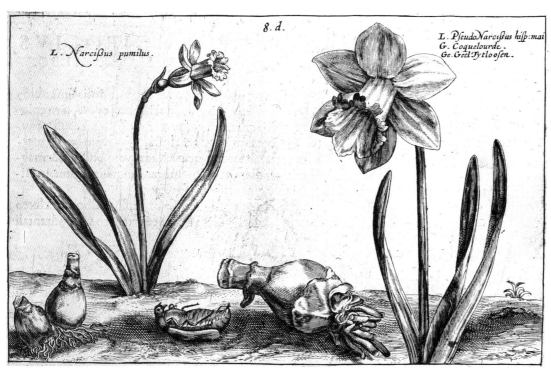

Ill. 82 **Narcis**
Gravure uit: Crispijn vanden Passe, *Hortus floridus*, folio 8
The New York Public Library, collectie Spencer, New York

Ill. 82 **Daffodil**
Crispijn vanden Passe, engraving, Hortus floridus, *folio 8*
Spencer Collection, New York Public Library, New York City

rondom een oranjebruine schijf die uit een grote hoeveelheid stampers bestaat. Onder de bloem zijn vier van de vijf kelkbladen zichtbaar (wellicht gaat nummer vijf schuil achter de stengel). Het gebeurt maar zelden dat planten op tegels zo'n eigenaardig blad vertonen; in de natuur bestaan zulke lange bladeren met scherpe punten niet. Maar al zijn ze nog zo buitenissig, ze passen aardig bij de vormen van de bloem en de omlijsting. De bladeren zijn blauwachtig groen, hebben blauwe contouren en een blauwe nerf, en ontspruiten aan een blauwgroen grondje met blauwe grassprietjes.

Rosa spec. (roos)
ROSACEAE (rozenfamilie)

'Van alle bloemen is de roos, door de eeuwen heen, het meest geliefd geweest en als zodanig bekleedt zij een plaats in de literatuur die geen plant haar kan betwisten. Meestal komen de roos van de dichter en de roos van de botanicus wel uit dezelfde familie, maar daarnaast zijn er tal van planten die in de volksmond roos heten en die geen botanicus tot de Rosaceae zou willen rekenen.'[63]
Rozen, die alleen op het noordelijk halfrond inheems zijn, komen bij Plutarchus, bij Plinius, in de bijbel en natuurlijk ook bij Shakespeare voor. Vanwege haar schoonheid en haar geur geldt de roos al sinds de oudheid als een symbool van liefde; zij was in de kunst van de renaissance en ook nog daarna een attribuut van Venus. Een witte roos staat voor zuiverheid en een rode voor het bloed van martelaren. Op plekken waar het bloed van Franciscus van Assisi was neergedrupt zouden – zo wil de legende – rozen zijn opgebloeid. En toch heeft deze bloem een tweeslachtige natuur: 'geen roosje zonder doornen', luidt het Nederlandse gezegde.
Rozen zijn door kruisvaarders mee naar West-Europa genomen en werden later, ten tijde van de botanische renaissance in de eerste helft van de zestiende eeuw, uit het Verre Oosten gehaald. In de Nederlanden ontstond de liefde voor rozen tegen het einde van de zestiende eeuw. De eerste Westeuropese exemplaren waren afstammelingen van de in Midden- en Zuid-Europa inheemse *Rosa gallica*. Een vroege, ook in bloemstillevens afgebeelde vorm is de koolroos of *Rosa centifolia*, de 'honderdbladige roos', afkomstig uit de Kaukasus. In India en het Balkangebied wordt al sinds eeuwen de *Rosa damascena*

present, has made the rose a symbol of love. Sacred to Venus, it was her attribute in Renaissance as well as later art. A white rose symbolizes purity, a red one represents the blood of a martyr. Roses sprouted, it is said, where the drops of blood of Saint Francis of Assisi fell to earth. Yet, the flower has a dual nature. To cite a common Dutch proverb: "Every rose has its thorns." Roses were brought back to western Europe by the Crusaders, and later, during the botanical renaissance in the first half of the sixteenth century, they were brought from the Far East. In Holland, they became popular in the late sixteenth century. The older European roses originated from *Rosa gallica*, a native of central and southern Europe. Another older form, seen in paintings of floral still lifes, is the cabbage rose, or *Rosa centifolia*, the "hundred-leaf rose," a native of the Caucasus. For centuries, *Rosa damascena* has been grown in India and the Balkans, to use in making attar of roses and rosewater, which the ancient healers believed could cure a wide variety of afflictions. Roses appear, in garlands and bouquets, in almost every seventeenth-century flower painting.[64]
Rosa alba and *foetida* and *centifolia* were developed in Holland throughout the sixteenth century and thereafter. At present, nearly two billion large and small roses leave Dutch greenhouses every year for export to many countries on several continents.

The tiles of pl. 63 and 64 both depict a double rose with broad, roundish petals. The blossom on pl. 63 is clearly connected to the calyx by narrow claws. Although this is one of the few tiles in which the flower is colored blue instead of polychrome, the strong flower, showing an elegantly curving stem with prickles and characteristic foliage, is unmistakenly a rose. It bears a close resemblance to one in Adriaen Collaert's *Florilegium* (c. 1590; ill. 83, lower right). This is a case in which the draftsman who prepared the *spons* for the tile decoration extrapolated from the print only the small part he needed.

Pl. 64 also shows a full view of a double rose. Rose leaves, which are usually alternate and rarely opposite, here grow symmetrically along the curving stem. Jacob Hoefnagel after Joris Hoefnagel, in *Archetypa studiaque* (1592), shows a similar rose, held up by the usual ring (ill. 46, far right). A number of caterpillars are climbing on Hoefnagel's rose, and at least three of them are eating away at the plant. Somewhat closer to the rose

Pl. 63 **Roos**
1640–1670; blauw en wit
Hoeken: blauwe ossekop

Pl. 63 **Rose**
1640–70; Blue-and-white
Corners: Small blue-and-white ox-head

Pl. 64 **Roos**
1625–1650; gekleurd
Hoeken: grote, blauwe Franse lelies met een oranjebruine hoek

Pl. 64 **Rose**
1625–50; Polychrome
Corners: Large blue-and-white fleur-de-lis springing from a burnt-orange base

geteeld; met hieruit verkregen extracten als rozenolie en
rozenwater meende men vroeger allerlei kwalen te kunnen
genezen. Rozen komen, in guirlandes en boeketten, op vrijwel
alle zeventiende-eeuwse bloemstillevens voor.[64]
Met de *Rosa alba, foetida* en *centifolia* is de Hollandse rozenteelt in
de zestiende eeuw op gang gekomen. Tegenwoordig produceren
de Nederlandse kwekers jaarlijks bijna twee biljoen dubbele en
enkele rozen, ook ten behoeve van de export naar allerlei landen
in verschillende werelddelen.

De tegels op pl. 63 en 64 vertonen beide een afbeelding van een
dubbele roos met brede, ronde bloembladen. De bloem op pl.
63 is door middel van smalle nagels duidelijk met de kelk
verbonden. Ofschoon de kleur geen houvast biedt – dit is een
van de weinige blauwe, en niet veelkleurige bloemtegels – moet
deze kloeke bloem met haar sierlijk gebogen, doornige stengel
en karakteristieke bladeren in elk geval een roos voorstellen. Ze
vertoont een grote gelijkenis met een roos in het *Florilegium* van
Adriaen Collaert (ill. 83, rechtsonder), hetgeen maar weer
bewijst hoe een tekenaar voor het maken van een spons soms
aan een detail voldoende had.

Ook de tegel op pl. 64 vertoont een dubbele roos. Ofschoon de
bladstand van de roos gewoonlijk verspreid is, groeien de
blaadjes hier twee aan twee op dezelfde hoogte aan de gebogen
stengel. In zijn *Archetypa studiaque* naar Joris Hoefnagel toont
Jacob Hoefnagel een soortgelijke, door de gebruikelijke ring
overeind gehouden roos (ill. 46, uiterst rechts). De roos van
Hoefnagel zit onder de rupsen en wordt door zeker drie daarvan
ook aangevreten. Van een grotere verwantschap met de roos op
de tegel getuigt een illustratie uit Crispijn vanden Passes *Hortus
floridus* ('Zomer', folio 12, rechts), met als bijschrift: 'Onder alle
bloemen bekleedt de roos gemakkelijk de eerste plaats; en in alle
soorten guirlandes is zij van onschatbare waarde. Zij is het,
daarenboven, die in verzen van dichters het meest bezongen
wordt en die met de hemelse geur van haar bloesem ook in onze
dagen in tal van bekoorlijke geschriften lijkt door te werken.'[65]

Tulipa gesneriana (tulp)
LILIACEAE (leliefamilie)

Een bij uitstek Hollandse bloem als de tulp, die in de toeristische

on this tile is one illustrated in Crispijn vanden Passe's *Hortus
floridus* (1614–17; "Summer," folio 12, right). He writes:
"Among all flowers the Rose easily holds first place; and its use
in all manner of garlands is almost beyond measure. Moreover, it
is the most sung of in poets' verses, and blossoming seems to
spread its immortal fragrance throughout so many graceful
writings today."[65]

Tulipa gesneriana (Tulip)
LILIACEAE (Lily Family)

The tulip, this preeminently Dutch flower that appears on travel
posters as *the* symbol of Holland, is not a native at all; it was
introduced into the low countries in the sixteenth century from
Persia via Turkey and Vienna. Ogier Ghislain de Busbecq, who
was born in Flanders, served as the ambassador of the Holy
Roman Emperor Ferdinand I to the court of Sultan Süleyman I,
in Constantinople, from 1554 to 1562.[66] He admired the many
colorful tulips in the Turkish gardens, as well as other flowers
still unknown in western Europe. De Busbecq, one of the few

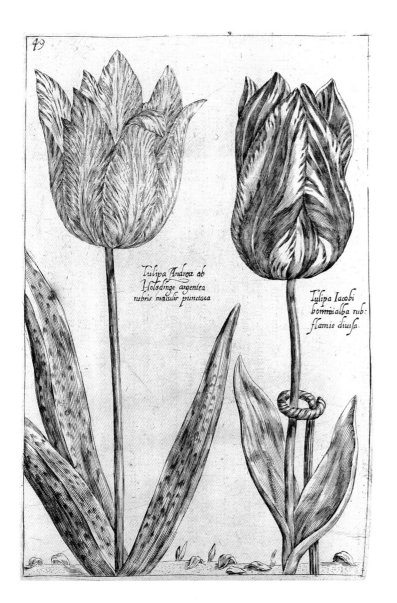

Ill. 84 **Tulpen**
Gravure uit: Crispijn vanden
Passe, *Hortus floridus*, 'Voorjaar',
folio 49
Rijksmuseum-Stichting,
Amsterdam

Ill. 84 **Tulips**
Crispijn vanden Passe, engraving,
Hortus floridus, *"Spring," folio 49*
Rijksmuseum-Stichting, Amsterdam

Ill. 85 **Portret van Carolus
Clusius**
Jacob de Gheyn II (Vlaming,
1565–1629)
Gravure in: Carolus Clusius,
Rariorum plantarum historia
Philadelphia Museum of Art,
collectie Charles M. Lea

Ill. 85 **Portrait of Carolus
Clusius**
*Jacques de Gheyn II (Flemish,
1565–1629)*
Carolus Clusius, engraving,
Rariorum plantarum historia
*Philadelphia Museum of Art, The
Charles M. Lea Collection*

sector zelfs als symbool van Nederland fungeert, is niet inheems; pas in de zestiende eeuw is zij vanuit Perzië via Turkije en Wenen in de Lage Landen terechtgekomen. Haar opmars is door de in Vlaanderen geboren Ogier Ghislain de Busbecq in gang gezet. Deze diplomaat met zijn uitzonderlijke belangstelling voor plantkunde verbleef van 1554 tot 1562 in Constantinopel, waar hij aan het hof van sultan Süleyman I de keizer van het Heilige Roomse Rijk vertegenwoordigde.[66] Tot zijn vreugde ontdekte hij in Turkse tuinen allerlei in West-Europa nog onbekende bloemen, en met name tulpen. Tussen 1555 en 1560 zond hij tulpebollen en -zaden naar het Westen.

Omstreeks 1559 zag Konrad Gesner in een tuin in Augsburg voor het eerst een bloeiende tulp, en vervolgens was hij de eerste die er in 1561, in de door hem verzorgde uitgave van de *Annotationes in Pedacii Dioscoridis Anaz[arbei] de materia medica libros V* van zijn overleden vriend Valerius Cordus, een afbeelding van publiceerde.[67] Sindsdien heeft de tulp de botanische wereld geïntrigeerd. De Vlaamse geneesheer en botanicus Carolus Clusius, van 1573 tot 1584 prefect van de keizerlijke medicinale kruidentuinen in Wenen en later, in Leiden, van de Hortus Botanicus, was de eerste die zich met het kweken van tulpen in de Lage Landen heeft beziggehouden. Clusius stond aan de wieg van de Nederlandse tulpenhandel omdat hij bevriende botanici van bollen en zaden heeft voorzien. In merendeels bij Plantijn in Antwerpen verschenen botanische werken die gebruik maken van dezelfde platen is de tulp vanaf 1556 in gloedvolle bewoordingen beschreven.[68] Van Clusius bestaat een portret (ill. 85) van de hand van zijn vriend Jacob de Gheyn II; in de bovenhoeken heeft de kunstenaar, zoals hij dat ook bij composities met bloemen deed, een paar tulpen afgebeeld. Van De Gheyn zijn tevens verschillende versies van een vaas met enkele gebogen tulpen bekend.

In de zestiende eeuw stonden tulpen niet, zoals nu, in groten getale bijeen in perken of in onafzienbare velden. Integendeel, in kleine bloembedden werden unieke exemplaren uitgezet. Elke bloem werd door een met raffia omwonden ring aan een houten stok overeind gehouden (ill. 7 en 84). Voor rijke burgers en aristocraten was het kweken van tulpen, met behulp van tuinlieden, een geliefde bezigheid; de bloemen werden onderling besproken en uitgewisseld. Trotse eigenaars lieten zeldzame bloemen portretteren en zonden elkaar de afbeeldingen toe.

contemporary diplomats interested in botany, sent tulip bulbs and seeds to the West in the mid-1550s.

Konrad Gesner saw his first blooming tulip in Augsburg in c. 1559. The first illustration of a tulip appeared, in 1561, in Gesner's publication of his deceased friend Valerius Cordus's *Annotationes in Pedacii Dioscoridis Anaz[arbei] de materia medica libros V*[67] From then on, botanists were intrigued by the tulip. Carolus Clusius, the Flemish physician and botanist, was the prefect of the imperial medicinal herb gardens in Vienna from 1573 to 1584 and later held a similar position in the Hortus Botanicus, in Leiden. He became the first botanist to grow the tulip in the north. Clusius initiated the tulip industry in Holland by making gifts of bulbs and seeds to his network of botanists. Clusius's colleagues described the flower in glowing terms. Almost all their works, using the same plates, were published by the House of Plantin, in Antwerp, after 1556.[68] Jacques de Gheyn II, who was Clusius's friend and painted his portrait (ill. 85), featured tulips in the portrait's upper corner, which is characteristic of the composition of his flower pieces. He also painted several versions of a vase with a few tulips and curving stems.

In the sixteenth century, tulips were not planted in dense groups in flower beds or large fields as they are today; a few bulbs were cultivated in a small bed. Each flower was held upright by a ring tied to a wooden stick and wound by raffia, in order to keep the precious stalk erect without damage (ill. 7, 84). They were cultivated with the assistance of gardeners employed by wealthy burghers and aristocrats, who enjoyed discussing and trading their flowers. Thrilled owners commissioned and then sent one another paintings of a rare bloom, just as modern gardeners might exchange photographs.

In the sixteenth and seventeenth centuries, botanists assumed the tulip was native to Turkey, because the Turks had cultivated tulips in a variety of colors since the Middle Ages.[69] In fact, the tulip probably originated in central Asia, before it traveled to the Ottoman Empire via the trade routes.[70]

The tulip is a reminder of the exceptional fascination with the exotic during the seventeenth century, and explains, in part, the enormous prices once paid for rare varieties of bulbs during the "tulipomania." This lasted only a few years, though, from 1633/34 to 1637, when the market collapsed.[71] An exaggerated form of gambling, the obsession had little to do with the serious

Tulipa purpurea calice pallescente.

Tulipa ex pallido tota virescens.

Tulipa Helias et Tulip: luteaelatae pallescentibus lituns per apices roseis flammiformib:

Tulipa niuei colorisoris rubeo purpurascen

Tulipa floribz flexis inferi: miniatis, exterius herbaceis magine excimabini vu

Ill. 86 **Tulpen**
Gekleurde gravure uit: Basil Besler, *Hortus Eystettensis [...],* *Collectarum plantarum vernalium,* 'Voorjaar', folio 7
Philadelphia Museum of Art; aankoop Thomas Skelton Harrison Fund

Ill. 86 **Tulips**
Basil Besler, engraving, Hortus Eystettensis, Collectarum plantarum vernalium, *"Spring,"* *folio 7*
Philadelphia Museum of Art; *Purchased: Thomas Skelton Harrison* *Fund*

Tulipa flore vario.

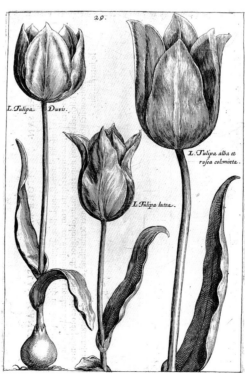

29.

L. Tulipa. Duris.

L. Tulipa alba et rosea col:mixta.

L. Tulipa lutea.

Ill. 87 (uiterst links) **Tulpen**
Gravure uit: Johann Theodor de Bry, *Florilegium novum [...],* folio 12
Rijksmuseum-Stichting, Amsterdam

Ill. 87 (far left) **Tulips**
Johann Theodor de Bry, engraving, Florilegium novum, *folio 12* *Rijksmuseum-Stichting, Amsterdam*

Ill. 88 **Tulpen**
Gravure uit: Crispijn vanden Passe, *Hortus floridus,* 'Voorjaar', folio 29
Rijksmuseum-Stichting, Amsterdam; bruikleen KOG

Ill. 88 **Tulips**
Crispijn vanden Passe, engraving, Hortus floridus, *"Spring," folio 29* *Rijksmuseum-Stichting, Amsterdam,* *loan KOG*

Plantkundigen verkeerden in de zestiende en zeventiende eeuw in de veronderstelling dat de tulp oorspronkelijk uit Turkije kwam, omdat zij daar in allerlei kleuren al sinds de middeleeuwen werd gekweekt.[69] Naar alle waarschijnlijkheid ligt haar oorsprong echter in Midden-Azië en is zij via de handelsroutes in het Osmaanse rijk terechtgekomen.[70] Tulpen herinneren ons aan een zeventiende-eeuws verschijnsel als de passie voor het exotische, een passie die er mede toe heeft geleid dat voor zeldzame bollen krankzinnige prijzen werden betaald. Deze 'tulpomanie' duurde slechts enkele jaren, van 1633/1634 tot 1637, en eindigde met het ineenstorten van de markt.[71] Eigenlijk was het een uit de hand gelopen vorm van speculeren, amper gerelateerd aan de serieuze bollenteelt. Het duurst waren 'gevlamde' of 'gebroken' exemplaren, tulpen met strepen of contrasterende kleuren die in feite door een toentertijd onbekend virus waren veroorzaakt. Voor zulke bloemen werden gigantische prijzen betaald: een koets of zelfs een huis werd voor een tulpebol in onderpand gegeven. De eens zo vermogende Jan van Goyen bijvoorbeeld had zich op het hoogtepunt van de rage zodanig in de schulden gestoken, dat de schilder er nooit meer bovenop is gekomen.[72] De tulpenhandel heeft de verschijning van honderden tulpenboeken met gedetailleerde tekeningen naar de natuur, in waterverf op papier of velijn, in de hand gewerkt. Deze platen ontstonden in opdracht van kwekers en kooplieden die hun bollen aan de man wilden brengen, of van particulieren die hun favoriete bloem vereeuwigd wilden zien. De meest bekende zijn die van Jacob Marrel (1613/1614–1681),[73] een tekening van Judith Leyster (1609–1660) en enkele tekeningen door Maria Sibylla Merian (1647–1717), een kleindochter van Johann Theodor de Bry en stiefdochter van Marrel.

Het is onwaarschijnlijk dat tulpenboeken als die van Jacob Marrel en anderen van invloed zijn geweest op de afbeeldingen van tulpen op tegels. De meeste tegels met tulpen dateren uit de jaren 1625 tot 1650. Pas in 1634 en later kwamen er tulpenboeken in omloop en eer er naar hun afbeeldingen op tegels vraag had kunnen ontstaan, was de belangstelling voor tulpen op tegels alweer getaand.

Anderzijds dateert het *Florilegium* van de kweker Emanuel Sweerts, een catalogus met een inleiding van keizer Rudolf II, al uit de jaren 1612–1614. De diversiteit van de tulp kwam in florilegia ruimschoots aan bod. Zo bevat de *Hortus Eystettensis*

cultivation of bulbs. The highest prices were paid for the "broken tulips" (gevlamde tulpen), which had stripes of contrasting colors that were caused by a virus, an unknown phenomenon at the time. Enormous sums changed hands for such flowers; a coach and even a house were pawned for a tulip bulb. Jan van Goyen, once a wealthy painter, never recovered from the debts he accumulated by speculating in tulips during the height of the folly.[72]

The tulip trade inspired hundreds of *tulpenboeken*, which consist of meticulous drawings of prized blooms painted from nature. Executed in watercolor on paper or vellum, the volumes were commissioned by growers and merchants who wished to advertise their bulbs or by private gardeners desirous of retaining a record of a favorite flower. The best known are those by Jacob Marrel (1613/14–1681),[73] a drawing by Judith Leyster (1609–60), and some drawings of tulips by Maria Sibylla Merian, who was Johann Theodor de Bry's granddaughter as well as Marrel's stepdaughter.

It is unlikely that the depictions of tulips on the tiles were influenced by the *tulpenboeken*, for instance those by Jacob Marrel and others. These books, with drawings of various tulips, were not published until 1634 and later, whereas the majority of the tiles depicting tulips appeared between 1625 and 1650. A certain length of time had to elapse between the publication of the books and prints and the demand for their images on tiles. Between 1612 and 1614, Emanuel Sweerts issued a grower's catalogue, *Florilegium*, with an introduction by Emperor Rudolf II. The florilegia, moreover, devoted many pages to different species of tulip. Basil Besler's *Hortus Eystettensis* (1613) contains eight folios showing five varieties (ill. 86), one folio showing four, and one showing three, as well as other pages showing tulips combined with other flowering bulbs. De Bry, in *Florilegium novum* (1612–14), displays drawings of five species on several of the folios (ill. 87), and Crispijn vandenPasse, in *Hortus floridus* (1614–17) has some twenty pages with more than one variety of the tulip as well as other pages with single flowers (ill. 88).

Because tulips pictured on tiles were drawn from those in the florilegia, they are viewed from the same angle – straight on; they are almost never depicted from above or below. Tile decorators drew several tulips from the same *spons* (the pricked drawing used to obtain an outline of the flower on the tile).

A

B

E

C

D

F

Pl. 66 **Tulp**
1625–1650; gekleurd
Hoeken: blauw en witte
wingerdbladeren met ranken

Pl. 66 **Tulip**
1625–50; Polychrome
Corners: Blue-and-white vine leaves
sprouting spiraling tendrils

Pl. 67 **Tulpen in een cirkel**
1635–1660; gekleurd
Hoeken: blauwe ossekop

Pl. 67 **Tulips in Roundels**
1635–60; Polychrome
Corners: Barred blue-and-white
ox-head

van Basil Besler, uit 1613, acht folio's met vijf soorten tulpen (ill. 86), een folio met vier en een met drie, en dan nog een aantal met een combinatie van tulpen en andere bloeiende bollen. In zijn *Florilegium novum*, eveneens uit de jaren 1612–1614, toont De Bry op diverse folio's vijf soorten tegelijk (ill. 87), terwijl de *Hortus floridus* van Crispijn vanden Passe, uit 1614–1617, wel twintig pagina's met meer dan één tulpesoort bevat, naast bladzijden waarop maar één bloem voorkomt (ill. 88).

Op tegels afgebeelde tulpen zijn kopieën van tulpen in florilegia; ze zijn dus ook vanuit hetzelfde gezichtspunt getekend, recht van voren, en zelden van boven of van beneden. Vaak zijn verscheidene tulpen tot een zelfde spons te herleiden, maar op grote tegelvelden, waar de hoekmotieven een alternerende compositie vormen, is het soms lastig om de bloemen van één spons eruit te pikken (zie bijvoorbeeld pl. 65A, D en F en 66). Helderrood – de kleur van veel gecultiveerde tulpen – ontbrak aan het palet van de tegelschilder: rood werd in de oven bruin. De toegepaste kleuren zijn dus veelal een aan de fantasie ontsproten compromis en maken een gespecificeerde onderverdeling van de tulpen onmogelijk.

Ook nu nog vormt de tulpenteelt een belangrijke bron van inkomsten;[74] het assortiment is groter dan ooit. Nederland exporteerde in 1993 6,5 miljard bollen.

Ofschoon beide tegels op pl. 67 sterk op elkaar lijken – vrijwel dezelfde blauwe ossekopmotieven en dezelfde kleuren, namelijk groen, oranjebruin en blauw – doen zich in de met verve getekende planten toch kleine verschillen voor. De bovenste tulp heeft vijf bloembladen, een met een oranje arcering en twee met blauwe strepen, terwijl de onderste zes bloembladen heeft, een met een blauwe arcering en een oranje streep en twee met oranje strepen, plus een extra, met een vloeiend lijntje getekend blad. Dit is een van de zelden voorkomende tulpen op tegels die werkelijk zes bloemblaadjes vertoont.

De half open tulp op pl. 69 is wat minder stijf en soldatesk dan we gewend zijn, en ook het blad is minder stereotiep. Blijkbaar is hier een meer dan normaal begaafde schilder aan het werk geweest. Deze tulp vertoont een opvallende gelijkenis met de tulp, midden boven, op Jacob Hoefnagels gravure *Ubi mel ibi fel* in zijn *Archetypa studiaque* (ill. 17). De bloem is wit met paars en geel en de gebogen bladeren zijn groen met gele hoogsels. Omdat alle bloemblaadjes van de linkertulp van pl. 42 (zie blz.

When the tiles are conjoined in large panels, their corner motifs form a subsidiary composition, which means that flowers derived from the same *spons* are not readily identifiable (compare, for example, pl. 65A, D, F, and 66). The tulips cannot be classified by variety, largely because it was not possible to obtain a clear red – the color of many cultivated tulips. The glaze turned to brown when the kiln was fired. The improvised colors that resulted preclude accurate identification by name of each tulip on the tiles.

The cultivation of tulips by the continuous crossing of new species remains big business today.[74] Tulips of all kinds are grown more extensively now than at any previous time. In 1993, Holland exported six and one half billion bulbs.

Although the blue, barred, ox-head corner motifs and the coloration of the tiles on pl. 67 are quite similar – green, burnt-orange, and blue – each of the firmly drawn plants differs slightly in the shape of the blossom and foliage. The upper tulip has five petals, one with orange shading and two with blue stripes; the lower one has six petals, one with blue shading and orange stripes and two with orange stripes, and foliage drawn by a supple blue line. This is one of the few tiles to show tulips drawn with their six petals.

The half-open tulip on pl. 69 looks more relaxed and less militaristically rigid than some of the others seen on tiles; the foliage, too, is less stereotyped. The painter of the tile apparently had more artistic ability than was the norm. This tulip is strikingly similar to the one at the top of Jacob Hoefnagel's engraving *Ubi mel ibi fel*, in his *Archetypa studiaque* (1592; ill. 17). The flower is white with purple and yellow, and the curved leaves are green with yellow highlights.

Because the right side of each petal of the left tulip on pl. 42 (see p. 92) is painted orange and the other half is white with blue dots, the light seems to be striking this flower from the right. A rather large blue bud peeks out of the leaf on the right, and serves to mask a flaw in the tile's surface. The blossom seems squat compared to tulips on other tiles, indicating that this may be a double, or cottage, tulip. The colors and the shading of the tulip are identical to those on a snake's-head, with a different shape and different framing (pl. 40). This, again, demonstrates the difficulty of assigning a name to some of the flowers shown on tiles.

Pl. 68 **Tulpen in een geschulpt kwadraat**
1640–1670; gekleurd
Hoeken: variant van de Franse lelie

Pl. 68 **Tulips in Diamonds**
1640–70; Polychrome
Corners: Barred blue-and-white fleur-de-lis derivatives

Pl. 69 **Tulp**
1625–1650; gekleurd
Drie hoeken: blauwe Franse
lelies; één hoek is gerestaureerd

Pl. 69 **Tulip**
1625–50; Polychrome
Three corners: Barred blue-and-white
fleur-de-lis; the fourth corner has been
restored

92) aan één kant wit zijn met blauwe stippen en aan de andere kant oranje, lijkt het alsof de bloem van rechts wordt belicht. Aan het rechterblad ontspruit een nogal grote blauwe knop, hier bedoeld om een foutje in het oppervlak van de tegel te verdoezelen. Vergeleken met andere tulpen op tegals lijkt deze bloem nogal plomp, wat erop kan wijzen dat het een dubbele of cottage-tulp is. Qua kleur en decoratie is zij exact gelijk aan de kievitsbloem op pl. 40, die overigens wel een andere vorm en een andere omlijsting heeft. Waarmee maar weer bewezen is dat het lastig kan zijn om bloemen op tegels te identificeren.

De tegels op pl. 42 vormen een harmonisch veld, omdat de kleuren van hoekmotieven en tulpen zo volmaakt op elkaar zijn afgestemd. Vaak is eerder het tegendeel het geval, omdat dergelijke hoekmotieven soms aan beginnelingen werden toevertrouwd.

Tulpen op tegels hebben meestal een zelfde, vermoedelijk met één set sponsen opgebracht blad, ook wanneer hun bloemen verschillen (zie pl. 42 midden en rechts, en pl. 65A, C, D, E en F, maar ook pl. 67 boven, met hetzelfde blad in spiegelbeeld). Een duplicaat van de stengels en bladeren op deze tegels zien we

The colors on the corner decoration of the tulips on pl. 42 match those of the flowers, establishing a harmony throughout the panel. Frequently, however, corner motifs create a pattern quite unrelated to the main element because they have been applied by less accomplished painters.

The foliage of most tulips on tiles is identical and must have been derived from the same set of *sponsen*, even when the heads of the flowers differ – compare, for example, pl. 42 (centre and right); 65A, C, D, E, F; as well as pl. 67 (upper), where the same leaves are reversed. The foliage on pages 147–67 in Clusius's *Rariorum aliquot stirpium, per Pannoniam* (1583) looks exactly like the stem and leaves on these tiles. The Clusius drawings may very well have served as the pattern, but it is likely that the stems and leaves were drawn by a different artist than the one who did the flower heads.

The blossom of the central flower on pl. 42 differs slightly in shape from the others. The outer petal curves to the right as on Basil Besler's *Tulipa purpurea calice pallescente* (ill. 86), even though the latter's stem is curved, whereas the stem on the tile is straight. Each of this *bordered* (outlined) tulip's blue petals has a

Pl. 70 **Tulpen in een geschulpt kwadraat**
1640–1670; gekleurd
Hoeken: blauwe Franse-lelieachtige ornamenten

Pl. 70 **Tulips in Diamonds**
1640–70; Polychrome
Corners: Barred blue fleur-de-lis derivatives

bij Clusius in zijn *Rariorum aliquot stirpium, per Pannoniam [...]*, blz. 147–167. Clusius' tekeningen kunnen als voorbeeld hebben gediend, maar de kans is groot dat de stengels en bladeren het werk zijn van een andere tegelschilder dan die welke de bloemen heeft geschilderd.

De middelste bloem op pl. 42 heeft, in vergelijking met de twee buitenste, een enigszins afwijkende vorm; het buitenste bloemblad knikt naar rechts, net als bij de *Tulipa purpurea calice pallescente* van Basil Besler (ill. 86). Bij Besler is echter de stengel gebogen en op de tegel is die recht. Stuk voor stuk hebben de blauwe bloembladen van deze gerande tulp een witte omlijning, wat een sprekend, zij het onnatuurlijk effect oplevert.

De drie half open tulpen op pl. 42 (rechts) en 65C/E zijn van één spons afkomstig. Die op pl. 42 is licht oranje met een oranje arcering en een dunne blauwe omlijning, die op pl. 65C is alleen blauw met wit met een blauwe arcering, maar de zogenaamd gerande tulp op pl. 65E is diepblauw, heeft een oranje omlijning en ziet er eerder opvallend dan natuurlijk uit. Ook de groene grondjes en de stengels met drie bladeren zijn op alle drie de tegels gelijk. Het belangrijkste verschil is de omlijsting. Terwijl het hoekmotief van de tulpen op pl. 42 uit grote Franse lelies bestaat, vormt een enigszins ongebruikelijk hoekmotief van blauw met witte Franse lelies en kandelabers het kader van de tulpen op pl. 65.

Ook al is de blauw met witte tulp op pl. 65B qua bloem gelijk aan de tulpen op pl. 42 (rechts) en pl. 65C, ze getuigt van een artistieke uitbundigheid die bij tulpen op tegels weinig voorkomt. Uit de ijle, kalligrafische blauwe omlijning van het blad spreekt een vrolijke uitbundigheid. Ongewoon evenwichtig staat de plant op een royaal bemeten grondje, en zelfs de grassprietjes hebben iets kunstzinnigs.

De vijf tulpen op pl. 65A, D en F en pl. 66 stammen van dezelfde spons en de blauwe omlijning van hun buitenste bloembladen vertoont een zelfde kromming, maar verschillende kleuren en hoekmotieven leveren totaal verschillende velden op. De verf is spaarzaam toegepast, in de vorm van streepjes tegen een witte achtergrond; de bloem is zacht paars op pl. 65A en F en pl. 66 (onder), zacht oranje op pl. 66 (boven) en wat geprononceerder blauw met wit op pl. 65D.

Het komt zelden voor dat gekleurde motieven, als op pl. 65, door kandelabers worden omlijst; gebruikelijker in dit verband zijn blauw met witte mens- of dierfiguren.[75] Ook de

white outline, making for a strong, if unnatural, coloration. The three half-open tulips on pl. 42 (right) and 65C/E were derived from the same *spons*. One (pl. 42) is pale orange with orange shading and a thin blue outline, another (pl. 65C) is blue and white with blue shading; the third (pl. 65E), a so-called bordered tulip, is deep blue with an orange rim outlining each petal, which yields a strong rather than a natural coloration. The small green mounds with three-leaved plants are also identical on all three tiles. The major difference is in the framing. The tulips of pl. 42 are surrounded by large fleur-de-lis corners, but pl. 65 shows a more unusual design of blue-and-white fleurs-de-lis connected by balusters.

The blue-and-white tulip on pl. 65B, although of similar shape as the flowers on pl. 42 (right) and 65C, is drawn with more artistic abandon than most. The subtle, calligraphic blue line delineating the foliage exudes a cheerful exuberance. The stem grows out of the middle of a wider tuft rather than being precariously balanced. Even the curving blades of grass are executed with greater than usual artistic effect.

The five tulips on pl. 65A, D, F, and 66, were derived from the same *spons*, and their outer petals show similar curving blue outlines. Their different colored glazes and corner motifs, however, result in very dissimilar tile panels. The color was applied sparingly as striations over a white background glaze. The tulip is pale mauve in three tiles (pl. 65A, F, 66, below) and pale orange in the fourth (pl. 66, top), while the fifth tulip shows a more forceful blue and white (pl. 65D).

It is rare to see polychrome tiles such as pl. 57 with baluster framing; blue and white human or animal figures are more commonly found in this motif.[75] The corner decorations of the other two tiles on pl. 66 – vine leaves sprouting spiraling tendrils, small and precisely executed – are rare as well.

Tulips with blue stripes, dots, and touches of brown grow from the grassy mounds of earth lodged in the lower angles of the diamond-shaped frame on pl. 68. At the base of each tulip is a round burnt-orange bulb; on pl. 68, the blossom of the tulip below right is covered with a grid blue flecks alternating with yellow dots with blue centers. The diamond frames, which here cover most of the tile but shrink in later tiles, are composed of three straight blue lines with a scalloped outline. At each of the diamond's points, a sketchily rendered ox-head appears.

Pl. 71 **Drietulpen**
1630–1670; gekleurd
Hoeken: blauwe, uit een grotere volute komende kruisvormige
ornamenten met donkerblauwe bladachtige ornamenten

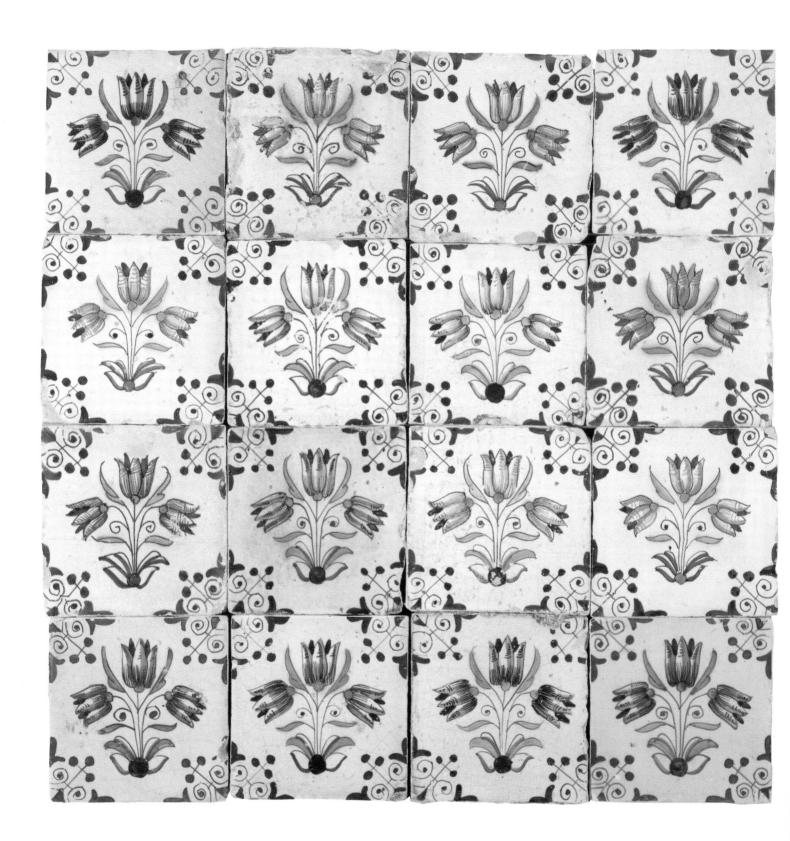

hoekmotieven op de tegels van pl. 66 – kleine, minutieus getekende wingerdbladeren met krullende ranken – zijn uitzonderlijk.

Tulpen met blauwe strepen, stippels en met bruin aangezet staan op de met gras begroeide aarde in de benedenhoek van het gekartelde kwadraat op pl. 68. Bij elke tulp ligt een oranjebruine bol. De bloem rechts onderaan op pl. 68 vertoont een netwerk van blauwe vlekken en gele stippen. De kwadraatvormige lijsten, die hier zo ongeveer de hele tegel bestrijken maar op latere tegels kleiner worden, bestaan uit drie rechte lijnen en een geschulpte. Op de vier hoeken van het kwadraat prijkt een schetsmatig weergegeven ossekopje. Groene grondjes met gele bollen vullen de benedenhoeken van de kwadraten op pl. 70. Het is geenszins vanzelfsprekend dat we deze overgestileerde oranjebruine bloemen met blauwe arcering als tulpen beschouwen. Toch valt er – het tierelantijntje op de rechterbloem ten spijt – iets voor te zeggen, en wel op grond van een vergelijking met bloemen uit andere collecties, in andere kleuren en met andere hoekmotieven.

De uitzonderlijk populaire drietulp, mogelijk het symbool van de Drieëenheid, is lang in produktie gebleven, van 1625 tot 1930. Ze werd in Rotterdam en in Friesland, maar ook elders in tegelbakkerijen toegepast. Sommige tegeldeskundigen houden dit motief voor een tulp, andere voor een lelie; persoonlijk kies ik, vanwege de ronde vorm van de bol, voor de tulp.
De drietulp verschijnt in verschillende kleuren en in combinatie met allerlei omlijstingen en hoekmotieven (pl. 19, 71). Het meest algemeen zijn de hoekmotieven en de kleuren op pl. 19 (blz. 56). Die op pl. 71 zijn van vroeger datum.[76] Maar welke omlijsting of kleur ook is toegepast, elke plant ontspruit aan een tussen het blad verscholen bol, die een pendant heeft in de kelk aan het uiteinde van de steel.
Een van de meest gangbare drietulpen is die op het blauw met witte veld van pl. 19. Tegen een witte achtergrond en op ruime afstand van de omlijsting staan planten met klokvormige bloempjes die aan een tussen bladeren verscholen bol ontspruiten. De Nederlandse voorliefde voor Chinees porselein blijkt uit het gebruik van zoveel blauw, de omlijsting in de vorm van accolades en de imitatie-meanderhoeken.
Het gekleurde veld op pl. 71 bestaat uit een collectie sierlijk

Yellow bulbs in green ground fill the lower corners of the diamonds of pl. 70. The flowers, brown orange with blue striations, are so stylized, it is debatable whether some really represent tulips; however, by comparing these with blossoms on tiles in other collections, executed in different colors and with different corners, they do seem to be tulips, even though one is topped by a curlicue. Overfiring caused the green glaze to run, producing the blue-green haze in the background.

The triple tulip, one of the most popular designs, may be a symbol for the Holy Trinity; as such, it remained in production for a considerable time, from 1625 to 1930. The theme was produced in numerous locations, including Rotterdam and Friesland. A controversy exists among tile experts about the flower itself. Some claim it represents the tulip, others label it a lily. This writer believes it to be a tulip because of the round shape of the bulb.
The triple tulip appears in different colors and with a variety of frames and corner motifs (pl. 19, 71). The configuration and coloring of pl. 19 (see p. 56) are most common; those of pl. 71 are older.[76] Regardless of the color and framing, each plant grows from a bulb nestled in a clump of leaves at the base, which is counterbalanced by the calyx at the end of the stem.
One of the most common triple-tulip motifs appears in this blue-and-white panel (pl. 19). The tulips show bell-shaped blossoms sprouting from a bulb with a broad clump of leaves at the base of the plant, while a broad ring of white separates it from the frame. The Dutch infatuation with Chinese porcelain is visible here in the use of blue monochrome – in the frame, composed of segmented brackets, and in the mock-fretwork corners, which consist of a web of densely packed lines.

The polychrome triple flowers on the panel on pl. 71 show an assortment of splendidly arrayed striped tulips. Blossoms are colored in various combinations of blue, yellow, orange, and brown striations; deep-blue points, wedged between the variegated petals, represent background petals. The stems that spring from natural color bulbs are rendered in a thin, wiry line. The cruciform corner decorations, seldom seen in combination with triple tulips, are executed in the same style and include shapes, such as tendrils, that echo the central motif.

Pl. 72 **Gewone sneeuwbal in een gekarteld kwadraat**
1640–1675; gekleurd
Hoeken: variant van de Franse-lelieachtige ornamenten

Pl. 72 **Snowball Tree in a Diamond**
1640–75; Polychrome
Corners: Barred blue-and-white fleur-de-lis derivatives

gerangschikte gestreepte drietulpen. De bloemen vertonen verschillende combinaties van blauwe, gele, oranje en bruine streepjes; de diepblauwe uitsteeksels tussen de meerkleurige bloembladen stellen de achterste bloembladen voor. De als ijle kronkels getekende stengels ontspruiten aan bollen in natuurlijke tinten. De kruisvormige hoekmotieven, ongebruikelijk in combinatie met drietulpen, getuigen van een zelfde stijl en ontlenen hun vormen, waaronder ranken, aan het hoofdmotief.

Viburnum opulus 'Roseum' (gewone sneeuwbal)
CAPRIFOLIACEAE (kamperfoeliefamilie)

Het geslacht *Viburnum* of sneeuwbal, een heester met bloemen in bolronde trossen, telt honderden soorten. De bloei levert bij deze soort geen vruchten op. Net als veel andere op Nederlandse tegels afgebeelde planten komt *Viburnum* oorspronkelijk uit Centraal- en Zuid-Europa, alsmede uit West-Azië.

De tegel op pl. 72 vertoont een waaiervormige hybridische struik – een sneeuwbal, zo lijkt het – in een kwadraat. De tulp, bovenin, en de beide andere bloemen zijn oranje en de takjes met zaaddozen en bladeren zijn oranje en groen gevlekt. In het grondje zitten groene en oranjebruine tinten, maar de kleur die overheerst en zich in het blad, de omlijsting en de hoekmotieven manifesteert, is diepblauw.

Viburnum opulus "Roseum" (Snowball Tree)
CAPRIFOLIACEAE (Honeysuckle Family)

The snowball tree, one of hundreds of species of *Viburnum*, is not a tree at all but a shrub with flowers that form ball-shaped, terminal clusters. The flowering of this species does not result in fruit. Like many other plants depicted on Dutch tiles, *Viburnum* originated in central and southern Europe as well as western Asia.

Pl. 72 displays a fan-shaped hybrid shrub that resembles the snowball tree, enclosed in a diamond-shaped frame. A tulip fills the upper corner, with sprays of seedpods and leaves interspersed among the three main orange-colored flowers. Deep blue predominates, appearing in the foliage, frames, and corners. Touches of green and burnt orange can be found in the turf and flecks of orange and green in the fruit and foliage.

v Natuurwetenschappers in de renaissance

v Nature Study in the Renaissance

BASIL BESLER (1561–1629)
Duits apotheker, botanicus en tekenaar

BASIL BESLER (1561–1629)
German apothecary, botanist, draftsman

Voor zijn omvangrijke florilegium *Hortus Eystettensis, sive diligens et accurata omnium plantarum, florum, stirpium, ex variis orbis terrae partibus, singulari studio collectarum, quae in celeberrimis viridariis arcem episcopalem ibidem cingentibus, olim conspiciuntur, delineatio et ad vivum repraesentatio* (1613) heeft Besler eigenhandig de tekeningen gemaakt (ill. 89). Zijn werk beperkt zich – anders dan andere florilegia – tot de beplanting van één stel tuinen, namelijk die van Johann Konrad von Gemmingen, prins-bisschop van Eichstätt bij Neurenberg. De indeling volgt de seizoenen, en ook de vele planten die uit de Pyreneeën, het Middellandse-Zeegebied en de Balkan zijn geïmporteerd komen aan bod.[1]

Het florilegium van Besler omvat 374 (of ook 324) met de hand gekleurde kopergravures van 1100 planten,[2] op grote folio's (489 x 394 mm), merendeels uitgevoerd door Wolfgang Killian. Al het wit rondom de door Besler belichte planten is benut voor

For his massive, unusual florilegium Basil Besler made the drawings himself: *Hortus Eystettensis, sive diligens et accurata omnium plantarum, florum, stirpium, ex variis orbis terrae partibus, singulari studio collectarum, quae in celeberrimis viridariis arcem episcopalem ibidem cingentibus, olim conspiciuntur, delineatio et ad vivum repraesentatio* (Eichstätt and Nuremburg, 1613; reprints 1627, 1640, 1713, 1964; ill. 89). In this work, Besler describes the plants in the gardens of Johann Konrad von Gemmingen, prince-bishop of Eichstätt near Nuremburg. Organized by seasons, it includes the many species imported from the Pyrenees, the Mediterranean, and the Balkans.[1] Other florilegia discuss flowers from various locations, not those in a single garden.

Besler's florilegium contains 374 (variously 324) hand-colored copper engravings that show 1,100 plants[2] on large folios (19 1/4 x 15 1/2 inches), executed chiefly by Wolfgang Killian. The

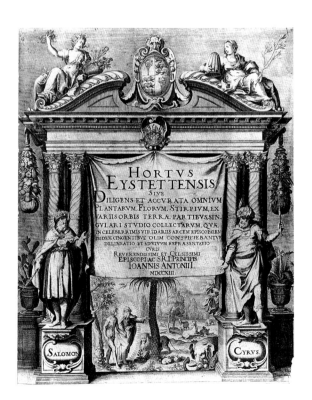

Ill. 89 **Titelpagina**
Gravure uit: Basil Besler, *Hortus Eystettensis [...]*
Hunt Institute for Botanical Documentation, Carnegie Mellon University, Pittsburgh (Pennsylvania)

Ill. 89 **Title Page**
Basil Besler, engraving, Hortus Eystettensis
Hunt Institute for Botanical Documentation, Carnegie Mellon University, Pittsburgh, Penn.

tekeningen van andere, willekeurige gewassen, waardoor het werk wel mooi, maar ook erg druk is geworden. Omdat Besler de wortels zo belangrijk vond, zijn zij tot in de kleinste details getekend.

PIETER VAN DER BORCHT (ca. 1545–1608)
Vlaams tekenaar

Van alle illustratoren in dienst van Christoffel Plantijn in Antwerpen is Pieter van der Borcht[3] wel de meest bekende en begaafde. Hij maakte uiterst gedetailleerde tekeningen naar de natuur, hoewel soms ook naar gedroogde voorbeelden. De houtsnijders in dienst van Plantijn kopieerden de tekeningen van Van der Borcht ten behoeve van het werk van Rembertus Dodonaeus, Carolus Clusius, Matthias Lobelius en anderen.[4] Slechts vier van hen zijn met naam en toenaam bekend, te weten Arnold Nicolai (die de blokken heeft gesneden voor Dodonaeus' *Stirpium historia pemptades sex*, 1583)[5] en Cornelis Muller, Gerard Janssen van Kampen en Antoni van Leest, die allen aan de latere manuscripten hebben meegewerkt.[6] Nicolai kreeg zeven stuivers per blok, terwijl Van der Borcht er voor een tekening twaalf of dertien ontving.[7] De blokken waren eigendom van Plantijn, die er dus ook het werk van andere auteurs mee kon verluchten. Gelukkig voor hem waren Dodonaeus, Clusius en Lobelius met elkaar bevriend en wisselden zij voortdurend botanische ontdekkingen uit.

OTTO BRUNFELS (ca. 1488–1534)
Duits geneesheer

Otto Brunfels was aanvankelijk kartuizer monnik, maar trad uit en vestigde zich als luthers predikant; op latere leeftijd studeerde hij medicijnen en oefende hij in Bern een medische praktijk uit.[8] Hij is de auteur van *Herbarum vivae eicones* (Straatsburg, 1530) en geldt als een van de 'Duitse vaders van de plantkunde',[9] niet zozeer vanwege de tekst als vanwege de fraaie en originele houtsneden in zijn kruidenboek. Hans Weiditz, de eerste botanische artiest die strikt naar de natuur te werk is gegaan, heeft hiervoor de tekeningen geleverd.[10] Om een groter publiek te bereiken, werd dit kruidenboek vrijwel meteen in het Duits vertaald; de eerste Duitse editie verscheen in 1532 bij Johann Schott in Straatsburg, ook de uitgever van de Latijnse versie, als

---

blank spaces around the plants that Besler highlights are filled with drawings of other, nonrelated plants that, although beautiful, overcrowd the pages. Because Besler considered the roots of plants to be especially important, these are drawn in minute detail.

PIETER VAN DER BORCHT (c. 1545–1608)
Flemish draftsman

Pieter van der Borcht[3] was the best known and most accomplished draftsman working for Christopher Plantin's publishing house, in Antwerp. He made painstakingly precise drawings from nature, albeit at times from dried specimens. Plantin's several woodcarvers copied Van der Borcht's drawings to use as illustrations in the firm's publications by Rembertus Dodonaeus, Carolus Clusius, and Matthias Lobelius, among others.[4] Only four of these woodcarvers are known by name: Arnold Nicolai cut the blocks for Dodonaeus's *Stirpium historiae pemptades sex* (1583);[5] he was joined by Cornelis Muller, Gerard Janssen van Kampen, and Antoni van Leest for the later manuscripts.[6] Nicolai received seven *sous* per carving, compared to the twelve or thirteen *sous* that Van der Borcht was paid.[7] Since Plantin held all the blocks, he could insert the same illustrations in the works of his other authors. It helped, of course, that Dodonaeus, Clusius, and Lobelius were friends who enjoyed exchanging botanical discoveries.

OTTO BRUNFELS (c. 1488–1534)
German physician

Otto Brunfels trained as a Catholic priest but then converted to become a Lutheran pastor, serving as the town physician of Bern in the latter years of his life[8] He was revered as one of the "German Fathers of Botany,"[9] not for his writing ability but for the woodcuts that were made after the beautiful and original drawings by Hans Weiditz the Younger – the first draftsman to make realistic drawings directly from nature – in *Herbarum vivae eicones* (Strasbourg, 1530, 1532, 1536, 1537).[10] To reach a wider audience, this herbal was soon translated into German published by Johann Schott, in Strasbourg, in 1532:[11] *Contrafayt Kreüterbuch Nach rechter vollkommener art vnnd Beschreibungen der Alten besst-berümpten ärtzt vormals in Teütscher sprach der masszen nye gesehen*

Contrafayt Kreüterbuch Nach rechter vollkommener art vnud Beschreibungen der Alten besst-berümpten ärtzt vormals in Teütscher sprach der masszen nye gesehen noch im Truck auszgangen.[11] De lange Duitse titel en ondertitel, gescheiden door *vnud* (*und*), luiden bij elke volgende editie een fractie anders.[12] Recente herdrukken zijn verschenen in Keulen (1964) en München (1975).

JOHANN THEODOR DE BRY (1561–1623)
Duits graveur en uitgever

Het *Florilegium novum [...] New Blumbuch* van Johann Theodor de Bry is tussen 1612 en 1614 door Oppenheim gepubliceerd.[13] De inhoud bestaat uit allerlei fraaie bloemen en uitheemse planten, met hun wortels en bollen, merendeels naar het leven getekend en met toewijding in koper gegraveerd (ill. 90). Een groot deel van de afbeeldingen op de platen is gekopieerd, in spiegelbeeld, uit *Le jardin du roy très chrestien Henry IV* van Pierre Vallet,[14] terwijl er volgens Claus Nissen ook kopieën uit *Hortus Eystettensis* van Basil Besler, uit de *Hortus floridus* van Crispijn vanden Passe en uit het werk van Adriaen Collaert

noch im Truck auszgangen. The lengthy German subtitle, beginning with *vnud* (*und*), reads somewhat differently in each subsequent edition.[12] Reprints were published in 1964, in Cologne, and 1975, in Munich.

JOHANN THEODOR DE BRY (1561–1623)
German engraver, publisher

Johann Theodor de Bry issued *Florilegium novum... New Blumbuch*, in Oppenheim in 1612–14.[13] This volume includes beautiful flowers and foreign plants, with their roots or bulbs – the majority drawn from life; all are diligently engraved in copper (ill. 90). Many of the illustrations on the plates are copies, in reverse, from Pierre Vallet's *Le jardin du roy très chrestien Henry IV* (1608).[14] Claus Nissen also mentions copies from Basil Besler's *Hortus Eystettensis* (1613), Crispijn vanden Passe's *Hortus floridus* (1614–17), and the works of Adriaen Collaert.[15] As Nissen explains, such copying was possible despite the closeness of the various dates of publication; although some of the engravings had been made earlier, because of political unrest

Ill. 90 **Titelpagina**
Gravure uit: Johann Theodor de Bry, *Florilegium novum [...]*
Hunt Institute for Botanical Documentation, Carnegie Mellon University, Pittsburgh (Pennsylvania)

Ill. 90 **Title Page**
Johann Theodor de Bry, engraving,
Florilegium novum
Hunt Institute for Botanical Documentation, Carnegie Mellon University, Pittsburgh, Penn.

tussen zitten.[15] Al deze werken zijn vrijwel gelijktijdig uitgegeven, en toch was het mogelijk om te kopiëren, zoals Nissen uiteenzet, omdat sommige gravures al klaarlagen maar vanwege de politieke onrust nog niet waren gepubliceerd.[16] In een vermeerderde en bijgewerkte druk is het werk van De Bry in Frankfurt in 1641–1647 als *Florilegium renovatum et auctum* uitgegeven, ditmaal door zijn schoonzoon en opvolger, Matthaeus Merian de Oudere (1593–1650).[17]

OGIER GHISLAIN DE BUSBECQ (1521/1522–1591/1592)
Vlaams keizerlijk gezant

Ogier Ghislain de Busbecq (Augier Ghiselin Busbeck, Bousbecq, Bousebecque) vertoefde van 1554 tot 1562 als gezant van de in Wenen residerende Ferdinand I, keizer van het Heilige Roomse Rijk, aan het hof van sultan Süleyman I in Constantinopel. De Busbecq had een voortreffelijke opvoeding genoten en was een van de weinige diplomaten met belangstelling voor plantkunde.[18] Hij reisde naar Turkije in gezelschap van de geneesheer en botanicus Willem Quackelbeen (Kwakkelbeen) en vandaar stuurde hij materiaal van door hem verzamelde en destijds in West-Europa nog onbekende planten naar collega's als Carolus Clusius in Wenen en Pierandrea Mattioli in Praag. Ook wist hij tijdens zijn verblijf in Constantinopel de hand te leggen op het oudste bekende manuscript van *De materia medica* van de klassieke schrijver en geneesheer Dioscorides. Na afloop van zijn ambtstermijn bij de Hoge Porte kwam hij terug met tulpen, seringen en andere planten.

CAROLUS CLUSIUS (1526–1609)
Vlaams geneesheer en botanicus

Charles de l'Escluse (l'Ecluse), beter bekend onder zijn Latijnse naam Carolus Clusius (ill. 85), leverde een belangrijke bijdrage aan de vooruitgang van de botanische wetenschap door nieuwe planten te importeren en minutieus te beschrijven. Op zijn reizen door Europa bezocht hij Frankrijk, Oostenrijk, Hongarije en Engeland; in 1564–1565 ging hij op expeditie naar Spanje en Portugal, vanwaar hij met honderden nieuwe planten huiswaarts keerde.[19] In 1573 volgde zijn benoeming tot lijfarts van keizer

they were not yet published.[16] An enlarged and revised edition of his work, *Florilegium renovatum et auctum*, was published, in Frankfurt, in 1641–47 by his son-in-law Matthaeus Merian (1593–1650), who had inherited the business from De Bry.[17]

OGIER GHISLAIN DE BUSBECQ (1521/22–1591/92)
Flemish ambassador

Ogier Ghislain de Busbecq (Augier Ghiselin Busbeck, Bousbecq, Bousebecque) served as ambassador of the Holy Roman Emperor Ferdinand I, in Vienna, to Sultan Süleyman I, in Constantinople, from 1554 to 1562. De Busbecq, who had received an excellent education, was one of the few diplomats interested in botany.[18] Traveling to Turkey with the physician-botanist Willem Quackelbeen (Kwakkelbeen), he was the first to send plant material that was unknown in western Europe to his fellow botanists, Carolus Clusius, in Vienna, and Pierandrea Mattioli, in Prague. While in Constantinople, he was also instrumental in the purchase of the oldest known manuscript of *De materia medica*, by the ancient physician Dioscorides. When De Busbecq retired, he returned from Turkey bearing tulips, lilacs, and other plant material.

CAROLUS CLUSIUS (1526–1609)
Flemish physician

Charles de l'Escluse (l'Ecluse), better known by his Latin name Carolus Clusius (ill. 85), made a major contribution to the advancement of botany: he imported new plant species and described them in detail. Traveling all over Europe, he visited France, Austria, Hungary, and England. In 1564, he went on expeditions to Spain and Portugal, returning the following year with hundreds of new species.[19] In 1573, Emperor Maximilian II invited Clusius to serve as both his personal physician and as prefect of the imperial gardens, in Vienna. He remained there until 1588, continuing under Maximilian's successor, Rudolf II.[20] Illustration 85 shows Clusius's portrait drawn by Jacques de Gheyn II, who developed an interest in biology through his association with Clusius.[21] Piled up either side of the portrait are gourds, each surmounted by an Italianate vase, with tulips in the left vase and Turk's-cap

Maximiliaan II en prefect van de keizerlijke tuinen in Wenen. Tot 1588 bleef hij, ook onder de volgende keizer Rudolf II, aan het hof verbonden.[20] Illustratie 85 toont het portret van Clusius van de hand van Jacob de Gheyn II, die zich door zijn samenwerking met Clusius ook voor biologie was gaan interesseren.[21] Op opeengestapelde pompoenen aan weerskanten van het portret staat links een Italiaans aandoende vaas met tulpen en rechts een soortgelijke vaas met Turkse lelies en kievitsbloemen. Op de voorgrond liggen exotische vruchten.

In 1593 werd Clusius hoogleraar plantkunde en prefect van de Hortus Botanicus in Leiden, als opvolger van Rembertus Dodonaeus.[22] De rest van zijn leven woonde hij in Leiden, waar in 1990 nog de vierhonderdste verjaardag van de door hem aangelegde en thans gerestaureerde academietuin is gevierd. Aan Clusius danken de Lage Landen de ranonkel, de tuinanemoon en tal van bollen die in zeventiende-eeuwse tuinen en op tegels en schilderijen zo'n belangrijke rol hebben gespeeld.[23]

Door middel van een omvangrijke correspondentie in ten minste zeven talen onderhield Clusius nauwe contacten met wetenschappers en botanici uit heel Europa.[24] Ook deelde hij met hen de pas ontdekte planten en vooral de bollen die hij uit het Osmaanse rijk en de Nieuwe Wereld kreeg toegezonden door reizigers, handelaars en gezanten die van zijn verzamelwoede op de hoogte waren. Op latere leeftijd, toen zijn toch al niet zo sterke gezondheid hem parten speelde, werd het zelfs zijn belangrijkste bezigheid.

Door zijn grondige kennis van Europa en zijn enthousiasme voor het kweken van exotische planten heeft Clusius de belangstelling voor bloemen en tuinen in de Lage Landen en in heel West-Europa sterk gestimuleerd. Verscheidene botanische tuinen, met name die van Praag, Wenen en Leiden, die alle drie zijn stempel dragen, dateren uit deze periode. Met veel liefde kweekte hij planten in zijn eigen tuinen en observeerde ze van nabij, alvorens ze in zijn werk te beschrijven.[25] Anders dan zijn tijdgenoten wijdde hij uitvoerige beschrijvingen aan plantedelen waarvan de functie nog onbekend was.[26] In de botanische wereld was hij de eerste die het nut van een plant niet als hoofdzaak beschouwde.[27]

Een van Clusius' eerste publikaties was de *Histoire des plantes* (Antwerpen, 1557), de Franse vertaling van het *Cruijdeboeck* van Dodonaeus, dat oorspronkelijk in 1552–1554 in het Nederlands was verschenen met al eerder voor een uitgave van *De historia*

lilies and snake's-heads in the right. In the foreground are exotic fruit.

In 1593, Clusius became prefect as well as professor of the Hortus Botanicus, in Leiden, where he was invited to succeed Rembertus Dodonaeus.[22] He remained in Leiden the rest of his life. Recently, after research and restoration, the four hundredth anniversary of Clusius's original garden, the Hortus Botanicus, was commemorated, and the garden was named after him. It was through Clusius that the ranunculus, the garden anemone, and many of the bulbs that became such a feature of seventeenth-century gardening, painting, and tiles were introduced to the Low Countries.[23]

A voluminous correspondence, in at least seven languages,[24] enabled Clusius to maintain a close relationship with scientists and botanists throughout Europe. He shared with his colleagues the newly discovered plants and, in particular, the bulbs that were sent to him by travelers, traders, and ambassadors to the Ottoman Empire and the New World who knew that Clusius delighted in collecting such material. This activity became ever more important in his later years when his health, which was never robust, deteriorated even further.

Clusius's extensive knowledge of Europe and his enthusiasm for the cultivation of exotic plants did much to stimulate the love for flowers and gardens in the low countries and throughout western Europe. This was the age when botanical gardens were started in Prague, Vienna, and Leiden, to mention those where Clusius's influence was considerable. His love of plants was so great, he nursed them in his own gardens in order to observe them closely before expounding on them in his manuscripts.[25] Unlike his contemporaries, Clusius described in detail the parts of flowers whose functions were as yet unknown.[26] In doing so, he was the first botanist who did not consider a plant's useful attributes to be its most important features.[27]

One of Clusius's earliest publications was *Histoire des plantes* (Antwerp, 1557), the French translation of Dodonaeus's herbal *Cruijdeboeck*, which originally had been published, in Dutch, in 1552–54, with woodblocks cut earlier for an edition of Leonhart Fuchs's *De historia stirpium commentarii* (1542). A description of the so-called Spanish flora, comprising many new species, that Clusius discovered in his travels became his next publication. Entitled *Rariorum aliquot stirpium per Hispanias observatarum Historia, libris duobus expressa: ad Maximilianum II. Imperatorem*, it

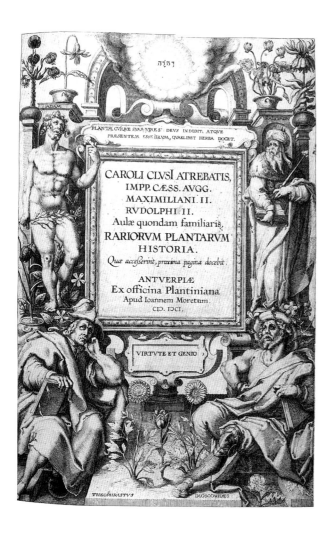

was published in 1576 by Christopher Plantin, in Antwerp.[28] Clusius's descriptions of the Austrian and Hungarian flora, also published by Plantin in Antwerp, was titled *Rariorum aliquot stirpium, per Pannoniam, Austriam et vicinas quasdam Provincias observatarum Historia* (1583).[29] This manuscript was followed, in 1601, by *Rariorum plantarum historia*, a compilation of previous works (ill. 91).[30] Its title page shows, in the foreground, Theophrastus and Dioscorides, separated by a tulip flanked by sunflowers. Adam is on the left side, next to a pot with snake's-heads; Turk's-cap lilies and columbine are in the upper corner. Pictured on the right is Solomon; above him, a pot of violets and another with a crown imperial. Pieter van der Borcht, who was employed by Plantin, drew most, if not all, of the plates for Clusius.

The draftsmen and engravers[31] who drew the illustrations for his work found Clusius hard to please. Ever the meticulous botanist, he supervised the illustration and publication of his manuscripts. This was not always the case in the sixteenth century[32] but it explains the illustrated publications of the period.

ADRIAEN COLLAERT (c. 1560–1618)
Flemish engraver

Adriaen Collaert was a celebrated engraver of subjects from natural history. He trained, first, in Antwerp and then in Italy. After his return to Antwerp, in 1580, he became a member of the Guild of St. Lucas, as had his father before him. In Antwerp, Collaert published approximately six hundred prints, many in small format.[33] His *Florilegium* (Antwerp, c. 1590–1600; ill. 92) was one of the first efforts to make copperplate engravings of flowers. Prior to this, the entire plant had been depicted, and the practical use of every part was described in the accompanying text. By contrast, his *Florilegium* had no text whatsoever, only twenty-four prints, small quarto in size, with each sheet containing several studies of wild and imaginary flowers.[34]

Collaert, by using the technique of copperplate engraving in which the lines were drawn closely together by his own sure hand, was able to render a clean, clear line. This technique proved particularly suitable for floral illustrations, even though they lack the warmth of the earlier woodcuts. Collaert's innovations were so successful, his *Florilegium* served as a source

stirpium commentarii (1542) van Leonhart Fuchs gemaakte houtgravures. Een beschrijving van de zogenaamd Spaanse flora, waaronder alle nieuwe variëteiten die hij tijdens zijn reizen had ontdekt, werd zijn volgende publikatie; als *Rariorum aliquot stirpium per Hispanias observatarum Historia, libris duobus expressa: ad Maximilianum II. Imperatorem* verscheen dit werk in 1576 bij Christoffel Plantijn in Antwerpen.[28] Deze publiceerde zeven jaar later ook Clusius' beschrijving van de Oostenrijkse en Hongaarse flora, onder de titel *Rariorum aliquot stirpium, per Pannoniam, Austriam et vicinas quasdam Provincias observatarum Historia,*[29] in 1601 gevolgd door een compilatie van eerdere werken, getiteld *Rariorum plantarum historia* (ill. 91).[30] Op het titelblad prijken, op de voorgrond, Theophrastus en Dioscorides met tussen hen in een door zonnebloemen geflankeerde tulp. Links zien we Adam, met naast hem één pot met een kievitsbloem, en daarboven één met Turkse lelies en één met een akelei. Rechts zien we Salomo en boven hem een pot met viooltjes en één met een keizerskroon. Voor de uitgaven van Clusius heeft Pieter van der Borcht in dienst van Plantijn de meeste, zo niet alle illustraties getekend. Clusius, zelf een uiterst

nauwgezet botanicus, was niet gauw tevreden over de prestaties van tekenaars en graveurs.[31] Hij bemoeide zich intensief met de afbeeldingen en de uitvoering van zijn manuscripten; dat niet alle auteurs dit deden,[32] is aan sommige geïllustreerde publikaties uit de zestiende eeuw wel af te zien.

ADRIAEN COLLAERT (ca. 1560–1618)
Vlaams graveur

Adriaen Collaert was een befaamd graveur van onderwerpen uit de natuurlijke historie. Hij kreeg zijn opleiding eerst in Antwerpen en vervolgens in Italië. Terug in Antwerpen in 1580 werd hij, in navolging van zijn vader, lid van het Sint-Lucasgilde. In Antwerpen publiceerde hij ongeveer zeshonderd prenten, vaak in klein formaat.[33] Zijn *Florilegium* (Antwerpen, ca. 1590–1600; ill. 92) geldt als een van de eerste experimenten met bloemen op kopergravures, in een tijd waarin planten gewoonlijk nog in hun geheel werden afgebeeld en het praktische nut van elk onderdeel in een begeleidende tekst werd behandeld. Het *Florilegium* van Collaert daarentegen bevat geen enkele tekst, enkel vierentwintig prenten in klein kwarto-formaat, elk met verschillende studies van wilde en fantasiebloemen.[34] Met behulp van de techniek van de kopergravure, die hem in staat stelde minutieus en handmatig te werken, lukte het Collaert om een mooie, zuivere lijn te krijgen. Juist voor illustraties van bloemen bleek de kopergravure uitstekend te voldoen, ook al miste zij de warmte van de houtsnede. Collaert had veel succes met zijn formule; schilders, ontwerpers van borduurpatronen, metaalbewerkers, tegelschilders en andere handwerkslieden gebruikten zijn *Florilegium* als voorbeeld. Zijn gravures van bloemen werden veelvuldig gekopieerd in andere florilegia, waaronder die van Johann Theodor de Bry, Pierre Vallet en Emanuel Sweerts.[35]

PEDANIUS DIOSCORIDES (ca. 40–ca. 90)
Griekse lijfarts van de Romeinse keizer, natuurgeleerde

Pedanius Dioscorides, geboren in Anazarbu in Cilicië (Zuidwest-Turkije), is de samensteller van het meest invloedrijke kruidenboek uit de oudheid, *De materia medica libri quinque*.[36] Het becommentariëren van dit werk, dat in de loop der eeuwen veelvuldig is gekopieerd – waarbij de naam Pedanius vaak werd

for painters, embroidery designers, metalworkers, tile decorators, and other craftsmen. His flower engravings were frequently copied in other florilegia, including those of Johann Theodor de Bry, Pierre Vallet, and Emanuel Sweerts.[35]

PEDANIUS DIOSCORIDES (c. 40–c. 90)
Greek physician to the Roman emperor, author

Pedanius Dioscorides, born in Anazarbu (Cilicia) in southwest Turkey, compiled antiquity's most influential pharmaceutical guide, *De materia medica libri quinque*.[36] It was frequently copied over the centuries – the name Pedanius variously misspelled as Pedacius.

Discussion of the work of Dioscorides was a leading concern of sixteenth-century herbalists.[37] One of the most important commentaries was by Pierandrea Mattioli (1500/1501–77). In 1544, in Venice, he published *De Pedacio Dioscoride Anazarbea libri cinque della historia*,[38] followed by *Commentarii in libros sex Pedacii Dioscoridis de medica materia* ten years later.[39] This work underwent many revisions and was translated into several

verbasterd tot Pedacius –, was een voorname bezigheid voor zestiende-eeuwse botanici.[37] Voor Pierandrea Mattioli (1500/1501–1577) was het zelfs zijn levenswerk. Zijn *De Pedacio Dioscoride Anazarbea libri cinque della historia* verscheen in 1544[38] en zijn *Commentarii in libros sex Pedacii Dioscoridis de medica materia* tien jaar later, allebei in Venetië.[39] Dit laatste is vele malen herzien en in verschillende talen vertaald.[40] Een belangrijke verbetering was de uitbreiding van het aantal illustraties.[41] In het voorwoord van een in 1565 verschenen herdruk van zijn *Commentarii* spreekt Mattioli van twee versies van *De materia medica,* die allebei door Ogier Ghislain de Busbecq in Turkije op de kop waren getikt. Ook had De Busbecq in Constantinopel een vroege, uit 512 daterende kopie van een manuscript van Dioscorides gevonden, bekend als de *Codex Juliana Aniciana* of *Codex Aniciae Julianae.* Dit rijk geïllustreerde manuscript met meer dan vierhonderd planten in natuurgetrouwe kleuren op velijn is uiteindelijk in Wenen terechtgekomen.[42]

REMBERTUS DODONAEUS (1517–1585)
Vlaams geneesheer, botanicus, schrijver en hoogleraar

Rembert Dodoens, beter bekend onder zijn verlatijnste naam Rembertus Dodonaeus (ill. 93), trok in 1574 naar Wenen, waar hij – waarschijnlijk op voorspraak van Carolus Clusius, die zich er een jaar eerder had gevestigd – een aanstelling kreeg als hofbotanicus en keizerlijk lijfarts van Maximiliaan II.[43] Na de troonsbestijging van diens opvolger Rudolf II bleef Dodonaeus aan het hof verbonden, tot 1578.[44] In 1582 werd hij hoogleraar geneeskunde aan de universiteit van Leiden (die in 1575 was gesticht), welke functie hij tot zijn dood heeft vervuld. Dodonaeus en de iets jongere humanisten Clusius en Matthias Lobelius onderhielden vriendschappelijke contacten en stuurden elkaar botanische illustraties en gegevens.[45] Voor de indeling en beschrijving van planten baseerden zij zich alle drie op eigen waarneming,[46] een belangrijke vooruitgang in de geschiedenis van de botanische wetenschap. Hun publikaties verschenen in Antwerpen bij hun vriend Christoffel Plantijn,[47] aan wie de houtblokken voor hun kruidboeken en florilegia ook toebehoorden; het stond de uitgever vrij er naar eigen goeddunken gebruik van te maken.[48] De blokken waren vervaardigd door houtsnijders op basis van naar de natuur gemaakte tekeningen van Pieter van der Borcht, die per

languages.[40] It became Mattioli's lifework, and he improved his medical commentary by adding more and more illustrations.[41] In the preface to the 1565 edition of his *Commentarii,* Mattioli cited two versions of *De materia medica* that Ogier Ghislain de Busbecq had obtained while serving in Constantinople as ambassador of the Holy Roman Emperor. De Busbecq also discovered an early copy of Dioscorides's manuscript, dating from about 512 A.D., that is known as the *Codex Juliana Aniciana,* or *Codex Aniciae Julianae.* Lavishly illustrated, with more than four hundred plants painted in accurate colors on vellum, this manuscript was eventually brought to Vienna, where it has remained.[42]

REMBERTUS DODONAEUS (1517–1585)
Flemish physician, botanist, author, professor

Rembertus Dodonaeus, or Rembert Dodoens (ill. 93), went to Vienna in 1574 to serve as court physician and botanist to Emperor Maximilian II, at the suggestion, most likely, of Carolus Clusius, who had come to the city a year earlier.[43] Dodonaeus remained in Vienna as the physician to Maximilian's successor, Rudolf II, until 1578.[44] In 1582, he became professor of medicine at the University of Leiden (founded in 1575), and held that post until his death three years later. Dodonaeus and the somewhat younger Clusius and Matthias Lobelius were friends as well as colleagues, freely exchanging botanical illustrations and information.[45] Each initiated a system for classifying and describing plants from personal observation,[46] a major advance in the history of botanical science. Their manuscripts were published by their friend Christophe Plantin, in Antwerp.[47] He owned the woodblocks for their herbals and florilegia, and was free to insert their illustrations in publications of the works of his various authors.[48] The illustrations were produced by woodcarvers after drawings made from nature by Pieter van der Borcht, whom Plantin paid twelve or thirteen *sous* for each drawing.[49] Dodonaeus's most important work was his *Cruijdeboeck* (1552–54),[50] published, in Antwerp, by Jan van der Loë, who, until his death in 1563, was the botanist's publisher; the majority of the illustrations were taken from Leonhart Fuchs's *De historia stirpium commentarii* (1542).[51] *Cruijdeboeck* went through many editions, comprising various revisions, translations, and

Ill. 93 **Portret van Rembertus Dodonaeus**
Houtsnede uit: Rembertus Dodonaeus, *Stirpium historiae pemptades sex Sive Libri XXX*, facsimile. Privé-coll., Philadelphia

Ill. 93 **Portrait of Rembertus Dodonaeus**
Rembertus Dodonaeus, woodcut, Stirpium historiae pemptades sex Sive Libri XXX, *facsimile ed. Private coll., Philadelphia, Penn.*

Ill. 94 **Titelpagina**
Houtsnede uit: Rembertus Dodonaeus, *Cruijdeboeck [...],* facsimile-herdruk Privé-collectie, Philadelphia (Pennsylvania)

Ill. 94 **Title Page**
Rembertus Dodonaeus, woodcut, Cruijdeboeck, *facsimile ed. Private collection, Philadelphia, Penn.*

tekening van Plantijn een bedrag van twaalf of dertien stuivers ontving.[49]

In eerste instantie verscheen het belangrijkste werk van Dodonaeus, zijn *Cruijdeboeck* (1552–1554),[50] in Antwerpen bij Jan van der Loë, die tot aan zijn dood in 1563 Dodonaeus' uitgever is geweest. Het merendeel van de illustraties was aan *De historia stirpium commentarii* van Leonhart Fuchs ontleend.[51] Het *Cruijdeboeck* is verschillende malen herzien, vertaald en aangevuld.[52] In een bewerkte versie heeft Plantijn het in 1583 als *Stirpium historiae pemptades sex* op de markt gebracht (ill. 94).[53] Ter aanvulling op de al eerder gebruikte houtblokken, door Plantijn in 1581 uit de boedel van Van der Loë gekocht,[54] maakte Pieter van der Borcht voor deze uitgave nieuwe tekeningen, en onder het toeziend oog van de auteur liet Plantijn de blokken allemaal opnieuw bewerken. Als honorarium ontving Dodonaeus vijftig van de in totaal achthonderd gedrukte exemplaren.[55]

Eeuwenlang hadden botanici de klassieke leer der kruiden in het Latijn overgenomen, maar kritisch onderzoek was nooit verricht. Dodonaeus stelde zich nu tot taak inheemse planten in

additions,[52] and in 1583 was reissued by Plantin as *Stirpium historiae pemptades sex* (ill. 94).[53] In addition to the woodblocks from an earlier edition that Plantin had purchased in 1581 from the estate of Van der Loë,[54] Van der Borcht made new drawings for this edition, and Plantin had all the woodblocks recut under the author's supervision. As his royalty, Dodonaeus received fifty of the eight hundred copies printed.[55]

For centuries, botanists had repeated the ancient herbal lore in Latin, without critical examination. Dodonaeus now began the task of describing indigenous plants in Dutch, his native language, to make his work accessible not only to local scholars and medical professionals but to the many horticulturists who were not necessarily versed in Latin. He was also careful to collate the descriptions of the ancients, such as Pliny and Dioscorides, with the contemporary plants known in his own time.[56] Dodonaeus classified his descriptions according to the following format: *Ghedaente* (shape), *Plaetse* (location), *Tijdt* (season), *Aerdt oft Natuere* (function), and *Cracht ende Werckinge* (efficacy). He included a register with the names of the herbs in Dutch, German, French, Latin, and Greek.

het Nederlands, zijn moedertaal, te beschrijven, teneinde zijn werk ook voor minder geletterden in het onderwijs, in de medische stand en in kringen van hoveniers toegankelijk te maken. Zorgvuldig vergeleek hij beschrijvingen door auteurs als Plinius en Dioscorides met eigentijdse, algemeen bekende planten.[56] Dodonaeus rubriceerde zijn beschrijvingen op basis van de beschrijvingen van Dioscorides in categorieën als 'Ghedaente', 'Plaetse', 'Tijdt', 'Aerdt oft Natuere' en 'Cracht ende Werckinge'. In het register vermeldde hij de namen van de planten in het Nederlands, Duits, Frans, Latijn en Grieks.

LEONHART FUCHS (1501–1566)
Duits botanicus, geneesheer en hoogleraar

Leonhart Fuchs was een der eersten die Noordeuropese planten en kruiden hebben beschreven[57] in een tijd dat de mediterrane flora nog als vanouds de meeste aandacht trok. Zijn *De historia stirpium commentarii insignes* (Bazel, 1542) geldt voor velen als het mooiste en meest belangrijke kruidenboek van de zestiende eeuw. Met het oog op een bredere verspreiding kwam het al een jaar na verschijnen, ook in Bazel, in het Duits uit, onder de titel *New Kreüterbuch in welchem nit allein die gantz Histori, das ist Namen, Gestalt, Statt und Zeit der Wachsung, Natur, Krafft und Würckung, [...]*
Evenmin als zijn voorganger Otto Brunfels nam Fuchs genoegen met bestaande, vaak gestileerde illustraties. Hij gaf de kunstenaars Albrecht Meyer en Heinrich Füllmaurer opdracht naar de natuur te tekenen, en de portretten van de twee tekenaars en van houtsnijder Veit Rudolf Speckle in *De historia stirpium commentarii* vormen het beste bewijs dat hij hun prestaties naar waarde wist te schatten.[58] Op bijna vijfhonderd houtsneden, alleen in contouren, zonder arcering, staan zo'n vierhonderd inheemse Duitse en zo'n honderd uitheemse planten,[59] van de zaden tot en met de vruchten.[60] De waarde van deze eindeloos gekopieerde illustraties is aanzienlijk groter dan die van de hoofdzakelijk op Dioscorides gebaseerde tekst.[61]

KONRAD GESNER (1516–1565)
Zwitsers botanicus

Aan de eerste afbeelding van een tulp, in de door hem bezorgde uitgave van de *Annotationes in Pedacii Dioscoridis Anazarbei de*

LEONHART FUCHS (1501–1566)
German physician, professor

Leonhart Fuchs was one of the first to describe northern European plants and herbs,[57] as opposed to those of the Mediterranean regions that, since classical times, had received more attention. His *De historia stirpium commentarii insignes* (Basel, 1542) is considered by many the most beautiful and most important sixteenth-century herbal. To reach a wider audience, the next year it was published, in Basel, in German as *New Kreüterbuch in welchem nit allein die gantz Histori, das ist Namen, Gestalt, Statt und Zeit der Wachsung, Natur, Krafft und Würckung, ...* (New Herbal, in which the entire history, such as name, shape, location and season, function and efficacy, etc., etc.). Fuchs, like Otto Brunfels before him, did not merely copy earlier, often stylized illustrations, but he commissioned the artists Albrecht Meyer and Heinrich Füllmaurer to draw from nature. He recognized their accomplishments by including woodcut portraits of the two draftsmen and the wood engraver Veit Rudolf Speckle in his *De historia stirpium commentarii*.[58] The approximately five hundred woodcuts, in outline only, without shading, include around four hundred native German and some one hundred foreign plants,[59] from seeds to fruit.[60] The value of the illustrations, which were copied and recopied, far outweighs the value of the text, which is based mainly on Dioscorides.[61]

KONRAD GESNER (1516–1565)
Swiss botanist

Konrad Gesner (Gessner) is best known because the first illustration of a tulip appeared in his publication of his deceased friend Valerius Cordus's *Annotationes in Pedacii Dioscoridis Anazarbei de materia medica libros V* (Strasbourg, 1561). One of the early tulips, which is no longer cultivated, *Tulipa gesneriana*, was named in his honor. In his *De hortis Germaniae Liber Recens* (Augsburg, 1561), Gesner writes of seeing his first tulip:

> In this year of our Lord 1559 at the beginning of April in the garden of the ingenious and learned Councillor John Henry Herwart [in Augsburg] I saw there a plant which had sprung from seed which had been procured from Byzantia, or as some say from Cappadocia. It was growing with one large reddish flower, like a red lily, having eight petals of which

materia medica libros V (Straatsburg, 1561) van zijn overleden vriend Valerius Cordus, heeft Konrad Gesner (Gessner) zijn bekendheid te danken. Te zijner ere heeft een van de vroege tulpen, die niet meer in cultuur is, de naam *Tulipa gesneriana* gekregen. In *De hortis Germaniae Liber Recens* (Augsburg, 1561) beschrijft Gesner de eerste tulp die hem onder ogen kwam:

> In dit jaar onzes Heren 1559 zag ik begin april in de tuin van de inventieve en geleerde raadsheer John Henry Herwart [in Augsburg] een plant, gewonnen uit zaad dat afkomstig was uit Byzantium, of zoals sommigen zeggen, Cappadocië. De plant had een grote rossige bloem, net een rode lelie, met acht bloembladen waarvan vier aan de buitenkant en een zelfde aantal binnenin, en met een aangename geur, zacht en verfijnd, die snel vervliegt.[62]

Gesner studeerde vooral geneeskunde en natuurwetenschappen, maar ook andere disciplines. In 1541 publiceerde hij in Parijs zijn *Historia plantarum et vires ex Dioscoride, Paulo Aegineta*, net als *De hortis Germaniae* een compilatie van eerder wetenschappelijk onderzoek,[63] en een jaar later, in 1542, een catalogus met de namen van planten in het Grieks, Latijn, Duits en Frans.[64] Oorspronkelijk werk heeft hij nauwelijks geschreven.

JACOB HOEFNAGEL (1575–ca. 1630)
Vlaams graveur en miniaturist

Jacob Hoefnagel, de zoon van Joris, maakte 52 gravures naar tekeningen van zijn vader. Deze platen van insekten, vruchten en bloemen, gebundeld in het vierdelige *Archetypa studiaque patris Georgii Hoefnagelii*, zijn in 1592 in Frankfurt uitgegeven. Jacob was toen pas zeventien jaar, zoals hij onder aan de titelpagina van het eerste deel met trots vermeldt. Strikt genomen is de *Archetypa studiaque* geen florilegium, daar de bloemen niet afzonderlijk en formeel zijn afgebeeld; op elke bladzijde zien we verscheidene exemplaren, soms verspreid, soms in een vaas, maar men ziet ook dieren, insekten en vruchten. In zekere zin legt de als miniaturist vermaarde Hoefnagel in deze tekeningen een horror vacui aan de dag; de resterende ruimte vult hij met verschillende diertjes (ill. 8). Het is kenmerkend voor het einde van de zestiende eeuw dat de voorstellingen, voorzien van epigram, zowel symbolische als decoratieve waarde hebben: symbolische interpretatie en

four are outside, and just as many within, with a pleasant smell, soothing and delicate, which soon leaves it.[62]

Gesner studied botany and medicine, among other disciplines, and compiled a catalogue of plant names in Greek, Latin, German, and French that was published, in Paris, in 1542.[63] The other publication issued under his name, which, like the 1561 volume, was also a compilation of previous research, was *Historia plantarum et vires ex Dioscoride, Paulo Aegineta* (Paris, 1541; reprint, Zurich, 1972).[64] Gesner did not publish much independent work.

JACOB HOEFNAGEL (1575–c. 1630)
Flemish engraver, miniaturist

Jacob Hoefnagel, Joris's son, engraved fifty-two plates after his father's drawings of insects, fruits, and flowers, which were published in the four-volume *Archetypa studiaque patris Georgii Hoefnagelii* (Frankfurt, 1592). Jacob was then only seventeen, as he mentioned proudly at the bottom of the title page of the first volume. This work cannot be called a florilegium in the strictest sense, because the plates do not depict a formal flower; rather, scattered over the pages, are several flowers, sometimes arranged in a vase, interspersed with animals, insects, and fruit. In these drawings, Hoefnagel, renowned as a miniaturist, displays a kind of horror vacui, as he fills the blank spaces between the flowers with different species of diminutive animal life (ill. 8). That images are emblematic as well as decorative, is reinforced by the epigram that appears on each plate. This combination is characteristic of the end of the sixteenth century when both the close observation and symbolic interpretation of natural phenomena were in vogue.

The pictures in *Archetypa studiaque* consist of seemingly unconnected details, each faithfully reproduced from minute observation and placed in a strictly symmetrical composition. The central axis is clearly defined, and the finely detailed depictions of insects and fruit are obviously balanced; the left and right edges are shaped by a vine or flower stem.

nauwkeurige waarneming van natuurverschijnselen waren in trek. De gravures uit de *Archetypa studiaque* bestaan uit ogenschijnlijk onsamenhangende fragmenten, stuk voor stuk zorgvuldig naar de natuur getekend en in een strikt symmetrische compositie geplaatst. Er is een duidelijke middellijn, de verhouding tussen de minutieus getekende insekten en vruchten is doordacht en een rank of bloemstengel fungeren links en rechts als omlijsting.

JORIS HOEFNAGEL (1542–1600)
Vlaams tekenaar en miniaturist

Joris (Georg) Hoefnagel bleek gefascineerd door de kleine wonderen der natuur. Zijn stelregel luidde: *Natura sola magistra* (Slechts de natuur is mijn meesteres). Hoefnagel, Antwerpenaar van geboorte, reisde in de jaren zestig van de zestiende eeuw door Frankrijk, Spanje en Engeland. Hij keerde terug naar Antwerpen maar hervatte zijn reizend bestaan nadat de stad in 1576 door het Spaanse leger was geplunderd. In de jaren negentig trad hij in dienst van keizer Rudolf II (1576–1612), aanvankelijk in Praag, later in Wenen.[65] Deze keizer, een ontwikkeld man maar geen bestuurder, was – behalve kunstminnaar en mecenas – een echte natuurliefhebber; zijn wereldbekende tuinen genoten zijn persoonlijke belangstelling en trokken tal van beroemde botanici naar zijn hof. Joris Hoefnagel illustreerde voor Rudolf II het handschrift *Mira calligraphiae monumenta*, dat dertig jaar eerder was geschreven door de Hongaar Georg Bocskay (1561–1562) in opdracht van Rudolfs grootvader keizer Ferdinand I van Habsburg (1556–1564) als kalligrafisch voorbeeld. Het was Hoefnagels verdienste als verluchter dat de planten en insekten die in traditionele manuscripten dienden als randversiering, hier de meer wetenschappelijke hoofdrol vervulden. *Mira calligraphiae monumenta* is in 1992 uitgegeven door het J. Paul Getty Museum in facsimilevorm; daarin hebben D. Onno Wijnands en Carla Oldenburger-Ebbers de door Hoefnagel getekende planten gedetermineerd.

JACQUES LE MOYNE DE MORGUES (ca. 1533–1588)
Frans tekenaar

Jacques Le Moyne de Morgues was een hugenoot en vluchtte vanwege de religieuze vervolging in zijn vaderland naar

JORIS HOEFNAGEL (1542–1600)
Flemish draftsman, miniaturist

Joris (Georg) Hoefnagel showed great interest in the small wonders of nature. His maxim was *Natura sola magistra*, or "Only nature is my master." Born in Antwerp, Hoefnagel traveled to France, Spain, and England in the 1560s. When the Spanish soldiers sacked the town of Antwerp in 1576, he resumed his travels through Europe. In the 1590s, Hoefnagel entered the imperial service of Rudolf II, first, in Prague, and later in Vienna.[65] The emperor, a learned man but a poor ruler, was a great lover of nature who took a strong personal interest in his world-renowned gardens, which attracted many famous botanists to his court.
Joris Hoefnagel illustrated for Rudolf II the manuscript *Mira calligraphiae monumenta*. Thirty years prior, this was written by the Hungarian scribe, Georg Bocskay (1561–62) as a model for calligraphy, at the behest of Rudolf's grandfather, the Emperor Ferdinand I of Habsburg (1556–64). Joris Hoefnagel was the first illuminator to feature the plants and insects that traditionally were used as border illustrations. *Mira calligraphiae monumenta* was published in 1992 in facsimile by the J. Paul Getty Museum, Los Angeles. The plants, illustrated by Hoefnagel, were identified for this publication by D. Onno Wijnands and Carla Oldenburger-Ebbers at the University of Wageningen.

JACQUES LE MOYNE DE MORGUES (c. 1533–1588)
French draftsman

Jacques Le Moyne de Morgues was a Huguenot who fled to England to escape religious persecution.[66] His acute powers of observation and delight in plants prepared him to become a master of plant portraiture, able to express visually what he saw. In 1586, he published, at Blackefriars, in London, a small volume of one hundred woodcuts, to be used as pattern books for tapestry designers, embroiderers, jewelers, and comparable craftspersons, that he called:[67] *La Clef des champs, pour trouver plusieurs Animaux, tant Bestes qu'Oyseaux, avec plusieurs Fleurs & Fruitz.*[68]
The *Altera pars* that accompanied Crispijn vanden Passe's *Hortus floridus* (1614), and was instrumental in the dissemination of floral portraits throughout Europe for more than a century, is

Engeland.[66] Met zijn scherpe waarnemingsvermogen en zijn liefde voor de natuur was hij een meester in het portretteren van planten. In 1586 publiceerde hij bij Blackefriars in Londen een boekje in klein formaat met honderd houtsneden, bedoeld als een modelboek voor tapijtontwerpers, borduurwerkers, juweliers en andere handwerkslieden,[67] onder de titel *La Clef des champs, pour trouver plusieurs Animaux, tant Bestes qu'Oyseaux, avec plusieurs Fleurs & Fruitz.*[68]

Tal van tekeningen uit *La Clef des champs* hebben later, naar het schijnt, ook model gestaan voor de *Altera pars*, het tweede deel van de *Hortus floridus* van Crispijn vanden Passe, dat gedurende meer dan een eeuw de verspreiding van afbeeldingen van bloemen door Europa heeft bewerkstelligd.[69]

Het werk van Le Moyne vertegenwoordigt een overgangsperiode in de ontwikkeling van de botanische kunst, een ommezwaai van het medische naar het natuurwetenschappelijke vlak. Ofschoon zijn tekeningen eerder bekoorlijk dan wetenschappelijk verantwoord zijn,[70] betreffen zij in hoofdzaak planten van Europese en mediterrane origine die in laat-middeleeuwse tuinen heel gewoon waren, zoals akeleien, madeliefjes, goudsbloemen en rozen. Ook tekende hij recent uit de Balkan en West-Azië ingevoerde bolgewassen als tulpen, keizerskronen, irissen en narcissen[71] en putte hij onbekommerd uit de houtsneden in eerder verschenen kruidenboeken. De stilistische oorsprong van het werk van Le Moyne, maar ook van dat van Joris Hoefnagel, lijkt in Vlaanderen te liggen, waar de realistische en ornamentale behandeling van bloem en blad zich in de florale motieven van de boekillustratie tot een van de belangrijkste elementen heeft ontwikkeld.[72]

MATTHIAS LOBELIUS (1538–1616)
Vlaams geneesheer en botanicus

Matthias de L'Obel (Lobel), of Lobelius, was – naast Rembertus Dodonaeus en Carolus Clusius – het derde lid van het beroemde humanistische driemanschap van laat-zestiende-eeuwse botanici. Op grond van de bevindingen van zijn beide vrienden ontwierp Lobelius een nieuw systeem van classificatie waarin het type en het onderlinge verband van de bladeren belangrijke gegevens vormden, hetgeen, gelet op de geringe aandacht voor bladvormen in het tot dusver bestaande systeem, een hele stap voorwaarts was.[73]

said to owe many of its engravings to drawings in *La Clef des champs.*[69]

Le Moyne was active during a transitional stage in the development of botanical art, when medicinal virtues of plants were being surpassed by the scientific study of botany. Although frequently more charming than scientifically accurate,[70] he depicted, predominantly, plants of European and Mediterranean origin that were common in the late-medieval gardens, such as the columbine, daisy, marigold, and rose. In addition, he drew the bulbous plants recently imported from the Balkans and western Asia, including tulips, crown imperials, iris, and narcissus,[71] borrowing freely from the woodcuts in the older herbals. Le Moyne's work, like Jacob Hoefnagel's, appears to have its stylistic origin in Flanders, where the realistic and ornamental treatment of flowers and foliage became one of the main elements in the floral decoration of manuscript illumination.[72]

MATTHIAS LOBELIUS (1538–1616)
Flemish physician, botanist

Matthias Lobelius (de l'Obel, Lobel) is the third member of the famous triumvirate of late sixteenth-century botanists that included Rembertus Dodonaeus and Carolus Clusius. Based on the research of his two colleagues, he devised a system of plant classification that ascribed much importance to the type and the interrelationship of leaves. This was a major contribution to a botanical system in which leaf forms had been given little attention.[73]

Lobelius's first work to be published by Christophe Plantin was a two-volume edition of *Plantarum seu stirpium historia* (Antwerp, 1576).[74] Almost half of the woodblocks had been used in previous publications by Dodonaeus and Clusius, with new ones cut by Antoni van Leest and Gerard Janssen van Kampen after the drawings of Pieter van der Borcht. In 1581, Plantin issued it in Dutch as *Kruydtboeck, oft, Beschrijvinghe van allerleye Ghewasse, Kruyderen, Hesteren, ende Gheboomten: deur Matthias de Lobel Medecijn der Princess.*[75] This volume was dedicated to the princess, for Lobelius was personal physician to the princess and Prince William of Orange, in Delft, from 1581 to 1584. After the prince was murdered, in 1584, Lobelius went briefly to Antwerp before moving to England, where he became botanist and

Lobelius' eerste werk, de tweedelige *Plantarum seu stirpium historia*, verscheen in 1576 bij Plantijn in Antwerpen.[74] Ongeveer de helft van de houtblokken was eerder in werk van Dodonaeus en Clusius gebruikt; de nieuwe werden gesneden door Anton van Leest en Gerard Janssen van Kampen naar tekeningen van Pieter van der Borcht. In 1581 gaf Plantijn dit werk in het Nederlands uit onder de titel *Kruydtboeck, oft, Beschrijvinghe van allerleye Ghewasse, Kruyderen, Hesteren ende Gheboomten: deur Matthias de Lobel Medecijn der Princess.*[75] Het was opgedragen aan de prinses van Oranje. De auteur was van 1581 tot 1584 als lijfarts van het prinselijk paar aan het hof in Delft verbonden. Na de moord op Willem van Oranje in 1584 woonde hij kortstondig in Antwerpen, en vervolgens in Engeland waar hij een aanstelling kreeg als botanicus en lijfarts van Jacobus I.[76] In 1581 publiceerde Lobelius een album onder de titel *Plantarum seu Stirpium Icones*, waarvoor Plantijn niet minder dan 2176 houtblokken heeft geleverd. Naast elke illustratie staat alleen de Latijnse naam van de plant, plus een verwijzing naar Lobelius' Latijnse werk uit 1576 of zijn Nederlandse uit 1581.[77]

CRISPIJN VANDEN PASSE (1565–1637)
Nederlands graveur

Crispijn vanden Passe (de Pas, Pass, Crispin) was de stamvader van een geslacht van kopergraveurs. Aan zijn *Hortus floridus* (Utrecht en Arnhem, 1614–1617; ill. 96), een van de eerste en zeker meest succesrijke florilegia van zijn tijd, hebben verschillende familieleden, meestal zonder te signeren, hun medewerking verleend.[78] Zijn tweede zoon en leerling Crispijn vanden Passe (II) de Jongere (ca. 1595–1670)[79] heeft waarschijnlijk het leeuwedeel voor zijn rekening genomen, maar ook twee andere zoons, Simon en Willem, hebben een bijdrage geleverd.[80]
De *Hortus floridus* is verdeeld in vier delen, een per seizoen. Elk deel bevat een titelplaat met een ommuurde bloementuin, al naar gelang het seizoen begroeid en met strikt van elkaar gescheiden en verschillend beplante perken, zoals dat bij sierbeplanting in de renaissance gebruikelijk was. Na aanvankelijk in het Latijn te zijn gepubliceerd, verscheen het werk al snel in het Nederlands als *Den Blomhof, Inhoudende de Rare oft Onghemeene Blommen* (1614), in het Engels als *A Garden of Flowers* (1615) en in het Frans als *Jardin de fleurs* (1614–1616).

personal physician to the king.[76]
In 1581, Lobelius also published *Plantarum seu Stirpium Icones*, in Antwerp, for which Plantin provided no less than 2,176 woodblocks. The Latin name of the plant, as well as a reference to either Lobelius's Latin (1576) or Dutch (1581) publication, appeared next to every illustration.[77]

CRISPIJN VANDEN PASSE (1565–1637)
Dutch engraver

Crispijn vanden Passe (de Pas, Pass, Crispin) was the patriarch of a family of engravers. Several family members collaborated, in most cases without signing their names, on one of the first and unquestionably one of the most successful florilegia of the period, *Hortus floridus* (Utrecht and Arnheim, 1614–17; ill. 95).[78] Most of the copperplates were probably drawn by Crispin de Passe (II) the Younger (c. 1597–c. 1670), the second son and pupil of Vanden Passe,[79] with some help from two of his brothers, Simon and Willem.[80]
Hortus floridus is divided into four parts, one for each season. Each part has a frontispiece depicting a walled flower garden in the appropriate season. Each bed, in the tradition of the medieval herb and medicinal garden, is planted with a different species and separated from all others. After the original Latin edition (ill. 95), others were rapidly published: in Dutch, *Den Blomhof, Inhoudende de Rare oft Onghemeene Blommen* (1614); in English, *A Garden of Flowers* (1615); in French, *Jardin de fleurs* (1614–16). Each of the hundred seventy-five to two hundred plates bears the name of its flower in several languages.
The *Altera pars horti floridi*, which was probably published separately, is now usually bound with the *Hortus floridus* of 1614 as one volume.[81] Since the sheets were originally issued unbound, the number of pages and their collation vary considerably in each extant volume.[82] For example, a bound volume may have two pages showing the identical flower, but with an insect in a slightly different pose;[83] a butterfly, a bird, or an insect is usually shown around the flower (ill. 46, 55, 69). When, in the case of bulbous plants, the oblong of the quarto-size folio (approximately 8 x 4 inches) was not large enough to show the entire plant, the bulb is cut off and seen lying nearby the plant (ill. 82). Many of the engravings[84] picture the low horizon that is ubiquitous in the works of Dutch landscape

Op elk van de 175 tot 200 platen wordt de afgebeelde bloem in
verschillende talen benoemd.

De *Altera pars horti floridi*, die waarschijnlijk apart en eerder is
verschenen, vormt thans gewoonlijk met de *Hortus floridus* van
1614 één geheel.[81] Omdat de ons resterende exemplaren
oorspronkelijk losbladig waren, hebben ze zelden een gelijk
aantal bladzijden of exact dezelfde afbeeldingen in een bepaalde
volgorde.[82] Zo kan bijvoorbeeld een en dezelfde bloem in een
gebonden exemplaar twee keer opgenomen zijn vanwege een
miniem verschil in de weergave van het insekt[83] – in de buurt
van de bloem beweegt zich meestal een vlinder, een vogel of
een insekt (ill. 46, 55, 69). Was een bolgewas te groot voor een
overdwars genomen folio in kwarto-formaat (ca. 203 x 102
mm), dan werd de bol eraf gesneden en ergens vlak bij de plant
gelegd (ill. 82). Vaak zien we op deze gravures[84] een lage horizon
zoals die gebruikelijk was bij Nederlandse landschapschilders
(Jan van Goyen, Adriaen van de Velde en anderen).

Te oordelen naar het minimum aan tekst en het achterwege
blijven van praktische wenken voor medisch gebruik waren deze
in zwart-wit uitgevoerde gravures eerder voor de tuinier dan
voor de botanicus bestemd. Het voorwoord bij de Nederlandse
uitgave, *Den Blomhof*, vermeldt uitvoerig hoe de planten moeten
worden ingekleurd.[85]

Volgens Richard G. Hatton kan het nauwelijks toeval zijn dat
aan sommige houtsneden in *La Clef des champs* van Le Moyne
dezelfde tekeningen ten grondslag lijken te liggen als aan
gravures in de *Altera pars* van de *Hortus floridus*.[86] Anderzijds stelt
Spencer Savage dat de gravures veel gemeen hebben met de
illustraties in het *Florilegium* van Adriaen Collaert.[87] Wel zijn
beide auteurs het erover eens dat de trefzekere tekeningen van
Vanden Passe fraai zijn uitgevoerd en dat zijn kopergravures zich

painters, such as Jan van Goyen and Adriaen van de Velde.
The engravings were issued in black and white and directed to
the gardener rather than the botanist, since they carry a
minimum of text and no description of how to get the most out
of each part of the plant. The preface to the Dutch edition of
Den Blomhof has elaborate instructions for the purchaser on how
the plants should be colored.[85]

Richard G. Hatton suggests that it can hardly be a coincidence
that some woodblocks used for Le Moyne's *La Clef des champs*
seem to have the same origin as those in the *Altera pars* of the
Hortus floridus.[86] Spencer Savage writes that they have much in
common with the illustrations in the *Florilegium* of Adriaen
Collaert (c. 1590).[87] These writers agree, however, that Vanden
Passe's strong drawings are beautifully executed, and that the
copperplate engravings in the volumes he issued show a cleaner
line than it was possible to achieve in the earlier woodcuts.

CHRISTOPHE PLANTIN (c. 1520–1589)
Flemish publisher

Christophe Plantin (Christoffel Plantijn), born in France and a
member of the Guild of St. Lucas, founded the publishing
dynasty of Plantin-Moretus in Antwerp, in 1555. It was
inherited by his son-in-law Jan I Moretus (Moerentorf) and
greatly enlarged by his grandson Balthasar Moretus I.[88] The firm
reached a high point between 1567 and 1576, when Plantin
employed from sixteen to twenty-two employees, an unusually
large number for the time.[89]

In the years between 1555 and 1589, among the 2,450 works he
published[90] were books on the humanities and the exact
sciences, religious tracts, and the best maps of the day.[91] Under

kenmerken door een scherpte die bij de houtsneden van voorheen niet haalbaar was.

CHRISTOFFEL PLANTIJN (ca. 1520–1589)
Vlaams uitgever

De in Frankrijk geboren Christoffel Plantijn (Christophe Plantin) begon als lid van het Sint-Lucasgilde in 1555 in Antwerpen een uitgeversbedrijf, dat later door zijn schoonzoon Jan I Moretus (Moerentorf) werd overgenomen en door zijn kleinzoon Balthasar I Moretus aanzienlijk is uitgebreid.[88] Het bedrijf beleefde een hoogtepunt in de jaren 1567–1576 met de destijds indrukwekkende personeelsbezetting van 16 tot 22 werknemers.[89]
Plantijn publiceerde in de jaren tussen 1555 en 1589 een reeks van 2450 titels,[90] waaronder boeken op het gebied van de exacte en geesteswetenschappen, godsdienstige traktaten en carto-grafische werken van superieure kwaliteit.[91] Beschermd en financieel gesteund door koning Filips II wist hij het alleenrecht op de produktie en verkoop van alle liturgische publikaties in Spanje en de Spaanse koloniën te bemachtigen, een monopolie dat de firma tot 1876 heeft behouden.[92] In 1583 werd Plantijn de officiële drukker van de pas opgerichte universiteit van Leiden. In deze hoedanigheid is hij opgevolgd door zijn schoonzoons Franciscus I van Ravelingen en Jan Moretus, die het Leidse filiaal van de firma Plantijn hebben voortgezet.
Plantijn, die zelf een grote belangstelling had voor de botanische wetenschap, heeft zich met zijn uitgaven, en vooral zijn schitterende kruidenboeken, bewust gericht op een breed publiek. Hij gaf werken uit van de drie grootste botanici van zijn tijd: Dodonaeus, Clusius en Lobelius.[93] Ter gelegenheid van zijn vierhonderdste sterfdag heeft het Museum Plantin-Moretus in Antwerpen van 18 maart tot 31 mei 1989 een tentoonstelling georganiseerd en een uitvoerige catalogus van zijn werk uitgegeven.[94] In 1993 volgde er een tweede tentoonstelling (van 13 maart tot 13 juni) met een tweetalige catalogus.

EMANUEL SWEERTS (ca. 1552–1612)
Nederlands plantenkweker

Emanuel Sweerts (Sweert) was geen man van de wetenschap, maar een kweker, die via zijn tweedelig *Florilegium [...],*

the protection and with the financial assistance of King Philip II, Plantin received the monopoly for the production and sale of all religious publications for Spain and its colonies, which the firm held until 1876.[92] In 1583, Plantin was appointed official printer for the recently established University of Leiden. He was succeeded in this position by a brother-in-law of Jan Moretus, who thus became the owner of the Leiden branch of the House of Plantin.
Plantin's personal interest in botany led him to publish works designed for a larger public, especially the splendid herbals. He became the most important publisher for the three greatest botanists of the time: Rembertus Dodonaeus, Carolus Clusius, and Matthias Lobelius.[93] In 1989, to commemorate the four hundredth anniversary of the death of Christophe Plantin, the Plantin-Moretus Museum, in Antwerp, held an exhibition and published an extensive catalogue of his work.[94] This was followed by a second exhibition from March 13 to June 13, 1993, with a new catalogue that is a bilingual work.

EMANUEL SWEERTS (c. 1552–1612)
Dutch nurseryman

Emanuel Sweerts (Sweert) was not a scientist-botanist but a nurseryman who sold his plants, bulbs, and seeds via his two-volume *Florilegium,* published in Frankfurt-am-Main, in 1612–14 (ill. 96). He lived his entire life in the Netherlands, except for the years when he was prefect of the imperial gardens of Rudolf II, at whose instigation Sweerts published his *Florilegium,* and who wrote the introduction. Consequently, Sweerts dedicated the work to the emperor, called "the greatest, most enthusiastic admirer and lover of such things of the world, as well as of the arts."[95] Drawing on works by Johann Theodor de Bry, Pierre Vallet, Pierandrea Mattioli, Matthias Lobelius, Carolus Clusius, and Rembertus Dodonaeus, among others, for his copper engravings,[96] Sweerts made life-size illustrations of common flowers, such as lilies, roses, carnations, and violets, as well as bulbous flowers and some fruit, showing several examples of a species on the same page. Although his *Florilegium* includes extensive tables of contents in Latin, Dutch, German, and French, it does not have any text or prices.

verschenen in Frankfurt am Main in 1612–1614 (ill. 96), zijn
planten, bollen en zaden verkocht. Hij woonde en werkte in de
Nederlanden, behalve in de periode dat hij prefect was van de
keizerlijke tuinen van Rudolf II, op wiens aanraden hij zijn
Florilegium gemaakt heeft en die de inleiding heeft geschreven.
Op zijn beurt heeft Sweerts het werk – in het Latijn –
opgedragen aan de keizer, 'aan 's werelds grootste, meest
enthousiaste bewonderaar en liefhebber van zulke wereldse
zaken, maar ook van de kunsten'.[95]
Aan de hand van werken van Johann Theodor de Bry, Pierre
Vallet, Pierandrea Mattioli, Lobelius, Clusius, Dodonaeus,
Collaert en anderen[96] maakte hij afbeeldingen – in kopergravure
– op ware grootte van gewone bloemen als lelies, rozen, anjers
en viooltjes, maar ook van bolgewassen en een enkele vrucht;
per bladzijde heeft hij meerdere exemplaren van één soort
afgebeeld. Ofschoon dit florilegium uitvoerige registers in het
Latijn, Nederlands, Duits en Frans bevat, zijn tekst en prijzen
achterwege gebleven.

PIERRE VALLET (ca. 1575–na 1657)
Frans borduurwerker

Haast per toeval heeft Pierre Vallet het eerste belangrijke Franse
florilegium gemaakt. Zijn werk, dat in 1608 bij Jean Robin in
Parijs verscheen, was getiteld: *Le jardin du roy très chrestien Henry
IV, roy de France et de Navare, dedié à la royne*.[97] Als 'Brodeur
ordinaire du roy', koninklijk borduurwerker, maakte Vallet dit
florilegium voor koningin Maria de' Medici, die dol was op
bloemen, om haar en haar hofdames aan te moedigen
bloemdessins te borduren.[98] De door Vallet persoonlijk
vervaardigde gravures van planten uit de koninklijke tuinen
waren bedoeld als patronen voor borduurwerk, tapijten en
andere toegepaste kunsten.[99]
Aangemoedigd door het succes van zijn eersteling publiceerde
hij in 1623 in Parijs het eveneens populaire *Le jardin du roy très
chrestien Loys XIII, roy de France et de Navare*.[100] En na zijn dood
volgde nog *Le jardin du roy très chrestien Loys XIIII, roy de France et
de Navare dedié à la royne mere de sa maiesté* (Parijs, 1665) (ill.
97).[101] Met zijn eerder decoratieve dan wetenschappelijke
gravures van bloemen heeft Vallet op andere kunstenaars, onder
wie Johann Theodor de Bry, veel invloed gehad, terwijl Vallet
én De Bry op hun beurt gravures van Collaert kopieerden.[102]

PIERRE VALLET (c. 1575–after 1657)
French embroiderer

Pierre Vallet produced, almost by chance, the first important
French florilegium, *Le jardin du roy très chrestien Henry IV, roy de
France et de Navare, dedié à la royne*, which was published by Jean
Robin, in Paris, in 1608.[97] Vallet, as "brodeur ordinaire du roy"
(embroiderer to the royal court), dedicated his florilegium to
Queen Marie de Médicis, who adored flowers, to inspire her
and her ladies of the court to embroider floral designs.[98] His
florilegium recorded plants from the royal gardens with
engravings made by Vallet himself, and was intended as a design
book for embroidery, tapestry weaving, and allied crafts.[99] The
success of this volume prompted Vallet to publish, in 1623, in
Paris, *Le jardin du roy très chrestien Loys XIII, roy de France et de
Navare*.[100] This, in turn, proved so popular that it was followed
after Vallet's death by *Le jardin du roy très chrestien Loys XIIII roy
de France et de Navare dedié à la royne mere de sa maiesté* (Paris,
1665; ill. 97).[101] His decorative as opposed to scientific
engravings of flowers inspired other artists, including De Bry.[102]

HANS WEIDITZ (ca. 1495–ca. 1537)
Duits tekenaar

Hans Weiditz de Jongere, wiens oeuvre vele jaren aan Albrecht Dürer is toegeschreven,[103] is de tekenaar voor de originele houtsneden in het werk van Otto Brunfels, *Herbarium vivae eicones [...]* (1530). Hij tekende naar de natuur, of om met de titel te spreken, hij maakte 'levende afbeeldingen van planten',[104] wat voor een zestiende-eeuwse illustrator een ongebruikelijke aanpak was.[105]
Met zijn realistische tekeningen heeft de begaafde Weiditz de botanische illustratie op een hoger plan gebracht. De tekst van Brunfels, een compilatie van het werk van eerdere schrijvers, valt naast de tekeningen van Weiditz in het niet.

HANS WEIDITZ (c. 1495–c. 1537)
German draftsman

Hans Weiditz the Younger, whose drawings were for many years attributed to Albrecht Dürer,[103] made the original drawings for the woodcuts in Otto Brunfels's *Herbarum vivae eicones ad nature imitationem* (1530). He drew from personal observation, an unusual approach to sixteenth-century illustration, but it explains the aptness of Brunfels's title, *Living Pictures of Plants.*[104] Weiditz was a brilliant artist whose realistic drawings set a new standard for botanical illustration. The value of his work far outweighs that of Brunfels's text, which was a compilation of the work of other authors.[105]

Conclusie

Expedities naar vreemde landen en reizen door Europa hebben in de zestiende eeuw een revolutie in de natuur- en geesteswetenschappen ontketend. Het belang van veldwerk en reizen voor natuurhistorisch onderzoek kan niet genoeg beklemtoond worden; nieuwe artistieke prestaties bereikten ongeëvenaarde hoogten, uniek in de geschiedenis van Europa. Een gebeurtenis op het gebied van de natuurwetenschappen was de publikatie van botanische werken waarin het vertrouwde maar ook het pas ontdekte plantenleven met toenemende precisie werd beschreven. Vorderingen op het gebied van de geesteswetenschappen stimuleerden de vraag naar werken over wiskunde, filosofie en bouwkunde. De ontdekkingsreizen leidden tot onovertroffen uitgaven op het gebied van astronomie en topografie.

Op zoek naar het exotische raakten onderzoekers en reizigers onder de indruk van de overdadige schoonheid die zij in het Verre en Nabije Oosten gewaarwerden. Vondsten werden meegenomen en kwamen in de Lage Landen terecht. Bloemen als keizerskronen, kievitsbloemen, irissen, riddersporen, narcissen en met name tulpen werden eerst door botanici en vervolgens door tuinliefhebbers en kwekers in de publiciteit gebracht. Voor de welgestelde burgerij waren bloemen eerder interessant vanwege hun schoonheid dan vanwege de geneeskrachtige aspecten die vóór de botanische renaissance nog zo'n voorname rol hadden gespeeld. Binnen de kortste keren spande de tulp de kroon.

Rijke verzamelaars correspondeerden met beroemde botanici als Carolus Clusius, de prefect van de Hortus Botanicus in Leiden. Of zij wendden zich tot kunstenaars en verlangden een natuurgetrouwe weergave van exotische bloemen, op basis van persoonlijke waarneming. In *Het Schilder-boeck* zegt Carel van Mander: 'Hij schilderde bloemen in een glas water en besteedde daaraan zoveel tijd, geduld en zorg dat ze net echt leken.' De Nederlandse kunstenaars die voor zulke opdrachtgevers hun bloemstillevens schilderden en de tekenaars die illustraties maakten voor de ook door tegelschilders gebruikte florilegia, verrichtten hun arbeid in samenwerking met wetenschappers. Voortaan werd in wetenschappelijk naturalisme de ontwikkeling van de natuurwetenschappen van nabij gevolgd.

In de Gouden Eeuw werden artistieke prestaties opgeluisterd door de creatie van uitbundige bloemstillevens, verfraaid met

Conclusion

In the sixteenth century, expeditions to foreign regions coupled with restless travel throughout Europe inspired a revolution in the natural sciences and the humanities. The importance of exploration and travel for natural historical research cannot be overstated; new artistic endeavors reached heights never attained before or since in Europe. The natural sciences saw the publication of botanical books in which familiar as well as newly discovered plant life were depicted with ever-increasing exactitude. Advances in the humanities stimulated demand for volumes about mathematics, philosophy, and architecture. The expeditions of discovery gave rise to unequaled publications in astronomy and topography.

Explorers and travelers who were looking for the exotic were impressed by the abundant beauty of the flowers they first saw in the Far and Near East, and they brought back these discoveries to the Low Countries. Flowers such as the crown imperial, fritillaria, iris, larkspur, narcissus, and in particular the tulip were immortalized, first, by the botanist and then the gardener and grower. Wealthy citizens appreciated the flowers for their beauty rather than just their medicinal attributes, as had been the case before the botanical renaissance. The tulip quickly became the most exalted among the newly discovered flowers.

Wealthy collectors corresponded with such famous botanists as Carolus Clusius, the prefect of the Hortus Botanicus in Leiden. Some commissioned artists, and insisted on the exact rendering of exotic flowers from close observation. Carel van Mander, in *Schilder-boeck*, described the process: "He painted flowers in a glass of water, taking so much time, patience and care that they seemed real." The Dutch artists who, on commission, executed the floral still lifes, and the draftsmen who illustrated the florilegia used by the tile decorators, worked in cooperation with the scientists. Thereafter, scientific naturalism became closely connected with the growth of the natural sciences.

In the Netherlands, during the Golden Age, artistic achievements were highlighted by the creation of overwhelming floral still lifes, embellished by exotic shells and insects from far-off lands. The newly advanced architecture was stimulated by commissions from prosperous patrons demanding sumptuous interiors. These requests proffered craftspeople an important share in the flowering of Holland's prosperity. Typical houses of the affluent merchants were decorated with stained-glass

exotische schelpen en insekten uit verre landen. De bouwkunst werd gestimuleerd door welvarende opdrachtgevers die een luxueuze inrichting wilden. Deze trends verschaften het ambachtelijk deel van de bevolking een belangrijk aandeel in de opbloei van de welvaart.

Huizen van rijke kooplui werden voorzien van glas-in-loodramen, muren werden betegeld of met leer of fluweel behangen en met schilderijen verfraaid. Verzamelaars die door hun handel met het buitenland fortuinen hadden vergaard, raakten gefascineerd door immateriële zaken als wetenschappelijke en artistieke ontdekkingen.

De gegoede middenklasse, de stedelingen en de boeren schiepen evenveel genoegen in het 'exotische' als de rijke kooplui; ze konden zich alleen de luxe van een gecultiveerde tuin niet veroorloven. Voor dit dilemma boden tegels een betrekkelijk goedkope oplossing; bovendien waren ze vochtwerend. Luxe was verkwisting in de ogen van de sobere Nederlanders en de versierde tegels dienden dus een tweeledig doel: ze waren decoratief en nuttig.

Is het in de kunstgeschiedenis tegenwoordig algemeen aanvaard om kunstwerken in hun sociale context te bezien, op het gebied van keramiek is men nog niet zover. De adequate integratie van een fenomeen als aardewerktegels in de samenleving die dit fenomeen in het leven heeft geroepen, is amper begonnen.

De onuitputtelijke liefde voor bloemen van de Nederlanders wordt fraai geïllustreerd door de beroemde werken die Nederlandse schilders door de eeuwen heen hebben vervaardigd, van de exotische boeketten van Jan Brueghel I, de bloemen van Jacob de Gheyn II en de stillevens van Jan Davidsz. de Heem en Jan van Huysum tot de irissen en zonnebloemen van Vincent van Gogh en de chrysanten en amaryllissen van Piet Mondriaan.

Het is dus niet meer dan billijk dat de ooit zo gebagatelliseerde tegels met bloemen thans de plaats krijgen die hun toekomt in deze langjarige Nederlandse traditie, en dat wordt erkend dat zij een belangrijke schakel vormen in de imposante keten die loopt van de vijftiende tot de twintigste eeuw.

windows; their walls were covered with tiles, tooled leather, or velvet, and adorned with a number of paintings. Rich collectors of material goods, who had amassed their fortunes through foreign trade, became fascinated by scientific and artistic discoveries. Middle-class burghers, city dwellers, and farmers alike wanted to enjoy the "exotic" as much as the wealthy mercantile class, but they could not afford the luxury of horticultural gardens. Tiles were a relatively inexpensive solution; at the same time, they were useful in keeping the dampness at bay. Extravagance was considered a foible by the frugal Dutch, so the decorated tiles fulfilled dual functions – the aesthetic and the utilitarian.

The use of social history to provide a context for works of art has again become accepted practice in art history, but it has yet to be applied to the area of ceramics. The adequate integration of ceramic tiles as a cultural phenomenon has barely begun. The neverending love of the Dutch people for flowers is magnificently illustrated by the famous images that Dutch painters have created throughout the centuries, from the exotic bouquets of Jan Brueghel I, the flowers of Jacques de Gheyn II, and the still lifes of Jan Davidsz. de Heem and Jan van Huysum to the iris and sunflower of Vincent van Gogh and the chrysanthemum and amaryllis of Piet Mondrian. It is fitting, therefore, that floral tiles, once dismissed as insignificant, are now taking their place in this long-standing Dutch tradition of respect for flowers. They form an important link in the chain that stretches from the fifteenth century to the present.

Woord van dank

Dit boek is complexer geworden dan ik bij de aanvang van mijn onderzoek naar de geschiedenis van vruchten en bloemen op Nederlandse tegels had voorzien. Mijn dank gaat daarom uit naar de vele vrienden en collega's die een buitengewone bijdrage hebben geleverd aan de voorbereiding en voltooiing van het manuscript.

Dat deze onderneming uitvoerbaar was is te danken aan de fantastische collectie van Nederlandse tegels in het Philadelphia Museum of Art – een gift van Anthony N.B. Garvan en zijn moeder, Mrs. Francis P. Garvan –, waarop ik mijn onderzoek heb kunnen baseren. Maar een goede voortgang was ondenkbaar geweest zonder de rustige en begripvolle hulp van Anne d'Harnoncourt, de George D. Widener-directeur van het Philadelphia Museum of Art, en van Ann Temkin, de Muriel and Philip Berman-conservator voor twintigste-eeuwse kunst, alsmede haar voorganger in deze functie, Mark Rosenthal. Mijn dank geldt ook de stafleden van de afdeling twintigste-eeuwse kunst die al die jaren dat ik aan mijn bureau in hun afdeling heb zitten werken, voor me hebben klaargestaan. Ik ben veel verschuldigd aan de drie assistenten, Melissa Birnbaum, en vooral aan David Lavine en Maria Wolf, die met veel toewijding hun vaardigheid op de computer hebben aangewend ten behoeve van de herculische taak dit manuscript en het ondersteunend materiaal in gereedheid te brengen.

De tegels in het museum zouden niet in zo'n voortreffelijke staat zijn geweest zonder de kundigheid en de formidabele inspanningen van P. Andrew Lins en Melissa S. Meighan en de deskundige staf van de restauratieafdeling onder leiding van Marigene H. Butler.

Van verschillende afdelingen van het Philadelphia Museum of Art heb ik waardevolle hulp ontvangen. Veel nuttige informatie dank ik aan de bibliotheekafdeling, in het bijzonder aan Lilah J. Mittelstaedt, die zich met mijn aanvragen tot alle denkbare bibliotheken heeft gewend, en aan Gina B. Erdreich, die mij op nieuwe gegevens heeft gewezen. Aan de afdeling prenten, tekeningen en foto's, en dan met name aan Innis Howe Shoemaker, James Ganz, Ivy L. Barsky en Carter Foster, ben ik dank verschuldigd voor het nazien van bibliografisch materiaal en het beschikbaar stellen van prenten voor fotografeerdoeleinden. De afdeling rechten en reprodukties, onder de deskundige leiding van Conna Clark, was uiterst behulpzaam bij

Acknowledgements

This book became more complex than was originally anticipated when I started to research the history of the fruit and flowers depicted on Dutch tiles. I would thus like to acknowledge the many friends and colleagues who have contributed extraordinarily toward the preparation and completion of the manuscript.

The undertaking became feasible thanks to the outstanding collection of Dutch tiles that came to the Philadelphia Museum of Art through the most generous gift of Anthony N.B. Garvan and his mother, Mrs. Francis P. Garvan, which provided the basis for my research. Still, the project would not have been possible without the quiet and understanding support of Anne d'Harnoncourt, the George D. Widener Director of the Philadelphia Museum of Art, and of Ann Temkin, the Muriel and Philip Berman Curator of Twentieth-Century Art, as well as her predecessor in that position, Mark Rosenthal. My thanks also to the various staff members of the Department of Twentieth-Century Art who stood by me during the many years that I was working on the manuscript at my desk in their office. I am much indebted to the three interns, Melissa Birnbaum, and especially to David Lavine, and Maria Wolf, who put to use their computer expertise in the herculean task of preparing the manuscript and its support material with great devotion to the project.

The tiles in the Museum would not have been in such excellent condition without the expert and heroic efforts of P. Andrew Lins and Melissa S. Meighan and their skillful staff of the Conservation Department under guidance of Marigene H. Butler.

At the Philadelphia Museum of Art, several departments provided valuable assistance. Much helpful information was supplied by the Library staff, in particular Lilah J. Mittelstaedt, who searched far and wide for interlibrary loans, and Gina B. Erdreich, who alerted me to fresh material. At the Department of Prints, Drawings, and Photographs, I am especially grateful to Innis Howe Shoemaker, James Ganz, Ivy L. Barsky, and Carter Foster for checking bibliographic material and facilitating the photography of prints. The Department of Rights and Reproductions, under the expert supervision of Conna Clark, was most helpful in expediting the photography. I am grateful to Carl Brandon Strehlke at the Department of European Painting

het verzorgen van de fotografie. Dank ook aan Carl Brandon Strehlke van de afdeling Europese schilderkunst voor 1900, die het gebruik van een foto uit de Galleria degli Uffizi in Florence mogelijk heeft gemaakt.

Van meet af aan ben ik mij pijnlijk bewust geweest van het feit dat mijn botanische kennis voor deze materie ten enenmale te kort schoot. Gelukkig echter heb ik mij weten te verzekeren van de onschatbare hulp van Carla Oldenburger-Ebbers, conservator van de afdeling Speciale collecties van de Universiteits-bibliotheek te Wageningen, en van Beatrijs Brenninkmeyer-de Rooij (helaas in maart 1993 overleden), conservator van het Mauritshuis op het Rijksbureau voor Kunsthistorische Documentatie te 's-Gravenhage. Zij hielpen mij intensiever en beter te kijken; de discussies die we bij het bestuderen van elke bloemtegel afzonderlijk hebben gevoerd, vinden hun weerslag in dit boek.

Mijn bijzondere dank gaat uit naar James Tanis, hoofdbibliothecaris van Bryn Mawr College te Bryn Mawr, die zijn zeldzame exemplaren van het *Florilegium* van Adriaen Collaert en de *Archetypa studiaque* van Jacob Hoefnagel aan het Philadelphia Museum of Art heeft geschonken. Zonder deze waardevolle giften zou het hier gereproduceerde illustratiemateriaal niet half zo gevarieerd zijn geweest.

In de loop van mijn werk aan dit boek heb ik ook buiten het museum bij talloze mensen aangeklopt; met niet-aflatende precisie en welwillendheid beantwoordden zij mijn steeds dringender verzoeken. Graag noem ik hier speciaal de bijdragen van M. Winslow Lundy, beschrijver van zeldzame boekuitgaven aan Bryn Mawr College in Bryn Mawr; Georgianna Ziegler, adjunct-conservator van bijzondere boekencollecties van het Van Pelt-Dietrich-bibliotheekcentrum aan de Universiteit van Pennsylvania te Philadelphia; Charlotte A. Tancin, bibliothecaris bij het Hunt Institute for Botanical Documentation aan de Carnegie Mellon Universiteit te Pittsburgh (Pennsylvania); Lothian Lynas en Jane Brennan, respectievelijk hoofdbibliothecaris en adjunct-bibliothecaris afdeling naslagwerken aan de New York Botanical Garden Library; en Paul R. Ehrlich, hoogleraar populatie-ecologie aan de Universiteit van Stanford, vanwege zijn hulp bij het identificeren van de vlinders.

Veel dank ook ben ik verschuldigd aan Sherry Babbitt vanwege de onvermoeibare ijver waarmee zij de eindredactie van dit boek

Before 1900, for facilitating the use of a photograph from the Galleria degli Uffizi, Florence.

I was uncomfortably aware from the start that this was a subject that reached beyond the limits of my botanical knowledge. I was therefore singularly fortunate in enlisting the invaluable assistance of Carla Oldenburger-Ebbers, the Head of the Department of Special Collections of the Library at the Landbouwuniversiteit in Wageningen, and Beatrijs Brenninkmeyer-de Rooij (who sadly passed away in March 1993), Curator of Het Mauritshuis at the Rijksbureau voor Kunsthistorische Documentatie, The Hague. They helped me look harder and better; many observations originated from our early discussions as we examined each flower tile.

I am extremely grateful to James Tanis, Director of Libraries at Bryn Mawr College, Bryn Mawr, who most generously donated his rare copies of Adriaen Collaert's *Florilegium* and Jacob Hoefnagel's *Archetypa studiaque* to the Museum. Without these precious gifts the illustrative material reproduced here would of necessity have been far less diversified.

In the course of writing and undertaking the research for this work, I have relied on many other people outside the Museum, who answered increasingly urgent requests with unfailing precision and generosity. I would particularly like to mention the contributions of M. Winslow Lundy, Rare Book Cataloguer of Bryn Mawr College, Bryn Mawr; Georgianna Ziegler, Assistant Head of Special Collections for Reader Services of the Van Pelt-Dietrich Library Center, University of Pennsylvania, Philadelphia; Charlotte A. Tancin, Librarian of the Hunt Institute for Botanical Documentation, Carnegie Mellon University, Pittsburgh; Lothian Lynas and Jane Brennan, Head Reference Librarian and Assistant Librarian, respectively, of the New York Botanical Garden Library; and Paul R. Ehrlich, Bing Professor of Population Studies, Department of Biological Studies, Stanford University, Stanford, for help in identification of the butterflies.

I am also very grateful to Sherry Babbitt for her conscientious editing of the book, and I thank especially Gerald Charles Zeigerman for expert editing and Mary Anne Dutt Justice for her thoughtful answers to my many questions.

In the Netherlands, I thank first of all Pieter and Marieke Sanders for their invaluable introduction to the publisher and to

heeft verzorgd, aan Gerald Charles Zeigerman voor zijn vakbekwame redigeerwerk en aan MaryAnne Dutt Justice voor haar doordachte antwoorden op mijn vele vragen.

In Nederland wil ik allereerst Pieter en Marieke Sanders danken voor het feit dat zij mij met de uitgever in contact hebben gebracht, en voorts Chris van Gelderen, die met eindeloos geduld de publikatie van het manuscript tot stand zag komen. De vertaling van de Engelse tekst in het Nederlands was bij Marie-Anne van der Marck in goede handen. Met grote erkentelijkheid noem ik hier de assistentie van Jan Pluis en Jan Daniel van Dam, de ware tegelexperts. Mijn dank ook voor de veelsoortige hulp van Nederlandse deskundigen als H.P. ter Avest, conservator van het Gemeentemuseum 'Het Hannemahuis' in Harlingen; J. Boom van de Rijksdienst voor Beeldende Kunst te 's-Gravenhage; Charles Thiels, conservator van het Historisch Museum te Rotterdam, en G. van den Bosch van de leeszaal in het Museum Plantin-Moretus te Antwerpen.

Ten slotte prijs ik mij gelukkig met de onverdeelde steun die ik vanaf de eerste dag van dit project van mijn fantastische familieleden heb mogen ontvangen. Met veel enthousiasme hebben zij mijn argumenten aangescherpt en mijn stijl verfraaid. Mede door hun commentaar, dat tal van stimulerende gezichtspunten heeft opgeleverd, is mijn droom werkelijkheid geworden

Chris van Gelderen, who, with great forbearance, saw the publication of the manuscript to fruition. The translation of the English text into Dutch was ably tendered by Ms. Marie-Anne van der Marck. I deeply appreciate the assistance of Jan Pluis and Jan Daniel van Dam, the true tile experts. For their help in many ways I thank: H.P. ter Avest, Curator of the Gemeentemuseum Hannemahuis, Harlingen; J. Boom, Rijksdienst Beeldende Kunst, The Hague; Charles Thiels, Chief Curator of the Historisch Museum, Rotterdam; and G. van den Bosch of the Reading Room of the Plantin-Moretus Museum, Antwerp.

I have been most fortunate to have had the wholehearted support of the members of my wonderful family from the beginning of this project. With great enthusiasm, they helped to clarify my arguments and dignified the prose in many ways. Their conversations have provided many stimulating opinions, and their observations have helped shape my dream into reality.

Noten

I KORT OVERZICHT VAN DE TEGELS IN DE NEDERLANDEN

1. P.J. Tichelaar (1984), blz. 36–37.
2. J.D. van Dam (1984), blz. 20; (1988), blz. 9 e.v.
3. H.W. Mauser (1947), blz. 12; Gerrit Paape, *De plateelbakker of Delftsch aardewerkmaaker* (1794).
4. Zie bijvoorbeeld: J.M. Montias (1982), blz. 228–229.
5. P.J. Tichelaar (1984), blz. 40–41.
6. Een dekkende witte laag bevat antimonium en tinoxyden. Blauw komt van kobaltoxyde, geel van ijzeroxyde of loodantimoon. Het groene glazuur komt van koperoxyde, net als het bruinzwarte, dat echter ook uit ijzeroxyde kan worden vervaardigd. Paars komt van mangaanoxyde (zie: Arthur en Elizabeth Rose, *The Condensed Chemical Dictionary*, New York, 1961[7]; blz. 76, 236, 250, 514, 547, 581). Dr. Clarissa L. Habraken te Leiden heeft me op dit woordenboek attent gemaakt. Rood ontbrak in deze periode helaas, omdat geen enkele kleur rood bestand was tegen de hitte van de oven. Zie ook: P.J. Tichelaar (1984), blz. 36–37.
7. Voor informatie over het bakken van tegels, zie: P.J. Tichelaar (1984), blz. 36–41. Zie ook: Gerrit Paape, *De plateelbakker of Delftsch aardewerkmaaker* (Dordrecht, 1794).
8. P.J. Tichelaar (1984), blz. 41.
9. J.M. Montias (1982), blz. 38–39, 102, 107.
10. H. Miedema (1985); J.M. Montias (1982), blz. 75, 86 en 350–369 ('Appendix B: Guild Regulations').
11. J.M. Montias (1982), blz. 44, 47, 77, 78, 91–92.
12. E.B. Schaap *et al.* (1984), blz. 174–177.
13. Idem. De ornamentele gekleurde tegels die tussen 1600 en 1625 werden geproduceerd bleven duur: één tot drieëneenhalve stuiver per stuk of vijfenzeventig tot honderd gulden per duizend. De sterk vereenvoudigde blauw-witte tegels waren tussen 1649 en 1659 voor eenentwintig tot zevenentwintig gulden per duizend te krijgen. J.M. Montias (1982), blz. 312–313.
14. E.B. Schaap *et al.* (1984), blz. 174–178.
15. E.B. Schaap *et al.* (1984), blz. 116–121.
16. J.D. van Dam (1984), blz. 26–29, 34–35; A. Brouwer-Brand (1991), blz. 13–14.

II DE BOTANISCHE RENAISSANCE

1. A. Arber (1986[3]), blz. 22; L. Behling (1957), blz. 157; F.J. Anderson (1977), blz. 92–93; C. Nissen (1951), dl. 1, blz. 29.
2. Het oudste florilegium, gemaakt door Adriaen Collaert, verscheen tussen 1590 en 1600 in Antwerpen. W. Blunt (1950a), blz. 87.

Notes

I A SURVEY OF DUTCH TILES

1. Pieter Jan Tichelaar, "The Production of Tiles," in Ella B. Schaap et al., *Dutch Tiles in the Philadelphia Museum of Art* (Philadelphia, 1984), pp. 36–37.
2. Jan Daniel van Dam, "A Survey of Dutch Tiles," in *Dutch Tiles*, p. 20.
3. H.W. Mauser, "De techniek van de oud-Nederlandsche majolica en van het Delftsche aardewerk," in C.H. de Jonge, *Oud-Nederlandsche majolica en Delftsch aardewerk, een ontwikkelingsgeschiedenis van omstreeks 1550–1800* (Amsterdam, 1947), p. 12; Gerrit Paape, *De plateelbakker of Delftsch aardewerkmaaker* (Dordrecht, 1794; reprint, Amsterdam, 1978).
4. See, among others, John Michael Montias, *Artists and Artisans in Delft: A Socio-Economic Study of the Seventeenth Century* (Princeton, 1982), pp. 228–29.
5. Tichelaar, "Production of Tiles," pp. 40–41.
6. Opacifying white enamels contain antimony and tin oxides; blue is derived from cobaltic oxide, the yellows from iron oxide or lead antimonate; the green glaze is obtained from copper oxide, as is the brownish black, which can also be gained from iron oxide; the purple is derived from manganese oxide. Arthur Rose and Elizabeth Rose, *The Condensed Chemical Dictionary*, 7th ed., rev. and enl. (New York, 1961), pp. 76, 236, 250, 514, 547, 581. Unfortunately, a red glaze did not exist at this period because none of the reds was stable enough to withstand the kiln temperatures. This dictionary was brought to my attention by Dr. Clarissa L. Habraken, Leiden. See also Tichelaar, "Production of Tiles," pp. 36–37.
7. For the manufacture of tiles, ibid., pp. 36–41; Paape, *De plateelbakker*.
8. Tichelaar, "Production of Tiles," p. 41.
9. Montias, *Delft*, pp. 38–39, 102, 107.
10. Hessel Miedema, "De St. Lucasgilden van Haarlem en Delft in de zestiende eeuw," *Oud-Holland*, vol. 99, no. 2 (1985), pp. 78–109; Montias, *Delft*, pp. 75, 86, and "Appendix B: Guild Regulations," pp. 350–69.
11. Montias, *Delft*, pp. 44, 47, 77, 78, 91–92.
12. P. Andrew Lins, "Technical Notes," in *Dutch Tiles*, pp. 174–77.
13. Ibid. The ornamental polychrome tiles that were produced between 1600 and 1625 remained expensive, at one to three-and-a-half stuivers (nickels) each, or seventy-five to a hundred guilders per thousand. The much simplified blue-and-white tiles could be purchased between 1649 and 1659 for twenty-one to twenty-seven guilders per thousand; Montias, *Delft*, pp. 312–13.
14. P. Andrew Lins, "Technical Notes," in *Dutch Tiles*, pp. 174–78.
15. *Dutch Tiles*, pp. 116–21.
16. Van Dam, "Survey of Dutch Tiles," pp. 26–29, 34–35; A. Brouwer-Brand, "Bloemtegels in de 17e eeuw," *Tegel*, vol. 19 (1991), pp. 13–14.

II THE BOTANICAL RENAISSANCE

1. Agnes Arber, *Herbals, Their Origin and Evolution: A Chapter in the History of Botany, 1470–1670*, 3d ed. (Cambridge, 1986), p. 22; Lottlisa Behling, *Die Pflanze in der Mittelalterlichen Tafelmalerei* (Weimar, 1957), p. 157; Frank J. Anderson, *An Illustrated History of the Herbals* (New York, 1977), pp. 92–93;

3. Vaak bestaan deze bloemstillevens uit onwaarschijnlijke combinaties, te meer omdat kassen nog onbekend waren. Een verhandeling over bloemschilders als Daniel Seghers, Ambrosius Bosschaert de Oudere, Roelant Savery en Jan Davidsz. de Heem zou in dit verband te ver voeren. Zie evenwel: W. Blunt (1950a), blz. 66–68; B. Brenninkmeyer-de Rooij (1990), blz. 218–248.

4. C. Nissen (1951), dl. 1, blz. 17–20.

5. De houtsnede is 'de oudste en meest elementaire druktechniek, waarbij de lange kant van een houtblok met messen en gutsen wordt bewerkt om iets in verhoogd reliëf, tegen een weggesneden achtergrond, uit te beelden. Dit reliëf wordt met een dikke inkt bestreken en door middel van een hoogdrukprocédé op papier overgebracht. Van oudsher geniet hardhout zoals vruchtbome-, sycomore- of beukehout de voorkeur van de houtsnijder.' (D.R. Karp et al., 1985; blz. 224.)

6. A. Arber (1986³), blz. 315–318.

7. R.C. Hatton (1960), blz. 49–50; F.W.T. Hunger (1942), dl. 2, blz. 281–282; C. Nissen (1951), dl. 1, blz. 60–63.

8. A. Arber (1986³), blz. 229; E. Cockx-Indestege en F. de Nave (1989), blz. 27.

9. Zie: F.J. Anderson (1977), blz. 175; A. Arber (1986³), blz. 96; W. Blunt (1950a), blz. 63–65; C. Nissen (1951), dl. 1, blz. 63.

10. Graveren is 'een diepdrukprocédé waarbij rechtlijnige, V-vormige groeven rechtstreeks in een koperen plaat worden gekerfd met een instrument dat graveerstift of burijn heet. Om toch vooral een zuivere lijn te krijgen worden voor het drukken de krullerige randen van de groeven gewoonlijk met een scherpsnijdende schraper weggehaald. Een kopergravure is herkenbaar aan de sporen van de V-vormige burijn: de taps toelopende spitse uiteinden en de ruwe ribbel van de lijn.

De gravure als drukprocédé is een uitvloeisel van technieken waarmee kostbare metalen voorwerpen al sinds de oudheid werden versierd. Aangenomen wordt dat de vroegste Europese gegraveerde afdrukken op papier in de jaren dertig van de vijftiende eeuw in Duitsland tot stand zijn gekomen.' (D.R. Karp et al., 1985; blz. 222.)

Etsen is 'een diepdrukprocédé waarbij rechtlijnige inkervingen in een metalen plaat door een zuur zijn uitgebeten – anders dan bij droge naald en graveren, waarbij ze met een scherp gereedschap zijn uitgestoken. Om te beginnen wordt de meestal uit koper of zink vervaardigde plaat met een dun laagje zuurbestendig materiaal bedekt; meestal is dat was. Met behulp van de etsnaald, een spits toelopende stalen naald, worden er in de etsgrond lijnen getekend waardoor het metaal komt bloot te liggen. Deze worden vervolgens geëtst door een zuur dat het oppervlak van het metaal wegbijt. Voordat de plaat wordt afgedrukt, wordt de etsgrond verwijderd. Een ets is herkenbaar aan het stompe, ronde uiteinde, het bolle profiel en de onregelmatige contouren van de lijn.

De ets als drukprocédé is in Europa in het begin van de zestiende eeuw tot ontwikkeling gekomen als een uitvloeisel van technieken waarmee wapens werden versierd.' (Idem.)

11. C. Nissen (1951), dl. 1, blz. 69; Musées Royaux des Beaux-Arts de Belgique, Tableaux de fleurs du XVIIe siècle: Peinture et botanique (1989), blz. 25–28; S. Savage (1924), blz. 184–185.

12. Clusius gaf overigens soms wel de vruchten erbij; zie: A. Arber (1986³), blz. 229.

13. P.J. Tichelaar (1984), blz. 36–41.

Claus Nissen, Die Botanische Buchillustration, vol. 1, Geschichte (Stuttgart, 1951), p. 29.

2. The earliest florilegium, produced by Adriaen Collaert, was published in Antwerp between 1590 and 1600. Wilfred Blunt, The Art of Botanical Illustration (London, 1950), p. 87.

3. These floral still lifes (bloemstukken) frequently combine flowers never seen together in nature or elsewhere, for, at that time, hothouses were unknown. A discussion of flower painters, such as Daniel Seghers, Ambrosius Bosschaert the Elder, Roelant Savery, and Jan Davidsz. de Heem, falls beyond the scope of this publication. See, however, Blunt, Botanical Illustration, pp. 66–68; Beatrijs Brenninkmeyer-de Rooij, "Zeldzame bloemen, 'Fatta tutti del natturel' door Jan Brueghel I," Oud-Holland, vol. 104, nos. 3–4 (1990), pp. 218–48.

4. Nissen, Buchillustration, vol. 1, pp. 17–20.

5. The woodcut is "the oldest and most basic printing process, in which the plank side of a wood block is carved with knives and gouges to produce an image in raised relief against a cut-away background. A stiff ink is applied to the raised surfaces and transferred to paper by the relief process. Hardwood, such as fruitwood, sycamore, or beech, is traditionally preferred by the woodcut printer." Diane R. Karp et al., Ars Medica: Art, Medicine, and the Human Condition (Philadelphia, 1985), p. 224.

6. Arber, Herbals, pp. 315–18.

7. Richard C. Hatton, Handbook of Plant and Floral Ornament (New York, 1960), pp. 49–50; F.W.T. Hunger, Charles de l'Escluse (Carolus Clusius): Nederlandsch Kruidkundige, 1525–1609, vol. 2 (The Hague, 1942), pp. 281–82; Nissen, Buchillustration, vol. 1, pp. 60–63.

8. Arber, Herbals, p. 229; Elly Cockx-Indestege and Francine de Nave, eds., Christoffel Plantijn en de exacte wetenschappen in zijn tijd (Brussels, 1989), p. 27.

9. See Anderson, History of the Herbals, p. 175; Arber, Herbals, p. 96; Blunt, Botanical Illustration, pp. 63–65; Nissen, Buchillustration, vol. 1, p. 63.

10. Engraving is "an intaglio printing process in which linear, V-shaped grooves are directly incised into a copperplate with a tool known as a graver or burin. To achieve a clean line, before printing the stray curls of lifted metal are usually removed with a sharp edged tool known as a scraper. The printed line is characterized by a tapered, pointed end and an angular ridge of ink created by the V-shaped burin."

"Engravings as a print form developed from techniques used since antiquity to embellish precious metal objects. The earliest European engraved impressions on paper are believed to have been executed during the 1430s in Germany."

Etching is "an intaglio printing process in which the linear incisions are created in a metal plate by acid corrosion rather than by direct gouging with a sharp tool, as in drypoint and engraving. The etching process begins by coating the plate, usually copper or zinc, with a thin layer of acid-resistant material, commonly wax, called the ground. The etching needle, a pointed steel stylus, is drawn through the ground to expose lines of bare metal, which are then etched by an acid creating furrows below the surface of the metal. Before printing, the ground is cleaned off the plate. The action of acid corrosion produces a printed line with a blunt, rounded end, mounded profile, and irregular outer edges."

"Etching as a print form developed in Europe during the first decades of the sixteenth century from techniques used to decorate armor." Diane R.

14. C. Nissen (1951), dl. 1, blz. 75; W. Blunt (1950a), blz. 91–92; M. Rix (1981), blz. 50–51.

Karp, in Karp et al., *Ars medica*, p. 222.

11. Nissen, *Buchillustration*, vol. 1, p. 69; Musées Royaux des Beaux-Arts de Belgique, *Tableaux de fleurs du XVIIe siècle: Peinture et botanique / Zeventiende-eeuwse bloemstukken: Schilderkunst en plantkunde* (Brussels, 1989), pp. 25–28; Spencer Savage, "The *Hortus Floridus* of Crispijn vande Pas the Younger," *The Library: A Quarterly Review of Bibliography*, ed. A.W. Pollard, 4th ser., vol. 4 (London, 1924), pp. 184–85.

12. Clusius sometimes did include fruit; see Arber, *Herbals*, p. 229.

13. Tichelaar, "Production of Tiles," pp. 36–41.

14. Nissen, *Buchillustration*, vol. 1, p. 75; Blunt, *Botanical Illustration*, pp. 91–92; Martyn Rix, *The Art of the Botanist* (Guildford, London, 1981), pp. 50–51.

III ORNAMENTALE GEKLEURDE WANDTEGELS

1. J.D. van Dam (1984), blz. 34–35.

2. Idem, blz. 46–47.

3. R.G. Hatton (1960), blz. 131.

4. A. Hoynck van Papendrecht (1920), blz. 37: 'Het komt ons waarschijnlijk voor, dat hier majolika tegels bedoeld zijn, en wel de, in oude Rotterdamsche huizen in overvloed aangetroffen, polychrome tegels met een smaakvol decor, waarin de oranjeappel een hoofdrol speelt.'

5. Zie ook het Hooglied 6:11 en 7:12.

6. D.O. Wijnands (1989b), blz. 97.

7. E. de Jongh (1974), blz. 166–191.

8. Volgens drs. Carla S. Oldenburger-Ebbers, werkzaam bij de bibliotheek van de Landbouwuniversiteit in Wageningen, kan geen van de afgebeelde bloemen met enige zekerheid worden geïdentificeerd; zij dienden als opvulling (persoonlijke mededeling).

9. Jan van der Groen, *Den Nederlandtsen Hovenier* (1669). Genoemd citaat staat op blz. 88 van de facsimile-herdruk uit 1988.

10. Suggesties van Beatrijs Brenninkmeyer-de Rooij (gedaan tijdens bezoeken van de auteur in augustus 1989 en in november 1990, alsmede in een brief gedateerd februari 1992) staan op deze en volgende bladzijden vermeld.

11. Voor meer gegevens over de tulp, zie: D.O. Wijnands (1987).

12. De *Tulipa gesneriana* is genoemd naar de natuurvorser Konrad Gesner, die in 1559 te Augsburg voor het eerst een tulp zag. De eerste afbeelding van een tulp verscheen in zijn *Valerii Cordi Simesusii annotationes in Pedacii Dioscoridis Anazarbei […]* (1561). Zie: D.O. Wijnands (1987), p. 57 (Wijnands overleed in september 1993).

13. E.B. Schaap *et al.* (1984), blz. 27, 29. J.D. van Dam (1988), blz. 14–15, 17, 25.

14. C.H. de Jonge (1947), blz. 121.

15. Idem; E.M. Vis en C. de Geus (1933), dl. 2, blz. 22. Wat een tegelschilder zoal verdiende wordt besproken in: J.M. Montias (1982), blz. 68.

III ORNAMENTAL POLYCHROME WALL TILES

1. Van Dam, "Survey of Dutch Tiles," pp. 34–35.

2. Ibid., pp. 46–47. **3.** Hatton, *Handbook*, p. 131.

4. A. Hoynck van Papendrecht, *De Rotterdamsche plateel- en tegelbakkers en hun product 1590–1851* (Rotterdam, 1920), p. 37 (translation Ella Schaap): "We believe that the reference is to the majolica tiles, to those found in old houses in Rotterdam – the beautifully decorated ornamental polychrome tiles that feature the orange."

5. See also the Song of Solomon 6:11, 7:12.

6. D. Onno Wijnands, "Tulpen naar Amsterdam: plantenverkeer tussen Nederland en Turkije," in *Topkapi & Turkomanie: Turks-Nederlandse ontmoetingen sinds 1600*, ed. Hans Theunissen, Annelies Abelmann, and Wim Meulenkamp (Amsterdam, 1989), p. 97.

7. E. de Jongh, "Grape Symbolism in the Paintings of the Sixteenth and Seventeenth Centuries," *Simiolus: Netherlands Quarterly for the History of Art*, vol. 7, no. 4 (1974), pp. 166–91.

8. Carla S. Oldenburger-Ebbers, from the library of the Landbouwuniversiteit, Wageningen, maintains, in a personal communication, that not one of the flowers depicted can be classified with any certainty; they were used as filler for design.

9. Van der Groen's work was published in 1669, 1679, c. 1721. This quotation is from page 88 of the facsimile edition (Utrecht, 1988), with a foreword by Carla S. Oldenburger-Ebbers and a listing of the plants by D. Onno Wijnands. The translation from the Dutch is by Ella Schaap.

10. Names suggested by Beatrijs Brenninkmeyer-de Rooij during the author's visits in August 1989 and November 1990, appear on this and the following pages, as well as comment made by Brenninkmeyer in a letter, dated February 1992, that herein is gratefully acknowledged.

11. For more on the tulip, see D. Onno Wijnands, *De tulp in beeld / Tulips Portrayed* (Wageningen, 1987), n.p. Wijnands died in September 1993.

12. *Tulipa gesneriana*, or ornamental tulip, was named after the naturalist Konrad Gesner, who saw his first tulip in a garden in Augsberg, in 1559. The first illustration of a tulip was published in his *Pedacii Dioscoridis Anazarbei* (Strasbourg, 1561); see Wijnands, *De tulp in beeld / Tulips Portrayed*, n.p.

13. Ella B. Schaap et al., *Dutch Tiles* (Philadelphia, 1984), pp. 27, 29. Jan Daniel van Dam, *Nederlandse Tegels* (Utrecht and Antwerp, 1988), pp. 14–15, 17, 25.

14. C.H. de Jonge, *Oud-Nederlandsche majolica en Delftsch aardewerk, een ontwikkelingsgeschiedenis van omstreeks 1550–1800* (Amsterdam, 1947), p. 121.
15. Ibid.; Eelco M. Vis and Commer de Geus, *Altholländische Fliesen*, vol. 2 (Leipzig, 1933), p. 22. For a discussion of how much the tile painter earned for producing these tiles, see Montias, *Delft*, p. 68.

IV BLOEMTEGELS

1. Vloertegels met een omlijst portret werden omstreeks 1500 in Antwerpen vervaardigd.
2. B. Brenninkmeyer-de Rooij (1990), blz. 227, 228.
3. Idem, blz. 220, 228; W. van Dijk (1951), blz. 5.
4. De belangrijkste openbare verzamelingen van Nederlandse tegels bevinden zich in het Nederlands Tegelmuseum in Otterlo, het Historisch Museum te Rotterdam, het Gemeentelijk Museum Het Princessehof te Leeuwarden en het Victoria and Albert Museum te Londen.
5. D.O. Wijnands (1989b), blz. 99.
6. R.G. Hatton (1960), blz. 116, afb. 171.
7. P. Hulton *et al.* (1977), dl. 1, blz. 59.
8. Zie bijvoorbeeld de allium in de *Vaas met bloemen* van Jan Brueghel de Oudere. M.-L. Hairs (1985), blz. 88, pl. 22.
9. Jan van der Groen, *Den Nederlandtsen Hovenier* (1669; facsimile-herdruk 1988), blz. 70, 166.
10. J.H. Harvey (1976), blz. 21, 26; zie ook: D.O. Wijnands (1989b), blz. 104.
11. Zij figureren bijvoorbeeld op zestien van de twintig platen in een uitgave van de Koninklijke Musea voor Schone Kunsten te Brussel: *Zeventiende-eeuwse bloemstukken: Schilderkunst en plantkunde* (1989), pl. 1–11, 15, 16, 18–20.
12. Crispijn vanden Passe, *Hortus Floridus: The Four Books of Spring, Summer, Autumn and Winter flowers engraved by Crispin van de Pass*. Vert. Spencer Savage (1974), 'Voorjaar', pl. 13–18.
13. Idem, pl. 15.
14. Idem, pl. 17.
15. Jan van der Groen, *Den Nederlandtschen Hovenier* (1669; facsimile-herdruk 1988), blz. 77–78, 170.
16. Chalcedon is de oude naam van Kadiköy, een stad ten oosten van de Bosporus, tegenover Istanbul.
17. J. Hall (1974), blz. 72–73; zie ook: *Encyclopedia Britannica* (11de druk), lemma 'Columbine'.
18. E. Panofsky (1953), dl. 1, blz. 146, 416, n. 6.
19. E. Haig (1913), hoofdstuk 'H. and J. van Eyck: The Queen of Heaven', blz. 280.
20. Zie ook: Otto Brunfels, *Contrafayt Kreüterbuch [...]* (1532), folio 163 en 165.
21. Volgens Beatrijs Brenninkmeyer-de Rooij zou de bloem op deze tegel geen lelietje-van-dalen, maar een salomonszegel voorstellen (persoonlijke mededeling).
22. M. van Boven en S. Segal (1980), blz. 84.
23. M. Rix (1981), blz. 35–36.
24. R.G. Hatton (1960), blz. 109, afb. 152.
25. E.S. Rohde (1974), 'Introduction'.

IV FLORAL TILES

1. Floor tiles with a framed portrait were produced in Antwerp around 1500.
2. Brenninkmeyer-de Rooij, "Zeldzame bloemen," pp. 227–228.
3. Ibid., pp. 220, 228; Carolus Clusius, *A Treatise on Tulips*, ed. and trans. W. van Dijk (Haarlem, 1951), p. 5.
4. The more important public collections of Dutch tiles are those of the Nederlands Tegelmuseum, Otterlo; the Historisch Museum, Rotterdam; Gemeentelijk Museum Het Princessehof, Leeuwarden; and the Victoria and Albert Museum, London.
5. Wijnands, "Tulpen naar Amsterdam," p. 99.
6. Hatton, *Handbook*, p. 116, fig. 171.
7. Paul Hulton et al., *The Work of Jacques Le Moyne de Morgues: A Huguenot Artist in France, Florida, and England*, vol. 1 (London, 1977), p. 59.
8. See, for example, the allium in *Vase with Flowers* by Jan Brueghel the Elder; Marie-Louise Hairs, *Les Peintres flamands de fleurs au XVIIe siècle* (Brussels, 1985), p. 88, pl. 22.
9. Jan van der Groen, *Den Nederlandtsen Hovenier* (1669, 1687, 1721; facsimile, ed. Carla S. Oldenburger-Ebbers and D. Onno Wijnands, Utrecht, 1988), pp. 70, 166.
10. John H. Harvey, "Turkey As a Source of Garden Plants," *The Journal of the Garden History Society*, vol. 4 (1976), pp. 21, 26; see also Wijnands, "Tulpen naar Amsterdam," p. 104.
11. They are found, for example, in sixteen of the twenty plates in Musées Royaux des Beaux-Arts de Belgique, 1989, pl. 1–11, 15, 16, 18–20.
12. Crispijn vanden Passe, *Hortus Floridus: The Four Books of Spring, Summer, Autumn, and Winter flowers engraved by Crispin van de Pass*, intro. Eleanour Sinclair Rohde, trans. Spencer Savage (facsimile edition, 1928–29; reprint, London, 1974), "Spring," pl. 13–18.
13. Ibid., pl. 15.
14. Ibid., pl. 17.
15. Van der Groen, *Nederlandtsen Hovenier*, pp. 77–78, 170.
16. Chalcedon is the ancient name of Kadiköy, a city on the east side of the Bosporus, opposite Istanbul.
17. James Hall, *Dictionary of Subjects and Symbols in Art* (London, 1974), pp. 72–73; *Encyclopedia Britannica*, 11th ed., s.v. "Columbine."
18. Erwin Panofsky, *Early Netherlandish Painting: Its Origins and Character*, vol. 1 (Cambridge, Mass., 1953), p. 146; p. 416, n. 6.
19. Elizabeth Haig, "H. and J. van Eyck: The Queen of Heaven," in *The Floral Symbolism of the Great Masters* (London, 1913), p. 280.
20. See also Brunfels, *Contrafayt Kreüterbuch*, folios 163, 165.
21. In a personal communication, Beatrijs Brenninkmeyer-de Rooij suggested that the flower on this tile does not represent the lily of the valley but, rather, a Solomon's seal.
22. Margriet van Boven and Sam Segal, *Gerard & Cornelis van Spaendonck:*

26. André Lawalrée, 'Botanique et peinture', in: Musées Royaux des Beaux-Arts de Belgique, *Tableaux de fleurs du XVIIe siècle [...]* (1989), blz. 26, 29.

27. E.S. Rohde (1989), 'Introduction'.

28. M. Levi d'Ancona (1977), blz. 79–81.

29. J. Hall (1974), blz. 57.

30. D.O. Wijnands (1989b), blz. 98.

31. Vergelijk het navolgende citaat over de keizerskroon uit de door Spencer Savage vertaalde uitgave van de *Hortus floridus* van Crispijn vanden Passe.

32. D.O. Wijnands (1989b), blz. 98, 105; E.H. Krelage (1942); L.J. Bol (1960), blz. 45; M. Rix (1981), blz. 34.

33. A.C. Zeven en J.M.J. de Wet (1982), blz. 84.

34. D.O. Wijnands (1989b), blz. 106; M. van Boven en S. Segal (1980), blz. 88.

35. M.-L. Hairs (1985), blz. 61, 64, 65, pl. 13–15.

36. Het boeket bestaat uit een oranje keizerskroon, een roze-witte akelei, een paars-blauwe iris, een geel-rode goudsbloem, een egelantier (?), drie gestreepte tulpen, een roze-witte roos, een roze roos, twee paars-gele wilde viooltjes, een paars-witte anemoon, blauwe vergeet-me-nietjes en witte lelietjes-van-dalen; de rood-wit-zwarte vlinder is een atalanta.

37. Vertaald uit het Latijn door S. Savage, in: Crispijn vanden Passe, *Hortus Floridus [...]* (1974), 'Voorjaar', nr. 12.

38. Een krans is een groep van gelijksoortige bladeren, die terzelfder hoogte rondom de as zijn ingeplant. Een bractee is een schutblad in de oksel waaruit een bloem of bloemstengel groeit.

39. Jacob de Gheyn, *Bloemstuk*. Waterverf op velijn, 22,5 x 17,4 cm, gesigneerd en gedateerd in goud middenonder: *I D Gheyn Fe.1600*. Folio 21 uit een album, Fondation Custodia (verzameling Frits Lugt), Institut Néerlandais, Parijs. I. Bergström (1956), blz. 43–52.

40. Naar de vertaling uit het Latijn van S. Savage, in: Crispijn vanden Passe, *Hortus Floridus [...]* (1974), 'Voorjaar', nr. 33.

41. Op dit werk ben ik gewezen door Charlotte A. Tancin, bibliothecaresse aan het Hunt Institute for Botanical Documentation, Carnegie Mellon University, Pittsburgh (Pennsylvania).

42. E.B. Schaap *et al.* (1984), reproduktie op blz. 83.

43. Zie ook de beschrijving van de tulpen op dit veld: blz. 130–131 in dit boek, pl. 70.

44. E. Panofsky (1953), dl. 1, blz. 141, 333.

45. *The Wise Garden Encyclopedia* (1990), blz. 532.

46. Koninklijke Musea voor Schone Kunsten (Brussel), *Zeventiende-eeuwse bloemstukken* (1989), blz. 33, 36.

47. Folio 30, onder nr. 21.

48. I. Bergström (1956), blz. 14.

49. D.O. Wijnands (1989b), blz. 106.

50. Otto Brunfels, *Contrafayt Kreüterbuch [...]* (1532), folio 112; Rembertus Dodonaeus, *Stirpium historiae pemptades sex* (1583), folio 212; Carolus Clusius, *Rariorum aliquot stirpium [...]* (1583), folio 283; Matthias Lobelius, *Kruydtboeck* (1581), folio 63, 94; Jacques Le Moyne de Morgues, *La Clef des champs [...]* (1586), nr. 71; Crispijn vanden Passe, *Hortus floridus [...]* (1614–1617), 'Zomer', nr. 3; Emanuel Sweerts, *Florilegium [...]* (1612–1614), folio 1, 35, 39.

51. Paul R. Ehrlich, hoogleraar aan Stanford University in Stanford

*Twee Brabantse bloemenschilders in Parijs (*Maarssen, 1980*), p. 84.*

23. Rix, *Art of the Botanist*, pp. 35–36.

24. Hatton, *Handbook*, p. 109, fig. 152.

25. Eleanour Sinclair Rohde, Introduction in Vanden Passe, *Hortus Floridus*, n.p.

26. André Lawalrée, "Botanique et peinture," in *Tableaux de fleurs du XVIIe siècle*, pp. 26, 29.

27. Rohde, Introduction, *Hortus Floridus*, n.p.

28. Mirella Levi d'Ancona, *The Garden of the Renaissance: Botanical Symbolism in Italian Painting* (Florence, 1977), pp. 79–81.

29. James Hall, *Dictionary of Subjects and Symbols in Art*, p. 57.

30. Wijnands, "Tulpen naar Amsterdam," p. 98.

31. See the quotation from Savage's translation of Crispijn vanden Passe's *Hortus Floridus*.

32. Wijnands, "Tulpen naar Amsterdam," pp. 98, 105; see also Ernst H. Krelage, *Bloemenspeculatie in Nederland: de Tulpomanie van 1636–37 en de Hyacinthenhandel, 1720–36* (Amsterdam, 1942); L.J. Bol, *The Bosschaert Dynasty: Painters of Flowers and Fruit* (Leigh-on-Sea, England, 1960), p. 45; Rix, *Art of the Botanist*, p. 34.

33. A.C. Zeven and J.M.J. de Wet, *Dictionary of Cultivated Plants and Their Regions of Diversity: Excluding Most Ornamentals, Forest Trees, and Lower Plants* (Wageningen, 1982), p. 84.

34. Wijnands, "Tulpen naar Amsterdam," p. 106; Van Boven and Segal, *Gerard & Cornelis van Spaendonck*, p. 88.

35. Hairs, *Les Peintres flamands*, pp. 61, 64, 65, pls. 13–15.

36. The arrangement consists of the following flowers: an orange crown imperial, a pink-and-white columbine, a purple-and-blue iris, a yellow-and-red marigold, eglantine (?), three striped tulips, a pink-and-white rose, a pink rose, two purple-and-yellow wild violets, a purple-and-white anemone, blue forget-me-nots, white lilies of the valley; and an atalanta – the red, white, and black butterfly.

37. Translated from the Latin by Savage in Vanden Passe, *Hortus Floridus*, "Spring," no. 12.

38. A whorl is a circular arrangement of similar leaves around a point on an axis. A bract is a leaf whose axil produces a flower or floral axis.

39. Jacques de Gheyn II, *Flower Piece*, watercolor on vellum, 8 7/8 x 6 7/8 in., signed and dated in gold at bottom center: *I D Gheyn Fe. 1600*. From folio 21 of an album, Fondation Custodia (Frits Lugt collection), Institut Néerlandais, Paris. Ingvar Bergström, *Dutch Still-Life Painting in the Seventeenth Century*, trans. Christina Hedström and Gerald Taylor (London, 1956), pp. 43–52.

40. Translated from the Latin by Savage in Vanden Passe, *Hortus Floridus*, "Spring," no. 33.

41. Charlotte A. Tancin, librarian of the Hunt Institute for Botanical Documentation, Carnegie Mellon University, Pittsburgh, Penn., kindly brought this volume to my attention.

42. Schaap et al., *Dutch Tiles*, repro. p. 83.

43. See also the description of the tulips on this panel, p. 131 in this book, no. 70.

44. Panofsky, *Netherlandish Painting*, vol. 1, pp. 141, 333.

45. *The Wise Garden Encyclopedia* (New York, 1990), p. 532.

46. Musées Royaux des Beaux-Arts de Belgique, 1989, pp. 33, 36.

47. "Ook wat de dichters over Iris zeggen: hoe hij bekleed is met veel

(Californië), heeft de vlinders op ill. 69 als volgt gedetermineerd: links bovenaan *Aglais urticae* (kleine vos) en rechts bovenaan *Melanargia galathea* (dambordje).

52. V.H. Heywood (1978), blz. 314–315; H. Heukels en R. van der Meijden (1983), blz. 438; W. Blunt (1950a), blz. 66, afb. 32; R.G. Hatton (1960), blz. 445.

53. *The Wise Garden Encyclopedia* (1990), blz. 579.

54. Volgens Beatrijs Brenninkmeyer-de Rooij kan de bloem op pl. 72 geen *Leucojum* zijn, maar is die op pl. 51 het wellicht wel (persoonlijke mededeling).

55. W. Blunt (1950a), blz. 66, afb. 32.

56. *Flora of Turkey and the East Aegean Islands*, dl. 8 (1965–1988), blz. 281.

57. J.H. Harvey (1976), blz. 30.

58. Vertaald uit het Latijn door S. Savage, in: Crispijn vanden Passe, *Hortus Floridus [...]* (1974), 'Zomer', pl. 8.

59. J.M. van den Houten (1942), blz. 269, waarop ik door D. Onno Wijnands ben geattendeerd.

60. W. Blunt (1950a), blz. 91, 92.

61. M. Levi d'Ancona (1973), blz. 233.

62. Publius Ovidius Naso, *Metamorphosen* 3, 340–510.

63. *Encyclopedia Britannica* (11de druk), lemma 'Rose'.

64. Zie bijvoorbeeld: Koninklijke Musea voor Schone Kunsten (Brussel), *Zeventiende-eeuwse bloemstukken* (1989), blz. 40–69, nr. 1–15; blz. 72–79, nr. 17–20.

65. Naar de vertaling uit het Latijn van S. Savage, in: Crispijn vanden Passe, *Hortus Floridus [...]* (1974), 'Zomer', nr. 12.

66. I. Bergström (1956), blz. 48; A.H. Huussen (1949).

67. W. van Dijk (1951), blz. 6; Frans Halsmuseum (Haarlem), *Catalogus: [...]* (1935), blz. 12, nr. 12; M.H. Hoog en D.H. Couvée (z.j.), blz. 4.

68. W. van Dijk (1951), blz. 6–7; Frans Halsmuseum (Haarlem), *Catalogus [...]* (1935), blz. 6–7; E. Cockx-Indestege en F. de Nave (1989), blz. 28.

69. M. Rix (1981), blz. 47.

70. M.H. Hoog (1973), blz. 47–50.

71. E.H. Krelage (1942), blz. 202; W. Blunt (1950b), blz. 7–19; D. Regin (1976), blz. 92–93; D.O. Wijnands (1989b), blz. 100; I. Bergström (1956), blz. 48, 50.

72. D. Regin (1976), blz. 93; D.O. Wijnands (1989b), blz. 100.

73. Tachtig losse vellen op velijn (1637–1645), in het Rijksprentenkabinet (Rijksmuseum, Amsterdam); Judith Leyster, *Tulpenboeck* (Frans Halsmuseum, Haarlem).

74. D.O. Wijnands (1987).

75. E.B. Schaap *et al.* (1984), blz. 68, nr. 54; J.D. van Dam (1988), nrs. 56, 62.

76. E.B. Schaap *et al.* (1984), blz. 202.

kleuren en zeer helder van glans [is], dat is allemaal speciaal van toepassing op de regenboog. Om daarvan een afbeelding te maken dient men goed te letten op de afscheiding tussen de kleuren: hoe subtiel en vloeiend ze in elkaar overgaan en [...] allemaal uit elkaar lijken voort te komen." ("Reflection," folio 30v, no. 21).

48. Bergström, *Dutch Still-Life Painting*, p. 14.

49. Wijnands, "Tulpen naar Amsterdam," p. 106.

50. Otto Brunfels, *Contrafayt Kreüterbuch* (1532), folio 112; Rembertus Dodonaeus, *Stirpium historiae pemptades sex* (1583), folio 212; Carolus Clusius, *Rariorum aliquot stirpium* (1583), folio 283; Matthias Lobelius, *Kruydtboeck* (1581), folios 63, 94; Jacques Le Moyne de Morgues, *La Clef des champs* (1586), no. 71; Crispijn vanden Passe, *Hortus floridus* (1614–17), "Summer," no. 3; Emanuel Sweerts, *Florilegium* (1612–14), folios 1, 35, 39.

51. Professor Paul R. Ehrlich, of Stanford University, California, kindly identified the butterflies on ill. 69 as follows: on the upper left is *Aglais urticae* (the small tortoise shell); on the upper right is *Melanargia galathea* (the marbled white).

52. V.H. Heywood, consulting ed., *Flowering Plants of the World* (New York, 1978), pp. 314–15; H. Heukels and R. van der Meijden, *Flora van Nederland*, 20th ed. (Groningen, 1983), p. 438; Blunt, *Botanical Illustration*, p. 66, fig. 32; Hatton, *Handbook*, p. 445.

53. *Wise Garden Encyclopedia*, p. 579.

54. In a personal communication Beatrijs Brenninkmeyer-de Rooij has stated that she does not believe that the flower depicted on pl. 72 is a *Leucojum*, although she does think that the one on pl. 51 could well represent this flower.

55. Blunt, *The Art of Botanical Illustration*, p. 66, fig. 32.

56. *Flora of Turkey and the East Aegean Islands*, vol. 8 (Edinburgh, 1965–88), p. 281.

57. Harvey, "Turkey As a Source of Garden Plants," p. 30.

58. Translated from the Latin by Savage in Vanden Passe, *Hortus Floridus*, "Summer," pl. 8.

59. J.M. van den Houten, "Bloementegels," in Nederlandsche Dendrologische Vereeniging, *Gedenkboek J. Valckenier Suringar, 24 December 1864–17 October 1932* (Wageningen, 1942), p. 269, which was brought to my attention by D. Onno Wijnands.

60. Blunt, *The Art of Botanical Illustration*, pp. 91, 92.

61. Levi d'Ancona, *The Garden of the Renaissance*, p. 233.

62. Ovid, *Metamorphoses* 3.340–510.

63. *Encyclopedia Britannica*, 11th ed., s.v. "Rose."

64. See, for example, Musées Royaux des Beaux-Arts de Belgique, *Tableaux de fleurs*, pp. 40–69, nos. 1–15; pp. 72–79, nos. 17–20.

65. Translated from the Latin by Savage in Vanden Passe, *Hortus Floridus*, "Summer," no. 12.

66. Bergström, *Dutch Still-Life Painting*, p. 48; A.H. Huussen, *Het leven van Ogier Ghislain de Busbecq: en het verhaal van zijn avonturen als keizerlijk gezant in Turkije (1554–1562)* (Leiden, 1949).

67. Clusius, *Treatise on Tulips*, p. 6; Frans Halsmuseum, *Catalogus van teekeningen, schilderijen, boeken, pamfletten, documenten en voorwerpen betreffende de geschiedenis van de bloembollencultuur en den bloembollenhandel* (Haarlem, March 16–May 19, 1935), p. 12, no. 12; Michael H. Hoog and D.H. Couvee, *Tulipomania* (Haarlem, n.d.), p. 4.

68. Clusius, *Treatise on Tulips*, pp. 6–7; Frans Halsmuseum, *Catalogus*, pp.

6–7; Cockx-Indestege and De Nave, p. 28.

69. Rix, *Art of the Botanist*, p. 47.

70. Michael H. Hoog, *On the Origins of Tulipa, Lilies and Other Liliaceae* (Hertford, England, 1973), pp. 47–50.

71. Ernst H. Krelage, *Bloemenspeculatie in Nederland*, p. 202; Wilfrid Blunt, *Tulipomania* (Middlesex, England, 1950), pp. 7–19; Deric Regin, *Traders, Artists, Burghers: A Cultural History of Amsterdam in the 17th Century* (Assen, 1976), pp. 92–93; Wijnands, "Tulpen naar Amsterdam," p. 100; Bergström, *Dutch Still-Life Painting*, pp. 48, 50.

72. Regin, *Traders, Artists, Burghers*, p. 93; Wijnands, "Tulpen naar Amsterdam," p. 100.

73. Eighty separate leaves on vellum, 1637–45, in Rijksprentenkabinet, Rijksmuseum, Amsterdam; Judith Leyster, *Tulpenboeck* (n.d.), in Frans Halsmuseum, Haarlem.

74. Wijnands, *De tulp in beeld / Tulips Portrayed*, n.p.

75. *Dutch Tiles*, p. 68, nr. 54; Jan Daniel van Dam, *Nederlandse Tegels*, nrs. 56, 62.

76. *Dutch Tiles*, p. 202.

V NATUURWETENSCHAPPERS IN DE RENAISSANCE

1. *The Besler Florilegium*: G.G. Aymonin (1989), blz. 17.

2. Philadelphia Museum of Art, 'A World of Flowers: Paintings and Prints' (1963), blz. 211; W. Blunt (1950a), blz. 95.

3. F.W.H. Hollstein (1949–), blz. 99, 106; U. Thieme en F. Becker (1910), dl. 4, lemma 'Borcht, Pierre van der'.

4. C. Nissen (1951), blz. 62–63; H. Wegener (1936), blz. 375.

5. P.J. van Meerbeeck (1841), blz. 267–279; F.W.H. Hollstein (1949–), dl. 3, blz. 106.

6. E. Cockx-Indestege en F. de Nave (1989), blz. 28, 55, 90.

7. A. Arber (1986³), blz. 229.

8. *Encyclopedia Britannica* (15de druk), lemma 'Brunfels, Otto'.

9. A. Arber (1986³), blz. 52.

10. F.J. Anderson (1977), blz. 121–129; C. Nissen (1951), dl. 1, blz. 41–43.

11. De hier geciteerde titel betreft het exemplaar in het Philadelphia Museum of Art (1949–97–48).

12. C. Nissen (1951), dl. 1, blz. 43; dl. 2, blz. 26, nr. 258–261; L. Behling (1957), blz. 157.

13. C. Nissen (1951), dl. 1, blz. 74–75; dl. 2, blz. 27, nr. 272; J. Quinby (1958) vermeldt op blz. 207–208 en 213–214 verschillende exemplaren die gedateerd zijn tussen 1611 en 1614.

14. C. Nissen (1951), dl. 2, blz. 27, nr. 272; J. Quinby (1958), blz. 207–208; W. Blunt (1950a), blz. 91.

15. C. Nissen (1951), dl. 1, blz. 74; dl. 2, blz. 27, nr. 272.

16. Idem, dl. 1, blz. 75, 76.

17. Idem, dl. 1, blz. 75; dl. 2, blz. 28, nr. 274.

18. A.H. Huussen (1949).

19. A. Arber (1986³), blz. 86; E. Cockx-Indestege en F. de Nave (1989), blz. 99.

20. A. Arber (1986³), blz. 87; E. Cockx-Indestege en F. de Nave (1989), blz. 107.

V NATURE STUDY IN THE RENAISSANCE

1. Basil Besler, *The Besler Florilegium: Plants of the Four Seasons*, introduction by Gérard G. Aymonin and foreword by Pierre Gascar (New York, 1989), p. 17.

2. Philadelphia Museum of Art, "A World of Flowers: Paintings and Prints," *Philadelphia Museum of Art Bulletin*, vol. 58, no. 277 (Spring 1963), p. 211; Blunt, *Botanical Illustration* (London, 1950), p. 95.

3. F.W.H. Hollstein, *Dutch and Flemish Etchings, Engravings, and Woodcuts, c. 1450–1700*, vol. 3 (Amsterdam, 1949–), pp. 99, 106; Ulrich Thieme and Felix Becker, *Allgemeines Lexikon der bildenden Künstler*, vol. 4 (Leipzig, 1910), s.v. "Borcht, Pierre van der."

4. Claus Nissen, *Die Botanische Buchillustration*, vol. 1, *Geschichte* (Stuttgart, 1951), pp. 62–63; Hans Wegener, "Das grosse Bilderwerk des Carolus Clusius in der Preussischen Staatsbibliothek," *Forschungen und Fortschritte*, vol. 12, no. 29 (October 10, 1936), p. 375.

5. Philippe Jacques van Meerbeeck, *Recherches historiques et critiques sur la vie et les ouvrages de Rembert Dodoens (Dodonaeus)* (Malines, 1841; reprint, Utrecht, 1980), pp. 267–79; Hollstein, *Dutch and Flemish Etchings*, p. 106.

6. Cockx-Indestege and De Nave, *Plantijn*, pp. 28, 55, 90.

7. Arber, *Herbals*, p. 229.

8. *Encyclopedia Britannica*, 15th ed., s.v. "Brunfels, Otto."

9. Arber, *Herbals*, p. 52.

10. Anderson, *History of the Herbals*, p. 121–29; Nissen, *Buchillustration*, vol. 1, pp. 41–43.

11. The volume on which the cited title appears is in the Philadelphia Museum of Art (1949–97–48).

12. Nissen, *Buchillustration*, vol. 1, p. 43, vol. 2, p. 26, nos. 258–61; Behling, *Die Pflanze*, p. 157.

13. Nissen, *Buchillustration*, vol. 1, pp. 74–75, vol. 2, *Bibliographie*, p. 27, no. 272; Jane Quinby, comp., *Catalogue of Botanical Books in the Collection of Rachel McMasters Miller Hunt*, vol. 1, *Printed Books 1477–1700* (Pittsburgh, 1958), pp. 207–8, 213–14, mentions several copies dated between 1611 and

21. I.Q. van Regteren Altena (1983), dl. 1, blz. 66.
22. E. Cockx-Indestege en F. de Nave (1989), blz. 28.
23. A. Arber (1986³), blz. 89; M. Rix (1981), blz. 38–41.
24. A. Arber (1986³), blz. 86; F.W.T. Hunger (1927), dl. 1, blz. 349.
25. F.W.T. Hunger (1927), blz. 330.
26. Idem, blz. 330, 332.
27. Idem, blz. 328.
28. C. Nissen (1951), dl. 2, blz. 36, nr. 370; E. Cockx-Indestege en F. de Nave (1989), blz. 99, cat. 32.
29. A. Arber (1986³), blz. 87–88; E. Cockx en F. de Nave (1989), blz. 107. Het in de titel vermelde Pannonia slaat op een voormalige Romeinse provincie in Midden-Europa, ten zuiden en ten westen van de Donau, thans het zuidwestelijk deel van Hongarije en delen van Oostenrijk, Slovenië en Kroatië.
30. C. Nissen (1951), dl. 2, blz. 36, nr. 372.
31. E. Cockx-Indestege en F. de Nave (1989), blz. 99.
32. E. Cockx-Indestege en F. de Nave (1989), blz. 107; H. Wegener (1936), blz. 374–376.
33. U. Thieme en F. Becker (1910), dl. 7, lemma 'Collaert, Adriaen'.
34. S. Savage (1924), blz. 204.
35. C. Nissen (1951), dl. 1, blz. 68; S. Segal (1982), blz. 9.
36. De materia medica beschrijft volgens C. Nissen (1951, dl. 1, blz. 18) bijna 700 planten, en volgens A. Arber (1986³, blz. 8) ongeveer 500 planten.
37. A. Arber (1986³), blz. 8–12.
38. Idem, blz. 276.
39. Idem, blz. 11, 92–94, 274; C. Nissen (1951), dl. 2, blz. 119, nr. 1305.
40. A. Arber (1986³), blz. 11, 94, 223, 279; C. Nissen (1951), dl. 1, blz. 53.
41. A. Arber (1986³), blz. 11, 221–225.
42. Idem, blz. 8–9, 97; C. Nissen (1951), dl. 1, blz. 19, n. 5; blz. 67, n. 2; dl. 2, blz. 119, nr. 1305; W.A. Emboden (1987), blz. 74.
43. A. Arber (1986³), blz. 82.
44. E. Cockx-Indestege en F. de Nave (1989), blz. 27; volgens C. Nissen (1951, dl. 1, blz. 67) bleef Dodonaeus hofarts tot 1579.
45. C. Nissen (1951), dl. 1, blz. 60; A. Arber (1986³), blz. 84, 229.
46. E. Cockx-Indestege en F. de Nave (1989), blz. 27.
47. Idem; C. Nissen (1951), dl. 1, blz. 60.
48. C. Nissen (1951), dl. 1, blz. 61, n. 1.
49. A. Arber (1986³), blz. 229.
50. C. Nissen (1951), dl. 2, blz. 49, nr. 509; Museum Plantin-Moretus (1989), nr. A.2660.
51. E. Cockx-Indestege en F. de Nave (1989), blz. 90; A. Arber (1986³), blz. 82, 227–228, 277.
52. A. Arber (1986³), blz. 82; C. Nissen (1951), dl. 2, blz. 49–50, nr. 510, 512, 516, 518; F.W.H. Hollstein (1949–) meldt dertien verschillende drukken, verschenen tussen 1548 [sic] en 1616; facsimiles van de uitgaven uit 1552–1554 en 1644 zijn in Nederland verschenen in 1971, 1978 en 1979.
53. A. Arber (1986³), blz. 280; C. Nissen (1951), dl. 2, blz. 50, nr. 517.
54. A. Arber (1986³), blz. 229; C. Nissen (1951), dl. 1, blz. 60, n. 1; E. Cockx-Indestege en F. de Nave (1989), blz. 90; F.W.H. Hollstein (1949–), blz. 106.
55. E. Cockx-Indestege en F. de Nave (1989), blz. 90.

1614.
14. Nissen, Buchillustration, vol. 2, p. 27, no. 272; Quinby, Catalogue, pp. 207–8; Blunt, Botanical Illustration, p. 91.
15. Nissen, Buchillustration, vol. 1, p. 74; vol. 2, p. 27, no. 272.
16. Ibid., vol. 1, pp. 75, 76.
17. Ibid., vol. 1, p. 75; vol. 2, p. 28, no. 274.
18. A.H. Huussen, Het leven van Ogier Ghislain de Busbecq: en het verhaal van zijn avonturen als keizerlijk gezant in Turkije (1554–1562) (Leiden, 1949).
19. Arber, Herbals, p. 86; Cockx–Indestege and De Nave, Plantijn, p. 99.
20. Arber, Herbals, p. 87; Cockx-Indestege and De Nave, Plantijn, p. 107.
21. Iohan Quirijn van Regteren Altena, Jacques de Gheyn: Three Generations, vol. 1 (The Hague, Boston, London, 1983), p. 66.
22. Cockx-Indestege and De Nave, Plantijn, p. 28.
23. Arber, Herbals, p. 89; Rix, The Botanist, pp. 38–41.
24. Arber, Herbals, p. 86; Hunger, Clusius, vol. 1, p. 349.
25. Hunger, Clusius, vol. 1, p. 330.
26. Ibid., pp. 330, 332.
27. Ibid., p. 328.
28. Nissen, Buchillustration, vol. 2, p. 36, no. 370; Cockx-Indestege and De Nave, Plantijn, p. 99, cat. 32.
29. Arber, Herbals, pp. 87–88, 280; Cockx-Indestege and De Nave, Plantijn, p.107. "Pannonia" in the title refers to a former Roman province in central Europe, south and west of the Danube; at present, it comprises the southwestern part of Hungary, with parts of Austria, Slavonia, and Croatia.
30. Nissen, Buchillustration, vol. 2, p. 36, no. 372.
31. Cockx-Indestege and De Nave, Plantijn, p. 99.
32. Ibid., p. 107; Wegener, "Das grosse Bilderwerk des Carolus Clusius," pp. 374–76.
33. Thieme and Becker, Allgemeines Lexikon, vol. 7, s.v. "Collaert, Adriaen."
34. Savage, "The Hortus Floridus," p. 204.
35. Nissen, Buchillustration, vol. 1, p. 68; Sam Segal, A Flowery Past: A Survey of Dutch and Flemish Flower Painting from 1600 until the Present (Amsterdam and 's-Hertogenbosch, 1982), p. 9.
36. De materia medica describes close to seven hundred plants, according to Nissen, Buchillustration, vol. 1, p. 18, and about five hundred plants, according to Arber, Herbals, p. 8.
37. Ibid., pp. 8–12.
38. Ibid., p. 276.
39. Ibid., pp. 11, 92–94, 274; Nissen, Buchillustration, vol. 2, p. 119, no. 1305.
40. Arber, Herbals, pp. 11, 94, 223, 279; Nissen, Buchillustration, vol. 1, p. 53.
41. Arber, Herbals, pp. 11, 221–25.
42. Ibid., pp. 8–9, 97; Nissen, Buchillustration, vol. 1, p. 19, n. 5, p. 67, n. 2, vol. 2, p. 119, no. 1305; William A. Emboden, Leonardo da Vinci on Plants and Gardens (Portland, Oreg., 1987), p. 74.
43. Arber, Herbals, p. 82.
44. Cockx-Indestege and De Nave, Plantijn, p. 27; according to Nissen, Buchillustration, vol. 1, p. 67, Dodonaeus remained court physician until 1579.
45. Nissen, Buchillustration, vol. 1, p. 60; Arber, Herbals, pp. 84, 229.

56. P.J. van Meerbeeck (1841), blz. 92, 93.
57. A. Arber (1986³), blz. 64, 67, 275; C. Nissen (1951), dl. 1, blz. 45–46; dl. 2, blz. 63, nr. 658.
58. A. Arber (1986³), blz. 218, afb. 105; C. Nissen (1951), dl. 1, blz. 45; W. Blunt (1950a), blz. 49, 51.
59. A. Arber (1986³), blz. 64.
60. Idem, blz. 212, 219; C. Nissen (1951), dl. 1, blz. 44; dl. 2, blz. 63, nr. 659; W. Blunt (1950a), blz. 49, 50.
61. A. Arber (1986³), blz. 70, 219; C. Nissen (1951), dl. 1, blz. 44, 46, 47; W. Blunt (1950a), blz. 49, 51.
62. Citaat uit de inleiding van Eleanour Sinclair Rohde (1974).
63. A. Arber (1986³), blz. 276.
64. Idem, blz. 275.
65. T.D. Kaufmann (1988), blz. 202.
66. P. Hulton et al. (1977), dl. 1, blz. 3–13.
67. R.G. Hatton (1960), blz. 490; J. Quinby (1958), blz. 82; *The Times Literary Supplement* (Londen, 9 februari 1922), blz. 90.
68. P. Hulton *et al.* (1977), dl. 2, pl. 64.
69. Idem, blz. 81–82; R.G. Hatton (1960), blz. 9, 490.
70. W. Blunt (1950a), blz. 82.
71. P. Hulton *et al.* (1977), blz. 57.
72. Idem, blz. 79.
73. F.J. Anderson (1977), blz. 177; A. Arber (1986³), blz. 176–177.
74. C. Nissen (1951), dl. 1, blz. 61; dl. 2, blz. 111, nr. 1218; E. Cockx-Indestege en F. de Nave (1989), blz. 98; A. Arber (1986³), blz. 91.
75. C. Nissen (1951), dl. 2, blz. 111, nr. 1219.
76. E. Cockx-Indestege en F. de Nave (1989), blz. 28; A. Arber (1986³), blz. 90.
77. A. Arber (1986³), blz. 91; C. Nissen (1951), dl. 2, blz. 111, nr. 1220.
78. Over de datering van de *Hortus floridus* lopen de meningen uiteen: C. Nissen (1951; dl. 2, blz. 136, nr. 1494) houdt het op 1614–1617 en J. Quinby (1958; blz. 217) op 1614–1616.
79. F.W.H. Hollstein (1949–), dl. 16, blz. 89; S. Savage (1924; blz. 181) houdt het op 1589–1667 en zegt later: 'Er bestaat enige verwarring omtrent de jaartallen van Crispijn de Jongere.'
80. C. Nissen (1951), dl. 1, blz. 73; S. Savage (1924), blz. 181.
81. J. Quinby (1958), blz. 217–220; W. Blunt (1950a), blz. 97.
82. S. Savage (1924), blz. 184–186; C. Nissen (1951), dl. 2, blz. 137, nr. 1494; J. Quinby (1958), blz. 217–220.
83. Bijvoorbeeld folio 75 en 79 van het exemplaar in het Rijksprentenkabinet, Rijksmuseum te Amsterdam.
84. Zie ook: R.G. Hatton (1960), 'Appendix', afb. 20, 22, 26, 32–34, 36–43, 45–47, 51.
85. W. Blunt (1950a), blz. 100–101.
86. R.G. Hatton (1960), blz. 9, 490.
87. S. Savage (1924), blz. 204.
88. L. Voet (1959), blz. 13, 14.
89. E. Cockx-Indestege en F. de Nave (1989), blz. 7.
90. Idem, blz. 12.
91. Idem, blz. 12; L. Voet en J. Voet-Grisolle (1980–1983); L. Voet (1959), blz. 10–11.
92. E. Cockx-Indestege en F. de Nave (1989), blz. 8; L. Voet (1959), blz. 11.

46. Cockx-Indestege and De Nave, *Plantijn*, p. 27.
47. Ibid.; Nissen, *Buchillustration*, vol. 1, p. 60.
48. Nissen, *Buchillustration,* vol. 1, p. 61 n. 1.
49. Arber, *Herbals*, p. 229.
50. Nissen, *Buchillustration*, vol. 2, p. 49, no. 509, and *Plantijn*, no. A.2660, in Museum Plantin-Moretus (Antwerp, 1965)
51. Cockx-Indestege and De Nave, *Plantijn*, p. 90; Arber, *Herbals*, pp. 82, 227–28, 277.
52. Arber, *Herbals*, p. 82; Nissen, *Buchillustration*, vol. 2, pp. 49–50, nos. 510, 512, 516, 518; Hollstein, *Dutch and Flemish Etchings*, vol. 3, mentions thirteen editions published between 1548 [sic] and 1616; facsimile editions of the 1552–54 and 1644 editions were published in the Netherlands in 1971, 1978, and 1979.
53. Arber, *Herbals*, p. 280; Nissen, *Buchillustration*, vol. 2, p. 50, no. 517.
54. Arber, *Herbals*, p. 229; Nissen, *Buchillustration*, vol. 1, p. 60, n. 1; Cockx-Indestege and De Nave, *Plantijn*, p. 90; Hollstein, *Dutch and Flemish Etchings*, vol. 3, p. 106.
55. Cockx-Indestege and De Nave, *Plantijn*, p. 90.
56. Van Meerbeeck, *Dodoens*, pp. 92, 93.
57. Arber, *Herbals*, pp. 64, 67, 275; Nissen, *Buchillustration*, vol. 1, pp. 45–46, vol. 2, p. 63, no. 658.
58. Arber, *Herbals*, p. 218, ill. 105; Nissen, *Buchillustration*, vol. 1, p. 45; Blunt, *Botanical Illustration*, pp. 49, 51.
59. Arber, *Herbals*, p. 64.
60. Ibid., pp. 212, 219; Nissen, *Buchillustration*, vol. 1, p. 44, vol. 2, p. 63, no. 659; Blunt, *Botanical Illustration*, pp. 49, 50.
61. Arber, *Herbals*, pp. 70, 219; Nissen, *Buchillustration*, pp. 44, 46, 47; Blunt, *Botanical Illustration*, pp. 49, 51.
62. Quoted in Rohde, introduction, *Hortus Floridus*, n.p.
63. Arber, *Herbals*, p. 276.
64. Ibid., p. 275.
65. Thomas DaCosta Kaufmann, *The School of Prague: Painting at the Court of Rudolf II* (Chicago and London, 1988), p. 202.
66. Hulton et al., *Le Moyne de Morgues*, vol. 1, pp. 3–13.
67. Hatton, *Handbook*, p. 490; Quinby, *Catalogue*, p. 82; *The Times Literary Supplement* (London, February 9, 1922), p. 90.
68. Hulton et al., *Le Moyne de Morgues*, vol. 2, pl. 64.
69. Ibid., pp. 81–82; Hatton, *Handbook*, pp. 9, 490.
70. Blunt, *Botanical Illustration*, p. 82.
71. Hulton et al., *Le Moyne de Morgues*, p. 57.
72. Ibid., p. 79.
73. Anderson, *History of the Herbals*, p. 177; Arber, *Herbals*, pp. 176–77.
74. Nissen, *Buchillustration*, vol. 1, p. 61, vol. 2, p. 111, no. 1218; Cockx-Indestege and De Nave, *Plantijn*, p. 98; Arber, *Herbals*, p. 91.
75. Nissen, *Buchillustration*, vol. 2, p. 111, no. 1219; the title of the volume in the Museum Plantin-Moretus reads, in translation, *Herbal, or Description of all Kinds of Plant Life, Herbs, Shrubs, and Trees: By Matthias De Lobel, Physician of The Princess*.
76. Cockx-Indestege and De Nave, *Plantijn*, p. 28; Arber, *Herbals*, p. 90.
77. Ibid., p. 91; Nissen, *Buchillustration*, vol. 2, p. 111, no. 1220.
78. Dates for the *Hortus floridus* vary considerably with different authorities: Nissen, *Buchillustration*, vol. 2, p. 136, no. 1494, dates it 1614–17; Quinby, *Catalogue*, p. 217, gives the date as 1614–16.

93. L. Voet (1959), blz. 27.

94. Zie: E. Cockx-Indestege en F. de Nave (1989).

95. Geciteerd in: E.F. Bleiler (z.j.), blz. XI.

96. Idem, blz. VII; W. Blunt (1950a), blz. 91; C. Nissen (1951), dl. 1, blz. 73; dl. 2, blz. 178.

97. C. Nissen (1951), dl. 2, blz. 189, nr. 2039.

98. W. Blunt (1950a), blz. 90; C. Nissen (1951), dl. 1, blz. 93.

99. C. Nissen (1951), dl. 1, blz. 93.

100. Idem, dl. 2, blz. 189, nr. 2039.

101. Idem.

102. Idem, dl. 1, blz. 93.

103. A. Arber (1986³), blz. 206; F.J. Anderson (1977), blz. 102, 121.

104. A. Arber (1986³), blz. 55, 206. De tekeningen zijn gepubliceerd in: W. Rytz (1936).

105. A. Arber (1986³), blz. 55, 206; F.J. Anderson (1977), blz. 121–122.

79. Hollstein, *Dutch and Flemish Etchings*, vol. 16, p. 89; Savage, "The *Hortus Floridus*," mentions 1589–1667, p. 181 and later, "Some confusion exists as to the dates for Crispin the Younger."

80. Nissen, *Buchillustration*, vol. 1, p. 73; Savage, "The *Hortus Floridus*," p. 181.

81. Quinby, *Catalogue*, pp. 217–20; Blunt, *Botanical Illustration*, p. 97.

82. Savage, "The *Hortus Floridus*," pp. 184–86; Nissen, *Buchillustration*, vol. 2, p. 137, no. 1494; Quinby, *Catalogue*, pp. 217–20.

83. For example, folios 75 and 79 in the volume in the Rijksprentenkabinet, Rijksmuseum, Amsterdam.

84. Also Hatton, *Handbook*, Appendix, ills. 20, 22, 26, 32–34, 36–43, 45–47, 51.

85. Blunt, *Botanical Illustration*, p. 100–1.

86. Hatton, *Handbook*, pp. 9, 490.

87. Savage, "The *Hortus Floridus*," p. 204.

88. Leon Voet, *The Plantin-Moretus Museum* (Antwerp, 1959, 1965), pp. 13–14.

89. Cockx-Indestege and De Nave, *Plantijn*, p. 7.

90. Ibid., p. 12.

91. Ibid., p. 12; Leon Voet and J. Voet-Grisolle, *The Plantin Press (1555–89). A Bibliography of the Works Printed and Published by Christopher Plantin at Antwerp and Leiden, I–VI* (Amsterdam, 1980–83); Voet, *Plantin-Moretus Museum*, pp. 10–11.

92. Cockx-Indestege and De Nave, *Plantijn*, p. 8; Voet, *Plantin-Moretus Museum*, p. 11.

93. Voet, *Plantin-Moretus Museum*, p. 27.

94. See Cockx-Indestege and De Nave, *Plantijn*.

95. Quoted by E.F. Bleiler, ed., *Early Floral Engravings: All 110 Plates from the 1612 "Florilegium" by Emanuel Sweerts* (New York, n.d.), p. XI.

96. Ibid., p. VII; Blunt, *Botanical Illustration*, p. 91; Nissen, *Buchillustration*, vol. 1, p. 73, vol. 2, p. 178.

97. Nissen, *Buchillustration*, vol. 2, p. 189, no. 2039.

98. Blunt, *Botanical Illustration*, p. 90; Nissen, *Buchillustration*, vol. 1, p. 93.

99. Nissen, *Buchillustration*, vol. 1, p. 93.

100. Ibid., vol. 2, p. 189, no. 2039.

101. Ibid.

102. Ibid., vol. 1, p. 93.

103. Arber, *Herbals*, p. 206; Anderson, *History of the Herbals*, pp. 102, 121.

104. Arber, *Herbals*, pp. 55, 206. The drawings appear in W. Rytz, *Pflanzenaquarelle des Hans Weiditz aus dem Jahre 1529: die Originale zu den Holzschnitten im Brunfels'schen Kreüterbuch* (Bern, 1936).

105. Arber, *Herbals*, pp. 55, 206; Anderson, *History of the Herbals*, pp. 121–22.

Bibliografie

PRIMAIRE BRONNEN

De navolgende bibliografie is een selectie uit de oudere werken die bij het beschrijven en identificeren van de bloemen op tegels nuttig zijn gebleken.

Besler, Basil. *Hortus Eystettensis, sive diligens et accurata omnium plantarum, florum, stirpium, ex variis orbis terrae partibus, singulari studio collectarum, quae in celeberrimis viridariis arcem episcopalem ibidem cingentius, hoc olim tempore conspiciuntur, delineatio et ad vivum repraesentatio.* Eichstätt en Neurenberg, 1613; herdrukken: 1627, 1640, 1713; facsimile-herdruk: München, 1964

Bocskay, Georg. *Mira Calligraphiae Monumenta: A Sixteenth-Century Calligraphic Manuscript. Inscribed by Georg Bocskay and illuminated by Joris Hoefnagel.* Bezorgd en geannoteerd door Lee Hendrix en Thea Vignau-Wilberg. Facsimile-herdruk: Malibu (California), 1992

Brunfels, Otto. *Herbarum vivae eicones ad nature imitationem.* Straatsburg, 1530; heruitgaven: 1532, 1536, 1537

—. *Contrafayt Kreüterbuch Nach rechter vollkommener art vnud* [sic] *Beschreibungen der Alten bessberümpten ärtzt vormals in Teütscher sprach der masszen nye gesehen noch im Truck auszgangen.* Straatsburg, 1532; herdrukken: Keulen, 1964, en München, 1975

Bry, Johann Theodor de. *Florilegium novum: hoc est variorum Maximeque rariorum florum ac plantarum [...]New Blumbuch.* Frankfurt, 1611, 1613

—. *New Blumbuch, Darinnen allerhand schöne Blumen und frembde Gewächs [...]* Frankfurt, 1612–1618

—. *Anthologia Magna sive Florilegium.* Frankfurt, 1626

—. *Florilegium renovatum et auctum.* Frankfurt, 1641–1647

Cats, Jacob. *Sinne- en minnebeelden.* Amsterdam, 1622

Clusius, Carolus. *Histoire des plantes.* Antwerpen, 1557

—. *Rariorum aliquot stirpium per Hispanias observatarum Historia libris duobus expressa: ad Maximilianum II. Imperatorem.* Antwerpen, 1576

—. *Rariorum aliquot stirpium historia.* Antwerpen, 1583

—. *Rariorum aliquot stirpium, per Pannoniam, Austriam et vicinas quasdam Provincias observatarum Historia.* 4 dln.; Antwerpen, 1583

—. *Rariorum plantarum historia.* Antwerpen, 1601

Collaert, Adriaen. *Florilegium.* Antwerpen, ca. 1590 of ca. 1600

Cordus, Valerius. *Annotationes in Pedacii Dioscoridis de medica materia.* Straatsburg, 1561

Daléchamps, Jacques. *Historia generalis plantarum.* Lyon, 1587; herdruk: 1972

Dioscorides, Pedanius. *Codex Juliana Aniciana.* ca. 512 n.Chr.; facsimile-herdruk: Leiden, 1906

—. *De materia medica libri quinque.* Venetië, 1478, 1565

Dodonaeus, Rembertus. *Cruijdeboeck. In den welcken die gheheele historie, dat es Tgheslacht, tfatsoen, naem, natuere, cracht ende werckinghe, van den Cruyden, niet alleen hier te lande wassende, maer oock van den andere vremde in der Medecynen oorboorlijck, met grooter neersticheyt begrepen ende verclaert es, met der selver Cruyden natuerlick nae dat leven conterfeytsel daer by ghestelt.* Antwerpen,

Bibliography

PRIMARY SOURCES

For more extensive reading I suggest the bibliography and exhibition history of the Dutch tiles, which is published in the catalogue *Dutch Tiles* (1984) on pp. 225–29. The following bibliography is a selection of works that have proven useful in describing and identifying the flowers depicted on the tiles.

Besler, Basil. *Hortus Eystettensis, sive diligens et accurata omnium plantarum, florum, stirpium, ex variis orbis terrae partibus, singulari studio collectarum, quae in celeberrimis viridariis arcem episcopalem ibidem cingentius, hoc olim tempore conspiciuntur, delineatio et ad vivum repraesentatio.* Eichstätt and Nuremberg, 1613; reprints, 1627, 1640, 1713; facsimile edition, Munich, 1964

Bocskay, Georg. *Mira Calligraphiae Monumenta: A Sixteenth-Century Calligraphic Manuscript. Inscribed by Georg Bocskay and illuminated by Joris Hoefnagel.* Edited and annotated by Lee Hendrix and Thea Vignau-Wilberg. Facsimile edition, Malibu, Cal., 1992

Brunfels, Otto. *Herbarum vivae eicones ad nature imitationem.* Strasbourg, 1530; other editions 1532, 1536, 1537

—. *Contrafayt Kreüterbuch Nach rechter vollkommener art vnud* [sic] *Beschreibungen der Alten bessberümpten ärtzt vormals in Teütscher sprach der masszen nye gesehen noch im Truck auszgangen.* Strasbourg, 1532; reprints, Cologne, 1964, and Munich, 1975

Bry, Johann Theodor de. *Florilegium novum: hoc est variorum Maximeque rariorum florum ac plantarum... New Blumbuch.* Frankfurt, 1611, 1613

—. *New Blumbuch, Darinnen allerhand schöne Blumen und frembde Gewächs...* Frankfurt, 1612–18

—. *Anthologia Magna sive Florilegium.* Frankfurt, 1626

—. *Florilegium renovatum et auctum.* Frankfurt, 1641–47

Cats, Jacob. *Sinne- en minnebeelden.* Amsterdam, 1622

Clusius, Carolus. *Histoire des plantes.* Antwerp, 1557

—. *Rariorum aliquot stirpium per Hispanias observatarum Historia libris duobus expressa: ad Maximilianum II. Imperatorem.* Antwerp, 1576

—. *Rariorum aliquot stirpium historia.* Antwerp, 1583

—. *Rariorum aliquot stirpium, per Pannoniam, Austriam et vicinas quasdam Provincias observatarum Historia.* 4 vols.; Antwerp, 1583

—. *Rariorum plantarum historia.* Antwerp, 1601

Collaert, Adriaen. *Florilegium.* Antwerp, c. 1590 or c. 1600

Cordus, Valerius. *Annotationes in Pedacii Dioscoridis de medica materia.* Strasbourg, 1561

Daléchamps, Jacques. *Historia generalis plantarum.* Lyons, 1587; reprint, 1972

Dioscorides, Pedanius. *Codex Juliana Aniciana.* c. 512 A.D.

—. *De materia medica libri quinque.* Venice, 1478, 1565

Dodonaeus, Rembertus. *Cruijdeboeck. In den welcken die gheheele historie, dat es Tgheslacht, tfatsoen, naem, natuere, cracht ende werckinghe, van den Cruyden, niet alleen hier te lande wassende, maer oock van den andere vremde in der Medecijnen oorboorlijck, met grooter neersticheyt begrepen ende verclaert es, met der selver Cruyden natuerlick nae dat leven conterfeytsel daer by ghestelt.*

1552–1554 (Franse editie: 1557; Latijnse editie: 1559, vermeerderde heruitgave 1563, verbeterde heruitgave 1618); facsimile-herdruk: Nieuwendijk, 1971, 1978, 1979

–. *Florum et coronatrium odoratumque nonnularum herbarum historia*. Antwerpen, 1568

–. *A Nievve Herball or Historie of Plantes*. Londen, 1578; facsimile-herdruk: Nieuwendijk, 1979

–. *Stirpium historiae pemptades sex*. Antwerpen, 1583; facsimile-herdruk: Nieuwendijk, 1979

–. *Stirpium historiae pemptades sex Sive Libri XXX*. Antwerpen, 1583; facsimile-herdruk: Nieuwendijk, 1979

Fuchs, Leonhart. *De historia stirpium commentarii insignes*. Bazel, 1542

–. *New Kreüterbuch in welchem nit allein die gantz Histori, das ist Namen, Gestalt, Statt und Zeit der Wachsung, Natur, Krafft und Würckung, [...]*. Bazel, 1543; herdruk: München, 1964

Gerard, John. *The Herball or Generall Historie of Plantes, Gathered by John Gerarde of London*. Londen, 1597

Gesner, Konrad. *Historia plantarum et vires ex Dioscoride, Paulo Aegineta*. Parijs, 1541; herdruk: Zürich, 1972

–. *De hortis Germaniae Liber Recens*. Augsburg, 1561

–. *Valerii Cordi Simesusii annotationes in Pedacii Dioscoridis Anazarbei de materia medica libros V*. Straatsburg, 1561

Groen, Jan van der. *Den Nederlandtsen hovenier*. Amsterdam, 1669; Brussel, 1687; Amsterdam, 1721; herdruk met een plantenlijst door D.O. Wijnands en een woord vooraf van Carla S. Oldenburger-Ebbers: Utrecht, 1988

Hoefnagel, Jacob. *Archetypa*

studiaque patris Georgii Hoefnagelii*. 4 dln.; Frankfurt, 1592

Hoefnagel, Joris, *zie* Bocskay Kouwenhoorn, Pieter van. *Verzameling van Bloemen naar de Natuur geteekend*. ca. 1630

Le Moyne de Morgues, Jacques. *La Clef des champs; pour trouver plusieurs Animaux, tant Bestes qu'Oyseaux, avec plusieurs Fleurs & Fruitz*. Londen, 1586

Lobelius, Matthias. *Plantarum seu stirpium adversaria nova*. Londen, 1570; Antwerpen, 1576; Londen, 1605

–. *Plantarum seu stirpium historia*. 4 dln.; Antwerpen, 1576

–. *Plantarum seu Stirpium Icones*. 2 dln.; Antwerpen, 1576, 1581, 1591

–. *Kruydtboeck, oft, Beschrijvinghe van allerleye Ghewasse, Kruyderen, Hesteren ende Gheboomten*. Antwerpen, 1581

Mander, Carel van. *Het leven der doorluchtige Nederlandtsche en Hoogduytsche schilders*. dln. 1 en 2; Alkmaar, 1604; Amsterdam, 1617

–. *Het Schilder-boeck [...] der edel vry Schilder-const*. Haarlem, 1604; herziene druk: 1618; facsimile-herdruk: Utrecht, 1969; heruitgave: Amsterdam, 1994

Marrel, Jacob. *Tulpenboeck*; met afzonderlijke waterverfschilderingen. Utrecht, 1637–1645

Mattioli, Pierandrea. *De Pedacio Dioscoride Anazarbea libri cinque della historia*. Venetië, 1544

–. *Commentarii in libros sex Pedacii Dioscoridis de medica materia*. Venetië, 1554

Merian, Maria Sibylla. *Neues Blumenbuch*. Neurenberg, 1680

Moninckx, Johannes. *Hortus Botanicus*. Amsterdam, 1687

– en Maria, met waterverf-schilderingen door Alida Withoos en Johanna H.

Antwerp, 1552–54; enlarged and revised 1557, 1559, 1563, 1618; facsimile edition, Nieuwendijk, 1971, 1978, 1979

–. *Florum et coronatrium odoratumque nonnularum herbarum historia*. Antwerp, 1568

–. *A Nievve Herball or Historie of Plantes*. London, 1578; facsimile edition, Nieuwendijk, 1979

–. *Stirpium historiae pemptades sex*. Antwerp, 1583; facsimile edition, Nieuwendijk, 1979

–. *Stirpium historiae pemptades sex Sive Libri XXX*. Antwerp, 1583; facsimile edition, Nieuwendijk, 1979

Fuchs, Leonhart. *De historia stirpium commentarii insignes*. Basel, 1542

–. *New Kreüterbuch in welchem nit allein die gantz Histori, das ist Namen, Gestalt, Statt und Zeit der Wachsung, Natur, Krafft und Würckung, ...* Basel, 1543; reprint, Munich, 1964

Gerard, John. *The Herball or Generall Historie of Plantes, Gathered by John Gerarde of London*. London, 1597

Gesner, Konrad. *Historia plantarum et vires ex Dioscoride, Paulo Aegineta*. Paris, 1541; reprint, Zurich, 1972

–. *De hortis Germaniae Liber Recens*. Augsburg, 1561

–. *Valerii Cordi Simesusii annotationes in Pedacii Dioscoridis Anazarbei de materia medica libros V*. Strasbourg, 1561

Groen, Jan van der. *Den Nederlandtsen Hovenier*. Amsterdam, 1669; Brussels, 1687; Amsterdam, 1721; reprint with a foreword by Carla S. Oldenburger-Ebbers and a list of plants by D.O. Wijnands, Utrecht, 1988

Hoefnagel, Jacob. *Archetypa studiaque patris Georgii Hoefnagelii*. 4 vols.; Frankfurt, 1592

Hoefnagel, Joris, *see* Bocskay Kouwenhoorn, Pieter van. *Verzameling van Bloemen naar de Natuur geteekend*. c. 1630

Le Moyne de Morgues, Jacques. *La Clef des champs; pour trouver plusieurs Animaux, tant Bestes qu'Oyseaux, avec plusieurs Fleurs & Fruitz*. London, 1586

Lobelius, Matthias. *Plantarum seu stirpium adversaria nova*. London, 1570; Antwerp, 1576; London, 1605

–. *Plantarum seu stirpium historia*. 4 vols.; Antwerp, 1576

–. *Plantarum seu Stirpium Icones*. 2 vols.; Antwerp, 1576, 1581, 1591

–. *Kruydtboeck, oft, Beschrijvinghe van allerleye Ghewasse, Kruyderen, Hesteren ende Gheboomten*. Antwerp, 1581 [Herbal, or, descriptions of all kinds of vegetation, herbs, bushes, and trees]

Mander, Carel van. *Het leven der doorluchtige Nederlandtsche en Hoogduytsche schilders*. Vols. 1, 2; Alkmaar, 1604; Amsterdam, 1617 [The life of the illustrious Dutch and German painters]

–. *Het Schilder-boeck* [The Painter's Book] *... der edel vry Schilder-const*. Haarlem, 1604; 2nd ed. 1618; facsimile edition, Utrecht, 1969; reedition, Amsterdam, 1994

Marrel, Jacob. *Tulpenboeck* (separate watercolors). Utrecht, 1637–45 [A tulip book]

Mattioli, Pierandrea. *De Pedacio Dioscoride Anazarbea libri cinque della historia*. Venice, 1544

–. *Commentarii in libros sex Pedacii Dioscoridis de medica materia*. Venice, 1554

Merian, Maria Sibylla. *Neues Blumenbuch*. Nuremberg, 1680

Moninckx, Johannes. *Hortus Botanicus*. Amsterdam, 1687

– and Maria Moninckx, with watercolors by Alida Withoos and Johanna H. Herolt-Graf.

Herolt-Graf. *De Moninckx-atlas.*
8 dln.; Amsterdam, 1686–1709
Munting, Abraham. *Waare
Oeffening der planten.* Amster-
dam, 1672; Leeuwarden, 1682
–. *Naauwkeurige Beschryving der
Aardgewassen.* Leiden en
Utrecht, 1696
Museum Plantin-Moretus en Het
Stedelijk Prentenkabinet.
*Botany in the Low Countries (end
of the 15th century – c. 1650).*
Antwerpen, 1993
Paape, Gerrit. *De plateelbakker of
Delftsch aardewerkmaaker.*
Dordrecht, 1794; herdruk:
Amsterdam, 1978
Passe, Crispijn vanden. *Den
Blomhof, Inhoudende de Rare oft
Onghemeene Blommen.* Utrecht,
1614
–. *A Garden of Flowers.* Utrecht,
1615
–. *Jardin* [ook: *Iardin*] *de fleurs.*
Utrecht, 1614–1616
–. *Hortus floridus.* Utrecht en
Arnhem, 1614–1617; facsimile-
herdruk, bezorgd door E.S.
Rhode: Londen, 1928–1929;
herdruk: Londen, 1974
–. *Altera pars horti floridi.* Utrecht
en Arnhem, ca. 1614–1617
Plinius de Oudere (23–79

n.Chr.). *Historia naturalis.*
Venetië, ca. 1470; herdruk
(originele tekst met vertaling):
Cambridge (Massachusetts),
1958, 1969–1989
Schöffer, Peter, *et al. Gart Der
Gesundheit.* Mainz, 1485
Sweerts, Emanuel. *Florilegii, in
qua agitur de praecipuis plantis et
floribus fibrosas radices habentibus;
nec non arboribus speciosis et
odoriferis, quibus horti in utraque
Germania decorantur.* Frankfurt
aan de Main, 1612
–. *Florilegium de variis floribus et
aliis Indicis plantis ad vivum
delineatum.* 2 dln.; Frankfurt aan
de Main, 1612–1614
–. *Florilegium amplissimum et
selectissimum.* Amsterdam, 1620,
1631, 1641, 1647, 1655
Vallet, Pierre. *Le Jardin Du Roy
Tres Chrestien Henry IV, Roy
De France Et De Navare, Dedie
A La Royne.* Parijs, 1608
–. *Le jardin du roy tres chrestien
Loys XIII.* Parijs, 1623
–. *Le jardin du roy tres chrestien
Loys XIIII, roy de France et de
Navare dedie a la Royne mere de
sa Maieste.* Parijs, 1665
Visscher, Roemer. *Sinnepoppen.*
Amsterdam, 1614

De Moninckx-atlas. 8 vols.;
Amsterdam, 1686–1709
Munting, Abraham. *Waare
Oeffening der planten.*
Amsterdam, 1672;
Leeuwarden, 1682
–. *Naauwkeurige Beschryving der
Aardgewassen.* Leiden and
Utrecht, 1696
Museum Plantin-Moretus and
Het Stedelijk Prentenkabinet.
*Botany in the Low Countries (end
of the 15th century – c. 1650).*
Antwerp, 1993
Paape, Gerrit. *De plateelbakker of
Delftsch aardewerkmaaker.*
Dordrecht, 1794; reprint,
Amsterdam, 1978
Passe, Crispijn vanden. *Den
Blomhof, Inhoudende de Rare oft
Onghemeene Blommen.* Utrecht,
1614
–. *A Garden of Flowers.* Utrecht,
1615
–. *Jardin* [also: *Iardin*] *de fleurs.*
Utrecht, 1614–16
–. *Hortus floridus.* Utrecht and
Arnheim, 1614–17; facsimile
edition by E.S. Rhode,
London, 1928–29; reprint,
London, 1974
–. *Altera pars horti floridi.* Utrecht
and Arnheim, c. 1614–17

Pliny the Elder (23–79 A.D.).
Historia naturalis. Venice, c.
1470; reprint, Cambridge,
Mass., 1958, 1969–89
Schöffer, Peter, *et al. Gart Der
Gesundheit.* Mainz, 1485
Sweerts, Emanuel. *Florilegii, in
qua agitur de praecipuis plantis et
floribus fibrosas radices habentibus;
nec non arboribus speciosis et
odoriferis, quibus horti in utraque
Germania decorantur.* Frankfurt-
am-Main, 1612
–. *Florilegium de variis floribus et
aliis Indicis plantis ad vivum
delineatum.* 2 vols.; Frankfurt-
am-Main, 1612–14
–. *Florilegium amplissimum et
selectissimum.* Amsterdam, 1620,
1631, 1641, 1647, 1655
Vallet, Pierre. *Le Jardin Du Roy
Tres Chrestien Henry IV, Roy
De France Et De Navare, Dedie
A La Royne.* Paris, 1608
–. *Le jardin du roy tres chrestien
Loys XIII.* Paris, 1623
–. *Le jardin du roy tres chrestien
Loys XIIII, roy de France et de
Navare dedie a la Royne mere de
sa Maieste.* Paris, 1665
Visscher, Roemer. *Sinnepoppen.*
Amsterdam, 1614

SECUNDAIRE BRONNEN

Alpers, Svetlana. *The Art of
Describing; Dutch Art in the
Seventeenth Century.* Chicago,
1983
American Art Association, New
York. *Dutch Tiles of the
XV–XVIII Century: Collection of
Eelco M. Vis.* Veilingcatalogus;
9/10 november 1927
Anderson, Frank J. *An Illustrated
History of the Herbals.* New
York, 1977
Arber, Agnes. *Herbals, Their
Origin and Evolution: A Chapter
in the History of Botany,
1470–1670.* Cambridge, 1986[3]

Aymonin, Gérard G. (inl.). *The
Besler Florilegium: Plants of the
Four Seasons.* Met een woord
vooraf door Pierre Gascar.
New York, 1989
Bartsch, Adam von. *Le Peintre
graveur.* 21 dln.; Wenen,
1803–1821
Behling, Lottlisa. *Die Pflanze in
der Mittelalterlichen Tafelmalerei.*
Weimar, 1957
Bergström, Ingvar. *Dutch Still-
Life Painting in the Seventeenth
Century.* Vertaling Christina
Hedström en Gerald Taylor.
Londen, 1956

SECONDARY SOURCES

Alpers, Svetlana. *The Art of
Describing; (Dutch Art in the
Seventeenth Century.* Chicago,
Ill., 1983
American Art Association, Inc.
*Dutch Tiles of the XV–XVIII
Century: Collection of Eelco M.
Vis.* New York, November
9–10, 1927
Anderson, Frank J. *An Illustrated
History of the Herbals.* New
York, 1977
Arber, Agnes. *Herbals, Their
Origin and Evolution: A Chapter
in the History of Botany,
1470–1670.* 3rd ed. Cambridge,

England, 1986
Bartsch, Adam von. *Le Peintre
graveur.* 21 vols.; Vienna,
1803–21
Behling, Lottlisa. *Die Pflanze in
der Mittelalterlichen Tafelmalerei.*
Weimar, 1957
Bergström, Ingvar. *Dutch Still-
Life Painting in the Seventeenth
Century.* Transl. Christina
Hedström and Gerald Taylor.
London, 1956
–. "Georg Hoefnagel, le dernier
des grands miniaturistes
flamands." *L'Oeil,* no. 101
(May 1963), pp. 2–9, 66

–. 'Georg Hoefnagel, le dernier des grands miniaturistes flamands', in: *L'Oeil* 101 (mei 1963), blz. 2–9, 66

–. 'On Georg Hoefnagel's Manner of Working, with Notes on the Influence of the Archetypa Series of 1592', in: *Netherlandish Mannerism*. Stockholm, 1985; blz. 176–187

–. "Een Tulpenboek, geschilderd door Jacob Marrel. Jacob Marrel's Earliest Tulip-Book – Hitherto Unknown", in: *Tableau* 7, nr. 2 (1981).

Besler, Basilius, *zie* Aymonin

Bleiler, E.F. (red.). *Early Floral Engravings: All 110 Plates from the 1612 'Florilegium' by Emanuel Sweerts*. New York, z.j.

Blunt, Wilfrid. *The Art of Botanical Illustration*. Londen, 1950a

–. *Tulipomania*. Middlesex, 1950b; Londen, 1970

– en Sandra Raphael. *The Illustrated Herbal*. Londen, z.j.; New York, 1979

– en William T. Stearn. *The New Naturalist: The Art of Botanical Illustration*. Londen, 1950

Bol, L.J. *The Bosschaert Dynasty: Painters of Flowers and Fruit*. Leigh-on-Sea, 1960, 1981

Boon, K.G. 'De Tentoonstelling "Bloemen, vogels en kruipend gediert" in het Nederlandsche boek uit vijf eeuwen" in het Gemeentemuseum te 's-Gravenhage', in: *Historia* 7, nr. 4 (april 1941), blz. 107–113

Boven, Margriet van, en Sam Segal. *Gerard & Cornelis van Spaendonck: Twee Brabantse bloemenschilders in Parijs*. Maarssen, 1980

Brenninkmeyer-de Rooij, Beatrijs. 'Zeldzame bloemen, "Fatta tutti del natturel" door Jan Brueghel I', in: *Oud-Holland* 104, nr. 3/4 (1990), blz. 218–248

Briels, J. *Zuid Nederlandse immigratie, 1572–1630*. Haarlem, 1978

Brouwer-Brand, A. 'Bloemtegels in de 17e eeuw', in: *Tegel* 19 (1991), blz. 13–34

Brugmans, H. *Het huiselijk en maatschappelijk leven onzer voorouders*. 2 dln.; Amsterdam, 1931

Carnegie Institute, Pittsburgh. *Botanical Books, Prints and Drawings from the Collection Mrs. Ray Arthur Hunt*. Veilingcatalogus; 3 januari–17 februari 1952

Carswell, John. 'Six Tiles', in: *Islamic Art in The Metropolitan Museum of Art*. New York, 1972

Christie's, Amsterdam. *Fine Dutch Tiles from the Property of the Estate of the Late Mabel Brady Garvan, Including Tiles from the Eelco M. Vis Sale, New York, 1927, and from Various Other Properties and European Ceramics, Including Delft*. Veilingcatalogus; 11 juni 1980

Coats, Alice M. *Book of Flowers: Four Centuries of Flower Illustration*. Londen, 1973

Cockx-Indestege, Elly, en Francine de Nave (red.). *Christoffel Plantijn en de exacte wetenschappen in zijn tijd*. Brussel, 1989

Cowen, David L., en William H. Helfand. *Pharmacy: An Illustrated History*. New York, 1990

Dam, Jan Daniel van. 'A Survey of Dutch Tiles', in: Ella B. Schaap *et al.*, *Dutch Tiles in the Philadelphia Museum of Art*. Philadelphia, 1984

–. *Nederlandse tegels*. Utrecht/Antwerpen, 1988

Deursen, A.Th. van. *Het kopergeld van de Gouden Eeuw*, dl. I: *Het dagelijks brood*. Assen, 1981

Dijk, W. van (vert. en ann.). *A Treatise on Tulips by Carolus*

–. "On Georg Hoefnagel's Manner of Working, with Notes on the Influence of the Archetypa Series of 1592." *Netherlandish Mannerism*. Stockholm, 1985; pp. 176–87

–. "Een Tulpenboek, geschilderd door Jacob Marrel. Jacob Marrel's Earliest Tulip-Book – Hitherto Unknown." *Tableau*, vol. 7, no. 2 (1981)

Besler, Basilius. *The Besler Florilegium: Plants of the Four Seasons. With an introduction by Gérard G. Aymonin, and a foreword by Pierre Gascar*. New York, 1989

Bleiler, E.F., ed. *Early Floral Engravings: All 110 Plates from the 1612 "Florilegium" by Emanuel Sweerts*. New York, n.d.

Blunt, Wilfrid. *The Art of Botanical Illustration*. London, 1950

–. *Tulipomania*. Middlesex, England, 1950; London, 1970

– and Sandra Raphael. *The Illustrated Herbal*. London, n.d.; New York, 1979

– and William T. Stearn. *The New Naturalist: The Art of Botanical Illustration*. London, 1950

Bol, L.J. *The Bosschaert Dynasty: Painters of Flowers and Fruit*. Leigh-on-Sea, England, 1960, 1981

Boon, K.G. "De Tentoonstelling 'Bloemen, vogels en kruipend gediert' in het Nederlandsche boek uit vijf eeuwen' in het Gemeentemuseum te 's-Gravenhage." *Historia*, vol. 7, no. 4 (April 1941), pp. 107–13

Boven, Margriet van, and Sam Segal. *Gerard & Cornelis van Spaendonck: Twee Brabantse bloemenschilders in Parijs*. Maarssen, 1980

Brenninkmeyer-de Rooij, Beatrijs. "Zeldzame bloemen, 'Fatta tutti del natturel' door Jan Brueghel I." *Oud-Holland*, vol. 104, no. 3–4 (1990), pp. 218–48

Briels, J. *Zuid Nederlandse immigratie, 1572–1630*. Haarlem, 1978

Brouwer-Brand, A. "Bloemtegels in de 17e eeuw." *Tegel*, vol. 19 (1991), pp. 13–34

Brugmans, H. *Het huiselijk en maatschappelijk leven onzer voorouders*. 2 vols.; Amsterdam, 1931

Carnegie Institute. *Botanical Books, Prints and Drawings from the Collection Mrs. Ray Arthur Hunt*. Pittsburgh, January 3–February 17, 1952

Carswell, John. "Six Tiles." *Islamic Art in The Metropolitan Museum of Art*. New York, 1972

Christie's. *Fine Dutch Tiles from the Property of the Estate of the Late Mabel Brady Garvan, Including Tiles from the Eelco M. Vis Sale, New York, 1927, and from Various Other Properties and European Ceramics, Including Delft*. Amsterdam, June 11, 1980

Coats, Alice M. *Book of Flowers: Four Centuries of Flower Illustration*. London, 1973

Cockx-Indestege, Elly, and Francine de Nave, eds. *Christoffel Plantijn en de exacte wetenschappen in zijn tijd*. Brussels, 1989

Cowen, David L., and William H. Helfand. *Pharmacy: An Illustrated History*. New York, 1990

Dam, Jan Daniel van. "A Survey of Dutch Tiles." *Dutch Tiles in the Philadelphia Museum of Art*. Philadelphia, 1984

–. *Nederlandse Tegels*. Utrecht/Antwerp, 1988

Deursen, A.Th. van. *Het kopergeld van de Gouden Eeuw*. Vol. I, *Het dagelijks brood*.

Clusius of Arras. Haarlem, 1951
Eeckhout, P. *Bloem en tuin in de Vlaamse kunst*. Gent, 1960
Emboden, William A. *Leonardo da Vinci on Plants and Gardens*. Portland (Oregon), 1987
Flora of Turkey and the East Aegean Islands, dl. 8. Edinburgh (University Press), 1965–1968; blz. 280–281
Forster, Edward Seymour. *The Turkish Letters of Ogier Ghiselin de Busbecq: Imperial Ambassador at Constantinople 1554–1562*. Oxford, 1927
Frans Halsmuseum, Haarlem. *Catalogus van teekeningen, schilderijen, boeken, pamfletten, documenten en voorwerpen betreffende de geschiedenis van de bloembollencultuur en den bloembollenhandel*. 16 maart–19 mei 1935
Freedberg, David, en Jan de Vries (red.). *Art in History / History in Art: Studies in Seventeenth-Century Dutch Culture*. The Getty Center for the History of Art and the Humanities. Santa Monica (California), 1991
Gemeentelijk Museum Het Princessehof, Leeuwarden. *Het ornament op Nederlandse tegels: 1560–1625*. Catalogus (door Jan Daniel van Dam); zomer 1981
–. *De Nederlandse tegel in kleur*. Catalogus (door Jan Daniel van Dam); Leeuwarden, 1982
Germanisches Nationalmuseum, Neurenberg. *Maria Sibylla Merian 1647–1717*. Catalogus (door Elizabeth Rücker); 12 april–4 juni 1967
Geyl, Pieter. *The Netherlands in the Seventeenth Century*, dl. 1: *1609–1648*. New York, 1961
Grand Musée des Beaux-Arts, Gent. *Fleurs et Jardins dans l'Art flamand*. 10 april–21 juni 1960
Haig, Elizabeth. *The Floral Symbolism of the Great Masters*. Londen, 1913

Hairs, Marie-Louise. *Les peintres flamands de fleurs au XVIIe siècle*. Brussel, 1955, 1965, 1985
Hall, James. *Dictionary of Subjects and Symbols in Art*. Londen, 1974
Harvey, John H. 'Turkey as a Source of Garden Plants', in: *Journal of the Garden History Society*, dl. 4 (1976), blz. 21–42
Hatton, Richard G. *Handbook of Plant and Floral Ornament*. New York, 1960
Heukels, H., en R. van der Meijden. *Flora van Nederland*. Groningen, 1983[20]
Heukels, H., en S.J. van Ooststroom. *Flora van Nederland*. Groningen, 1970[16]
Heywood, V.H. (red.). *Flowering Plants of the World*. New York, 1978
Hollstein, F.W.H. *Dutch and Flemish Etchings, Engravings and Woodcuts, c. 1450–1700*, dl. 3. Amsterdam, 1949–.
Honey, William Bowyer. *European Ceramic Art from the End of the Middle Ages to about 1815*. 2 dln.; Londen, 1949–1952
Hoog, Michael H. *On the Origins of Tulips, Lilies, and other Liliaceae*. Hertford, 1973
– en D.H. Couvee. *Tulipomania*. Haarlem, z.j.
Hoogewerff, G.J. *De geschiedenis van de St. Lucasgilden in Nederland*. Amsterdam, 1947
Hopper Boom, Florence. 'An early flower piece by Jacques de Gheyn II', in: *Simiolus: Netherlands Quarterly for the History of Art 8*, nr. 4 (1975–1976), blz. 195–199
Houten, J.M. van den. 'Bloementegels', in: *Nederlandsche Dendrologische Vereeniging. Gedenkboek J. Valckenier Suringar, 24 December 1864–17 October 1932*. Wageningen, 1942; blz. 266–270

Assen, 1981
Dijk, W. van, translator and annotator. *A Treatise on Tulips by Carolus Clusius of Arras*. Haarlem, 1951
Eeckhout, P. *Bloem en tuin in de Vlaamse kunst*. Ghent, 1960
Emboden, William A. *Leonardo da Vinci on Plants and Gardens*. Portland, Or., 1987
Flora of Turkey and the East Aegean Islands. Vol. 8; Edinburgh, 1965–68; pp. 280–81
Forster, Edward Seymour. *The Turkish Letters of Ogier Ghiselin de Busbecq: Imperial Ambassador at Constantinople 1554–62*. Oxford, 1927
Frans Halsmuseum. *Catalogus van teekeningen, schilderijen, boeken, pamfletten, documenten en voorwerpen betreffende de geschiedenis van de bloembollencultuur en den bloembollenhandel*. Haarlem, March 16–May 19, 1935
Freedberg, David, and Jan de Vries, eds. *Art in History / History in Art: Studies in Seventeenth-Century Dutch Culture*. The Getty Center for the History of Art and the Humanities. Santa Monica, Cal., 1991
Gemeentelijk Museum Het Princessehof. *Het ornament op Nederlandse tegels: 1560–1625*. Catalogue by Jan Daniel van Dam. Leeuwarden, Summer 1981
–. *De Nederlandse tegel in kleur*. Catalogue by Jan Daniel van Dam. Leeuwarden, 1982
Geyl, Pieter. *The Netherlands in the Seventeenth Century*. Pt. 1, *1609–1648*. New York, 1961
Grand Musée des Beaux-Arts. *Fleurs et Jardins dans l'Art flamand*. Ghent, April 10–June 21, 1960
Haig, Elizabeth. *The Floral Symbolism of the Great Masters*.

London, 1913
Hairs, Marie-Louise. *Les peintres flamands de fleurs au XVIIe siècle*. Brussels, 1955, 1965, 1985
Hall, James. *Dictionary of Subjects and Symbols in Art*. London, 1974
Harvey, John H. "Turkey as a Source of Garden Plants." *Journal of the Garden History Society*, vol. IV (1976), pp. 21–42
Hatton, Richard G. *Handbook of Plant and Floral Ornament*. New York, 1960
Heukels, H., and R. van der Meijden, *Flora van Nederland*. 20th ed., Groningen, 1983
Heukels, H., and S.J. van Ooststroom. *Flora van Nederland*. 16th ed., Groningen, 1970
Heywood, V.H., consulting ed. *Flowering Plants of the World*. New York, 1978
Hollstein, F.W.H. *Dutch and Flemish Etchings, Engravings, and Woodcuts, c. 1450–1700*. Vol. 3; Amsterdam, 1949–
Honey, William Bowyer. *European Ceramic Art from the End of the Middle Ages to about 1815*. 2 vols.; London, 1949–52
Hoog, Michael H. *On the Origins of Tulips, Lilies, and other Liliaceae*. Hertford, England, 1973
– and D.H. Couvee. *Tulipomania*. Haarlem, n.d.
Hoogewerff, G.J. *De geschiedenis van de St. Lucasgilden in Nederland*. Amsterdam, 1947
Hopper Boom, Florence. "An early flower piece by Jacques de Gheyn II." *Simiolus: Netherlands Quarterly for the History of Art*, vol. 8, no. 4 (1975/76), pp. 195–99
Houten, J.M. van den. "Bloementegels." *Gedenkboek J. Valckenier Suringar, 24 December 1864–17 October 1932*. Wageningen, 1942; pp. 266–70

Hoynck van Papendrecht, A. *De Rotterdamsche plateel- en tegelbakkers en hun product 1590–1851: Bijdrage tot de geschiedenis der oude Noord-Nederlandsche majolika.* Rotterdam, 1920

Hudig, Ferrand W. 'Een Amsterdamsche tegelbakkerij', in: *Oud-Holland* 43 (1926), blz. 73–79

Hulton, Paul, *et al. The Work of Jacques Le Moyne de Morgues: A Huguenot Artist in France, Florida and England.* Londen, 1977

Hunger, Friedrich W.T. *Charles de l'Escluse (Carolus Clusius): Nederlandsch Kruidkundige 1525–1609.* 2 dln.; 's-Gravenhage, 1927, 1942

Huussen, A.H. *Het Leven van Ogier Ghislain de Busbecq: en het verhaal van zijn avonturen als keizerlijk gezant in Turkije (1554–1562).* Leiden, 1949

Jonge, C.H. de. *Oud-Nederlandsche majolica en Delftsch aardewerk, een ontwikkelingsgeschiedenis van omstreeks 1550–1800.* Amsterdam, 1947

–. *Dutch Tiles.* Vertaling P.S. Falla. Londen, 1971

Jongh, E. de. *Zinne- en minne-beelden in de schilderkunst van de zeventiende eeuw.* Amsterdam, 1967

–. 'Grape Symbolism in the Paintings of the Sixteenth and Seventeenth Centuries', in: *Simiolus: Netherlands Quarterly for the History of Art* 7, nr. 4 (1974), blz. 166–191

Karp, Diane R., *et al. Ars Medica: Art, Medicine, and the Human Condition.* Philadelphia, 1985

Kaufmann, Thomas DaCosta. *The School of Prague: Painting at the Court of Rudolf II.* Chicago en Londen, 1988

Koninklijke Musea voor Schone Kunsten (Brussel), *zie* Musées Royaux des Beaux-Arts (de

Belgique)

Koreny, Fritz. *Albrecht Dürer und die Tier- und Pflanzenstudien der Renaissance.* München, 1985

Korf, Dingeman. *Tegels.* Haarlem, 1979[7]

Krelage, Ernst H. *Bloemenspeculatie in Nederland: De Tulpomanie van 1636–'37 en de Hyacinthenhandel 1720–'36* Amsterdam, 1942

Kunstveilingen Sotheby Mak van Waay B.V., Amsterdam. *Hollandse tegels uit de collectie van wijlen de Heer F. Leerink.* Veilingcatalogus nr. 349 (dl. 8: *Vogels*; dl. 9: *Bloemen*); 13 mei 1982

Lane, Arthur. *A Guide to the Collection of Tiles: Victoria and Albert Museum.* Londen, 1960[2]

Levi d'Ancona, Mirella. *The Garden of the Renaissance: Botanical Symbolism in Italian Painting.* Florence, 1977

Mauser, H.W. 'De techniek van de oud-Nederlandsche majolica en van het Delftsche aardewerk', in: C.H. de Jonge, *Oud-Nederlandsche majolica en Delftsch aardewerk, een ontwikkelingsgeschiedenis van omstreeks 1550–1800.* Amsterdam, 1947

Meerbeeck, Philippe Jacques van. *Recherches historiques et critiques sur la vie et les ouvrages de Rembert Dodoens (Dodonaeus).* Malines (Mechelen), 1841; herdruk: Utrecht, 1980

Miedema, Hessel. *Karel van Mander: Den grondt der edel vry schilder-const.* 2 dln.; Utrecht, 1973

–. 'De St. Lucasgilden van Haarlem en Delft in de zestiende eeuw', in: *Oud-Holland* 99, nr. 2 (1985), blz. 78–109

Montias, John Michael. *Artists and Artisans in Delft: A Socio-Economic Study of the Seventeenth Century.* Princeton, 1982

Hoynck van Papendrecht, A. *De Rotterdamsche plateel- en tegelbakkers en hun product 1590–1851: Bijdrage tot de geschiedenis der oude Noord-Nederlandsche majolika.* Rotterdam, 1920

Hudig, Ferrand W. "Een Amsterdamsche tegelbakkerij." *Oud-Holland*, vol. 43 (1926), pp. 73–79

Hulton, Paul, et al. *The Work of Jacques Le Moyne de Morgues: A Huguenot Artist in France, Florida and England.* London, 1977

Hunger, Friedrich W.T. *Charles de l'Escluse (Carolus Clusius): Nederlandsch Kruidkundige 1525–1609.* 2 vols.; The Hague, 1927, 1942

Huussen, A.H. *Het Leven van Ogier Ghislain de Busbecq: en het verhaal van zijn avonturen als keizerlijk gezant in Turkije (1554–1562).* Leiden, 1949

Jonge, C.H. de. *Oud-Nederlandsche majolica en Delftsch aardewerk, een ontwikkelingsgeschiedenis van omstreeks 1550–1800.* Amsterdam, 1947

–. *Dutch Tiles.* Translated by P.S. Falla. London, 1971

Jongh, E. de. *Zinne- en minne-beelden in de schilderkunst van de zeventiende eeuw.* Amsterdam, 1967

–. "Grape Symbolism in the Paintings of the Sixteenth and Seventeenth Centuries." *Simiolus: Netherlands Quarterly for the History of Art*, vol. 7, no. 4 (1974), pp. 166–91

Karp, Diane R., et al. *Ars Medica: Art, Medicine, and the Human Condition.* Philadelphia, 1985

Kaufmann, Thomas DaCosta. *The School of Prague: Painting at the Court of Rudolf II.* Chicago and London, 1988

Koreny, Fritz. *Albrecht Dürer und die Tier- und Pflanzenstudien der Renaissance.* Munich, 1985

Korf, Dingeman. *Tegels.* 7th rev. ed., Haarlem, 1979

Krelage, Ernst H. *Bloemenspeculatie in Nederland: De Tulpomanie van 1636–'37 en de Hyacinthenhandel 1720–'36.* Amsterdam, 1942

Lane, Arthur. *A Guide to the Collection of Tiles: Victoria and Albert Museum.* 2nd ed., London, 1960

Levi d'Ancona, Mirella. *The Garden of the Renaissance: Botanical Symbolism in Italian Painting.* Florence, 1977

Mauser, H.W. "De techniek van de oud-Nederlandsche majolica en van het Delftsche aardewerk." in C.H. de Jonge, *Oud-Nederlandsche majolica en Delftsch aardewerk, een ontwikkelingsgeschiedenis van omstreeks 1550–1800.* Amsterdam, 1947

Meerbeeck, Philippe Jacques van. *Recherches historiques et critiques sur la vie et les ouvrages de Rembert Dodoens (Dodonaeus).* Malines (Mechelen), 1841; reprint, Utrecht, 1980

Miedema, Hessel. *Karel van Mander: Den grondt der edel vry schilder-const.* 2 vols.; Utrecht, 1973

–. "De St. Lucasgilden van Haarlem en Delft in de zestiende eeuw." *Oud-Holland*, vol. 99, no. 2 (1985), pp. 78–109

Montias, John Michael. *Artists and Artisans in Delft: A Socio-Economic Study of the Seventeenth Century.* Princeton, 1982

Munting, Abraham. *Decorative Floral Engravings: 118 plates from the 1696 "Accurate Description of Terrestrial Plants."* Edited by Theodore Menten. New York, 1975

Musées Royaux des Beaux-Arts de Belgique. *Tableaux de fleurs du XVIIe siècle: Peinture et botanique / Zeventiende-eeuwse*

Munting, Abraham. *Decorative Floral Engravings: 118 plates from the 1696 'Accurate Description of Terrestrial Plants'*. Bezorgd door Theodore Menten. New York, 1975

Musées Royaux des Beaux-Arts de Belgique. *Tableaux de fleurs du XVIIe siècle: Peinture et botanique / Zeventiende-eeuwse bloemstukken: Schilderkunst en plantkunde*. Brussel, 1989

Museum Plantin-Moretus. *Christoffel Plantijn en de exacte wetenschappen in zijn tijd*. Antwerpen, 18 maart–31 mei 1989

Nissen, Claus. *Die Botanische Buchillustration: Ihre Geschichte Und Bibliographie*. 2 dln.; Stuttgart, 1951, 1966

Panofsky, Erwin. *Early Netherlandish Painting: its Origins and Character*. Cambridge (Massachusetts), 1953

Philadelphia Museum of Art. 'A World of Flowers: Paintings and Prints', in: *Philadelphia Museum of Art Bulletin* 58, nr. 277 (2 mei–9 juni 1963)

Pool, Katouchka. 'Turkse en Nederlandse keramiek: "Iznik" en "Nieuw Delfts Driekleuren" ', in: Hans Theunissen, Annelies Abelmann en Wim Meulenkamp (red.). *Topkapi & Turkomanie: Turks-Nederlandse ontmoetingen sinds 1600*. Amsterdam, 1989; blz. 107–117, 207–210

Pope, John A. 'Chinese Influences on Iznik Pottery: A Reexamination of an Old Problem', in: *Islamic Art in The Metropolitan Museum of Art*. New York, 1972

Quinby, Jane (samenst.). *Catalogue of Botanical Books in the Collection of Rachel McMasters Miller Hunt*, dl. 1: *Printed Books 1477–1700*. Pittsburgh, 1958

Regin, Deric. *Traders, Artists, Burghers: A Cultural History of Amsterdam in the Seventeenth Century*. Assen, 1976

Regteren Altena, Iohan Quirijn van. *Jacques de Gheyn, Three Generations*. 3 dln.; 's-Gravenhage/Boston/Londen, 1983

Ripa, Cesare. *Baroque and Rococo Pictorial Imagery*; herdruk van *Iconologia, 1758–1760*. Bezorgd en vertaald door Edward A. Maser. New York, 1971

Rix, Martyn. *The Art of the Botanist*. Guildford/Londen, 1981

Rohde, Eleanour Sinclair. Inleiding in: *Hortus Floridus: The Four Books of Spring, Summer, Autumn and Winter flowers engraved by Crispin van de Pass*. Vertaling Spencer Savage. Facsimile-herdruk: 1928–1929; herdruk: Londen, 1974

Rytz, W. *Pflanzenaquarelle des Hans Weiditz aus dem Jahre 1529: die Originale zu den Holzschnitten im Brunfels'schen Kreüterbuch*. Bern, 1936

Savage, Spencer. 'The *Hortus Floridus* of Crispijn vande Pas the Younger', in: A.W. Pollard (red.), *The Library: A Quarterly Review of Bibliography*, 4de ser., dl. 4. Londen, 1924; blz. 181–206

Schaap, Ella B. *et al. Dutch Tiles in the Philadelphia Museum of Art*. Philadelphia, 1984

Scheller, R.W. 'Nieuwe gegevens over het St. Lukasgilde te Delft in de zestiende eeuw', in: *Nederlands Kunsthistorisch Jaarboek* 23 (1972), blz. 41–48

Schierbeek, A. *Bloemlezing Uit Het Cruydt-Boeck van Rembert Dodoens*. 's-Gravenhage, 1941

Schulz, Wolfgang. 'Blumenzeichnungen von Herman von Saftleven d. J.',

Pittsburgh, 1958

Regin, Deric. *Traders, Artists, Burghers: A Cultural History of Amsterdam in the Seventeenth Century*. Assen, 1976

Regteren Altena, Iohan Quirijn van. *Jacques de Gheyn, Three Generations*. 3 vols.; The Hague/Boston/London, 1983

Ripa, Cesare. *Baroque and Rococo Pictorial Imagery*. Reprint of *Iconologia, 1758–60*. Edited and translated by Edward A. Maser.

bloemstukken: Schilderkunst en plantkunde. Brussels, 1989

Museum Plantin-Moretus. *Christoffel Plantijn en de exacte wetenschappen in zijn tijd*. Antwerp, March 18–May 31, 1989

Nissen, Claus. *Die Botanische Buchillustration: Ihre Geschichte Und Bibliographie*. 2 vols.; Stuttgart, 1951, 1966

Panofsky, Erwin. *Early Netherlandish Painting: its Origins and Character*. Cambridge, Mass., 1953

Philadelphia Museum of Art. "A World of Flowers: Paintings and Prints." *Philadelphia Museum of Art Bulletin*, vol. 58, no. 277 (May 2–June 9, 1963)

Pool, Katouchka. "Turkse en Nederlandse keramiek: 'Iznik' en 'Nieuw Delfts Driekleuren.'" *Topkapi & Turkomanie: Turks-Nederlandse ontmoetingen sinds 1600*. Edited by Hans Theunissen, Annelies Abelmann, and Wim Meulenkamp. Amsterdam, 1989; pp. 107–17, 207–10

Pope, John A. "Chinese Influences on Iznik Pottery: A Reexamination of an Old Problem." *Islamic Art in The Metropolitan Museum of Art*. New York, 1972

Quinby, Jane, comp. *Catalogue of Botanical Books in the Collection of Rachel McMasters Miller Hunt*. Vol. 1, *Printed Books 1477–1700*. Pittsburgh, 1958

New York, 1971

Rix, Martyn. *The Art of the Botanist*. Guildford and London, 1981

Rohde, Eleanour Sinclair. "Introduction," in Crispijn vanden Passe, *Hortus Floridus: The Four Books of Spring, Summer, Autumn and Winter flowers engraved by Crispin van de Pass*. Translated by Spencer Savage. facsimile edition, London, 1928–29; reprint, London, 1974

Rücker, Elizabeth. *Maria Sibylla Merian 1647–1717*. Nuremberg, April 12–June 4, 1967

Rytz, W. *Pflanzenaquarelle des Hans Weiditz aus dem Jahre 1529: die Originale zu den Holzschnitten im Brunfels'schen Kreüterbuch*. Bern, 1936

Savage, Spencer. "The *Hortus Floridus* of Crispijn vande Pas the Younger." *The Library: A Quarterly Review of Bibliography*, ed. A.W. Pollard, 4th ser., vol. 4 (London, 1924), pp. 181–206

Schaap, Ella B., et al. *Dutch Tiles in the Philadelphia Museum of Art*. Philadelphia, 1984

Scheller, R.W. "Nieuwe gegevens over het St. Lukasgilde te Delft in de zestiende eeuw." *Nederlands Kunsthistorisch Jaarboek*, vol. 23 (1972), pp. 41–48

Schierbeek, A. *Bloemlezing Uit Het Cruydt-Boeck van Rembert Dodoens*. The Hague, 1941

Schulz, Wolfgang. "Blumenzeichnungen von Herman von Saftleven d. J." *Zeitschrift für Kunstgeschichte*, vol. XL/2. Berlijn, 1977; pp. 135–53

Segal, Sam. *Een bloemrijk verleden. Een overzicht van de Noord- en Zuidnederlandse bloemschilderkunst, 1600–heden / A flowery past: A survey of Dutch and Flemish flower painting from 1600 until the present*.

in: *Zeitschrift für Kunstgeschichte* XL, nr. 2 (1977), blz. 135–153

Segal, Sam. *Een bloemrijk verleden. Een overzicht van de Noord- en Zuidnederlandse bloemschilderkunst, 1600–heden / A flowery past: A survey of Dutch and Flemish flower painting from 1600 until the present.* Amsterdam en 's-Hertogenbosch, 1982

–. 'Georg Flegel als bloemenschilder', in: *Tableau* VII, nr. 3 (1984), blz. 74–86

–. 'Exotische bollen als statussymbolen', in: *Openbaar Kunstbezit* 3 (1987), blz. 88–97

–. *Tulips by Anthony Claesz.* Maastricht, 1987

Sluyterman, K. *Huisraad en Binnenhuis in Nederland in vroegere eeuwen.* 's-Gravenhage, 1925

Speth-Holterhoff, S. *Les peintres flamands de cabinets d'amateurs au XVIIe siècle.* Brussel, 1957

Teske, J. 'Tegels uit landen van de Islam', in: *Antiek 17*, nr. 10 (1983), blz. 517–528

Thieme, Ulrich, en Felix Becker. *Allgemeines Lexikon der bildenden Künstler*, dln. 4 en 7. Leipzig, 1910

Thornton, Peter. *Seventeenth-Century Interior Decoration in England, France and Holland.* New Haven, 1978

Tichelaar, Pieter Jan. 'The Production of Tiles', in: Ella B. Schaap *et al.*, *Dutch Tiles in the Philadelphia Museum of Art.* Philadelphia, 1984

Tillie, Ann. *Invloed van de Vlaamse prentkunst op de Noordnederlandse tegels met dieren.* Gent, 1988

Tomasi, Lucia Tongiorgi, en Alessandro Tosi. *Flora e pomona: l'orticoltura nei disegni e nelle incisioni dei secoli XVI–XIX.* Florence, 1990

Twentieth Century Botanical Art at The Hunt Botanical Library.

(The Rachel McMasters Miller Hunt Botanical Library) Pittsburgh, 1968

Vis, Eelco M., en Commer de Geus. *Altholländische Fliesen*, dl. 1. Leipzig, 1926

–. *Altholländische Fliesen*, dl. 2. Leipzig, 1933. Tekst Ferrand W. Hudig

–. *Altholländische Fliesen.* 2 dln.; herdruk, met aanvullingen door D.F. Lunsingh Scheurleer: Stuttgart, 1978

Voet, Leon. *The Plantin-Moretus Museum.* Antwerpen, 1959, 1965

– en J. Voet-Grisolle. *The Plantin Press (1555–89). A Bibliography of the Works Printed and Published by Christopher Plantin at Antwerp and Leiden*, dln. I–VI. Amsterdam, 1980–1983

Vries, Jan de. *The Dutch Rural Economy in the Golden Age, 1500–1700.* New Haven, 1974

Waal, H. van de. *Drie eeuwen Vaderlandsche geschieduitbeelding 1500–1800: Een iconologische studie.* 2 dln.; 's-Gravenhage, 1952

Warner, Ralph. *Dutch and Flemish flower and fruit Painters of the 17th and 18th Centuries.* Londen, 1928; verbeterde herdruk (bezorgd door Sam Segal): Amsterdam, 1975

Webster's New International Dictionary of the English Language, onverkort. 1953²

Webster's Seventh New Collegiate Dictionary. 1965

Wegener, Hans. 'Das grosse Bilderwerk des Carolus Clusius in der Preussischen Staatsbibliothek', in: *Forschungen und Fortschritte 12*, nr. 29 (10 oktober 1936), blz. 374–376

Wijnands, D. Onno. *De tulp in beeld / Tulips portrayed: Drawings, engravings and water colours from 1576 to the present.* Wageningen, 1987

Amsterdam and 's-Hertogenbosch, 1982

–. "Georg Flegel als bloemenschilder." *Tableau*, vol. VII, no. 3 (1984), pp. 74–86

–. "Exotische bollen als statussymbolen." *Openbaar Kunstbezit*, vol. 3 (1987), pp. 88–97

–. *Tulips by Anthony Claesz.* Maastricht, 1987

Sluyterman, K. *Huisraad en Binnenhuis in Nederland in vroegere eeuwen.* The Hague, 1925

Sotheby Mak van Waay B.V. *Hollandse tegels, de collectie van wijlen de Heer F. Leerink.* Pt. 8, *Vogels* [Birds]; Pt. 9, *Bloemen* [Flowers]. Cat. 349. Amsterdam, May 13, 1982

Speth-Holterhoff, S. *Les peintres flamands de cabinets d'amateurs au XVIIe siècle.* Brussels, 1957

Teske, J. "Tegels uit landen van de Islam." *Antiek*, vol. 17, no. 10 (1983), pp. 517–28

Thieme, Ulrich, and Felix Becker. *Allgemeines Lexikon der bildenden Künstler.* Vols. 4, 7; Leipzig, 1910

Thornton, Peter. *Seventeenth-Century Interior Decoration in England, France and Holland.* New Haven, 1978

Tichelaar, Pieter Jan. "The Production of Tiles." In Ella Schaap et al., *Dutch Tiles in the Philadelphia Museum of Art.* Philadelphia, 1984

Tillie, Ann. *Invloed van de Vlaamse prentkunst op de Noordnederlandse tegels met dieren.* Ghent, 1988

Tomasi, Lucia Tongiorgi, and Alessandro Tosi. *Flora e pomona: l'orticoltura nei disegni e nelle incisioni dei secoli XVI–XIX.* Florence, 1990

Twentieth Century Botanical Art at The Hunt Botanical Library. The Rachel McMasters Miller Hunt Botanical Library. Pittsburgh, 1968

Vis, Eelco M., and Commer de Geus. *Altholländische Fliesen.* Vol. 1; Leipzig, 1926

–. *Altholländische Fliesen.* Vol. 2. Revised, with additional text by Ferrand W. Hudig. Leipzig, 1933

–. *Altholländische Fliesen.* 2 vols.; reprint, with revisions by D.F. Lunsingh Scheurleer, Stuttgart, 1978

Voet, Leon. *The Plantin-Moretus Museum.* Antwerp, 1959, 1965

– and J. Voet-Grisolle. *The Plantin Press (1555–89). A Bibliography of the Works Printed and Published by Christopher Plantin at Antwerp and Leiden.* Vols. I–VI; Amsterdam, 1980–83

Vries, Jan de. *The Dutch Rural Economy in the Golden Age, 1500–1700.* New Haven, 1974

Waal, H. van de. *Drie eeuwen Vaderlandsche geschieduitbeelding 1500–1800: Een iconologische studie.* 2 vols.; The Hague, 1952

Warner, Ralph. *Dutch and Flemish flower and fruit Painters of the 17th and 18th Centuries.* London, 1928; reprint, edited by Sam Segal, with additions, Amsterdam, 1975

Wegener, Hans. "Das grosse Bilderwerk des Carolus Clusius in der Preussischen Staatsbibliothek." *Forschungen und Fortschritte*, vol. 12, no. 29 (October 10, 1936), pp. 374–76

Wijnands, D. Onno. *De tulp in beeld / Tulips portrayed: Drawings, engravings and water colours from 1576 to the present.* Wageningen, 1987

–. "Plantintrodukties in de zeventiende eeuw." *Onze Eigen Tuin*, vol. 35/3 (1989), pp. 24–5

–. "Tulpen naar Amsterdam: plantenverkeer tussen Nederland en Turkije."

–. 'Plantintrodukties in de zeventiende eeuw', in: *Onze Eigen Tuin* 35, nr. 3 (1989a), blz. 24–25

–. 'Tulpen naar Amsterdam: plantenverkeer tussen Nederland en Turkije', in: Hans Theunissen, Annelies Abelmann en Wim Meulenkamp (red.). *Topkapi & Turkomanie: Turks-Nederlandse ontmoetingen sinds 1600.* Amsterdam, 1989b; blz. 97–106, 203–206

The Wise Garden Encyclopedia. New York, 1990

Wolff, Martha, en Walter L. Strauss (red.), 'The Illustrated Bartsch', in: *German and Netherlandish Masters of the Fifteenth and Sixteenth Centuries,* dl. 23 (eerder: dl. 10). New York, 1985

Zeven, A.C., en J.M.J. de Wet. *Dictionary of cultivated plants and their regions of diversity: excluding most ornamentals, forest trees and lower plants.* Wageningen, 1982

Topkapi & Turkomanie: Turks-Nederlandse ontmoetingen sinds 1600. Edited by Hans Theunissen, Annelies Abelmann, and Wim Meulenkamp; Amsterdam, 1989

The Wise Garden Encyclopedia. New York, 1990

Wolff, Martha, ed., and Walter L. Strauss, general ed. "The Illustrated Bartsch." *German and Netherlandish Masters of the Fifteenth and Sixteenth Centuries.* Vol. 23 (formerly vol. 10); New York, 1985

Zeven, A.C., and J.M.J. de Wet. *Dictionary of cultivated plants and their regions of diversity: excluding most ornamentals, forest trees and lower plants.* Wageningen, 1982.

Illustratieverantwoording / *Photographic credits*

De getallen achter de bronnen verwijzen naar het nummer van de
illustraties in zwart-wit.
The numbers behind the sources refer to the illustration numbers in black
and white.

Bayerische Staatsgemäldesammlungen, München 10

Museum Boymans-van Beuningen, Rotterdam 14

British Library, London (By permission of The British Library) 47, 57

British Museum, London 11, 12

Bryn Mawr College Library, Bryn Mawr, Pennsylvania 13, 22, 25, 26, 35,
42, 43, 49, 52, 56

Centraal Museum, Utrecht 60

Jan Daniel van Dam, Amsterdam 4

Galleria degli Uffizi, Firenze 36

J. Paul Getty Museum, Malibu, California 1, 72

Gemeentemuseum Het Hannemahuis, Harlingen, Friesland 2, 3

Historisch Museum, Rotterdam 20, 23, 31, 50

Hunt Institute for Botanical Documentation, Carnegie Mellon University,
Pittsburgh, Pennsylvania (Courtesy of Hunt Institute for Botanical
Documentation, Carnegie Mellon University, Pittsburgh, PA) 18, 24,
32, 40, 53, 65, 67, 71, 73, 74, 75, 76, 81, 89, 90, 96, 97

The Israel Museum, Jerusalem 9

Mauritshuis, Den Haag 68

The New York Public Library, Spencer Collection; Astor, Lenox and
Tilden Foundations, New York 82

Philadelphia Museum of Art, Philadelphia 5, 8, 16, 17, 29, 39, 44, 46, 54,
55, 61, 62, 79, 80, 83, 85, 86, 92

The Pierpont Morgan Library, New York 69

Museum Plantin-Moretus, Antwerpen 6, 51, 70, 78

Private Collection, Philadelphia, Pennsylvania 15, 93, 94

Rijksdienst Beeldende Kunst, 's-Gravenhage 59

Rijksmuseum-Stichting, Amsterdam 7, 19, 33, 34, 58, 66, 77, 84, 87, 88,
95

Staatliche Museen Preussischer Kulturbesitz, Berlin 63

Universiteitsbibliotheek, Universiteit van Amsterdam 91

Van Pelt-Dietrich Library, Special Collections, University of Pennsylvania,
Philadelphia 21, 27, 28, 37, 38, 41, 45, 48, 64

Victoria and Albert Museum, London (By courtesy of the Board of
Trustees of the Victoria & Albert Museum) 30

Register / Index